欧阳修文化丛书

宦海一生

欧阳修的仕宦经历与从政修养

刘后滨　徐长青◎主编

李帅◎著

江西人民出版社
Jiangxi People's Publishing House

全国百佳出版社

宋史学者眼中的欧阳修

历史发展关键期开创精神的代表

中国宋史研究会原会长、中国人民大学教授　包伟民

　　历史的演进，如长河川流，不舍昼夜，平缓遄急，变化百态，然而必有关键河段，决定着下游走向。如长江之出三峡，如黄河之过龙门，终于一泻千里，奔腾入海。由唐入宋，我国传统农业社会从前期向后期转折，北宋中期则是其中的一个关键节点。

　　具体言之，其于公元十一世纪上半叶宋仁宗赵祯年间积蓄准备，到下半叶宋神宗赵顼年间进入高峰。当时杰出人物荟萃涌现，群星璀璨，大多在仁宗时初露头角，而于熙丰变法时期大放异彩。因此，通过代表性人物的视角来观察那些历史时期，如前贤所言，可得登泰山极目四望，一览而众山小之效。

　　讨论宋神宗熙丰变法时期的历史，其代表人物非江西人杰王安石莫属，而观察宋仁宗时期的积蓄准备，聚焦另一位江西人杰欧阳修无疑最为恰当。在政事、学术以及诗文等众多领域，欧公都是当时的活跃人物与开创精神之代表。

　　人杰源于地灵，英才人物不能突兀而起，而是地方社会经济文化发展的

结果。家乡的土壤培育了名人贤士，名人贤士更以其丰功伟业回馈家乡，将其遗泽深深渗透于家乡的文化土壤之中。地方士民日常饮食起居，尽管常常浸润于无声之中而不自知，其受之于先贤者惠莫大焉。积极阐发先贤之丰功伟业，对于当今地方文化建设，实可期事半功倍之效。更何况如欧公者，又非局限于庐陵一地，其在华夏最为闪耀群星之中，实居于前列。

欧阳修的历史时空

中国宋史研究会原副会长、中山大学教授　曹家齐

　　回顾中国古代政治之宽明及文化之繁荣，两宋时期应最受称道。两宋三百二十年历史中，又以北宋仁宗朝最受推崇。仁宗在位的四十二年，呈现出典型的"士大夫政治"特征。其中又以庆历（1041—1048）和嘉祐（1056—1063）两个时期最受赞扬，以至有"庆历、嘉祐之治"之称。这两个时期的政治特征，突出表现在两个方面：一是内外无事，成宋朝完成局部统一后数十年太平之局面；二是人才济济，名臣士大夫辈出，文化空前兴盛。众多明星般的人杰之中，欧阳修当属极为璀璨者之一。庆历年间，欧阳修积极支持范仲淹主持庆历新政，与范仲淹一起标举名节，振励士风；嘉祐时期，与富弼、包拯、胡瑗并称"四真"（富弼是真宰相，包拯是真中丞，胡瑗是真先生，欧阳修是真学士）。欧阳修不仅在主持嘉祐二年（1057）省试中，力倡古文之风，而且在接替包拯知开封府一职后亦政绩有名，获"包严欧宽"之美誉。仁宗时期，欧阳修无疑是士大夫中的一面旗帜，在更新风气中发挥引领作用。不唯如此，后来英宗和神宗即位，欧阳修更在协助韩琦稳定政局方面发挥了重要作用。

　　再将视野转向历史发展空间，宋代又是中国经济文化重心南移的重要历史时期。南方的江西不仅是北宋都城汴京等地粮食的重要供给地，还是培育人才的重要地区。从进士及第人数来看，两宋时期，江南西路是全国进士人

数最多的路分之一，而欧阳修的故乡庐陵（吉州）则是江南西路进士及第最多的州，人数多达一千零六十六人，远超居于第二的抚州（四百余人）。庐陵进士中著名者除欧阳修外，还有杨万里、周必大、文天祥等，但综合而论，则是欧阳修事功、学问、才名俱显，声誉最高。只以学问论，在文学、经学、史学等方面皆有成就，同代人中，可相提并论者亦为数不多。因此，欧阳修实为认识宋代，尤其是北宋政治、学术以及江西地域文化的一位关键性人物。

闪耀在华夏灿烂星空中

中国宋史研究会理事、北京大学教授　赵冬梅

在华夏群星闪耀的北宋，欧阳修究竟是不是最耀眼的呢？

论政事，他可能不如韩琦、范仲淹，但他是韩琦、范仲淹的同道，他为庆历新政鼓与呼，并协助韩琦完成最高权力的两次平稳交接；他也没有包拯那样令人瞩目的地方治理成绩，他的治理风格是润物无声的，他说"治民如治病""但民称便，即是良吏"。

论文学，他可能不如苏轼，但他是苏轼的老师，是那个发现了苏轼并主动要避此人，令其出一头地的文坛领袖。他引领着时代的方向，王安石、曾巩、苏洵、苏轼、苏辙都是他的后学，在他的旗帜下继续向前。善于发现人才，不拘一格荐人才，一札荐三相，为政敌之子，为学术异己者，为政见不同者，欧阳修之格局气度，古今罕有。

论史学，以现代标准衡量，他显然不如司马光克制"客观"，但他的本意从来不在"客观"，"孔子作春秋"才是他的追求，他的千古知音陈寅恪说："欧阳永叔少学韩昌黎之文，晚撰五代史记，作义儿冯道诸传，贬斥势利，尊崇气节，遂一匡五代之浇漓，返之淳正。故天水一朝之文化，竟为我民族遗留之瑰宝，孰谓空文于治道学术无裨益耶？"

论儒学，以传统标准衡量，他的成就肯定不如张载、二程，以现代标准衡量，王安石也在他之上，但他是疑经惑古新思潮的推动者和实践者，他推荐了胡瑗和孙复，他主张"学者当师经，师经必先求其意"。

欧阳修官至参知政事，主盟文坛数十年，于诗、词、散文俱为大家，还是《新唐书》（纪、志、表）和《新五代史》的作者，宋代金石学的开创者……以上种种，俱是写实。是否最耀眼，又有什么要紧呢！

讲好欧阳修故事是传播庐陵文化的基础

刘后滨　徐长青

　　欧阳修是北宋承平时期成长起来的政治家。他二十二岁进京赶考，靠着绝世文采，名动京城，声誉鹊起。在宋仁宗天圣七年（1029），他又以国子监解试第一成为解元，次年，又在晏殊主持的省试中获得第一成为省元。他本人还在宋仁宗嘉祐二年（1057）担任省试主考官，同榜录取了后来成为文学家的苏轼、苏辙、曾巩，成为理学家的张载、程颢、吕大钧，以及著名政治人物曾布、吕惠卿、章惇等。这一榜进士晋升至宰执高位的有九人，在《宋史》中留下传记的有二十四人。欧阳修因此享有"千古伯乐"的美誉。其他同时代名人如包拯、韩琦、文彦博、司马光、苏洵等，也都得到过他的推荐赏拔。欧阳修本人历任朝廷要职和州府长官，包括宋朝士人最为看重的知谏院和知制诰等官职，还跻身宰执行列，担任了枢密副使和参知政事。其在政治上的事功和名望，无愧于中国古代杰出政治家的称誉。

　　欧阳修是中国古代学术巅峰时期诞生的文学家和学问家。他是诗文革兴的领袖，在文学史上有着崇高地位，名列唐宋古文八大家中宋六家之首，苏轼称之为"文章百世之师"。自署"庐陵欧阳修"的《醉翁亭记》脍炙人口，妇孺皆知。欧阳修还是"千古罕匹"的宋贤史学领军人物，其编写的《新五代史》和参与编纂的《新唐书》，是"二十四史"中的独特史籍。他的学术成就远远超出文学和史学，在经学、谱牒学、金石学等诸多领域皆有卓越建树。

　　在广义的文学与政事两个方面，欧阳修都达到了如此崇高的境界，成为中国传统士大夫难以超越的典范。由于欧阳修一代宗师和千古伯乐的特殊地位，他的事迹在宋朝官私文献中有着大量记载。作为欧阳修籍贯地的吉安，宋代以来追慕他的文人士子不计其数，历史上地方文献和名人诗文中有着丰富的相关记载。宋代以来，欧阳修一直都是庐陵文化的旗帜和象征。

作为土生土长的吉安人，我们从小浸润在耕读传家的庐陵文化之中，听着画荻教子的故事长大，看过西阳宫的日出日落。后来读书、上大学，一个选择历史学、一个选择考古学作为终身职业，以至今天我们二人共同承担这项工作——主持编纂这套《欧阳修文化丛书》，不能不说，我们与千百年来江西籍的一代又一代读书人一样，与"庐陵欧阳修"依然有着某种隐秘而深刻的精神联系。虽然我们在学术上的建树无法望其项背，但隔着遥远的时空，欧阳修依然跨越千年，影响着吉安乃至江西甚至全中国读书人的人生理想与价值追求。

在欧阳修身后，从胡铨、杨万里、周必大、文天祥到解缙、杨士奇、聂豹、罗洪先，一代又一代吉安籍文化精英，在其影响和感召下脱颖而出，走上更广阔的历史舞台。他们在推崇欧阳修的同时，塑造了庐陵文化的精神气质，充实了庐陵文化的丰富内涵。享有"文章节义之邦"美誉的吉安，因为有了"庐陵欧阳修"和众多吉安籍精英先贤而名扬四海。我们今天所做的这项工作，依然是为庐陵文化的发扬光大添砖加瓦。讲好欧阳修的故事，是传播庐陵文化的基础。

很长一段时间以来，我们都在关注庐陵文化及其历史遗存，带领团队到吉安的各个区县进行田野调查、查阅档案和地方文献，考察博物馆及民间收藏的碑刻志石，探查已知和未知的历史遗迹。我们重点关注的赣江中游东岸泷江和恩江流域，是欧阳修故事的发源地，是庐陵文化的核心区。我们在本职工作之外从事的家乡历史文化调研工作，虽然还很零散，不成系统，但已经给我们的学术人生刻下了深刻的印记。欧阳修以来的历代乡贤，尤其是宋明时期的众多杰出人物，在中华文明史上担负过重要的文化使命，写下了精彩的时代华章。他们的治学与从政都凝结着庙堂气象、文人风骨和乡土情怀，他们的成就和风范在千百年后的今天依然赋予人们精神上的滋养。

清朝初年贺贻孙为永新县学撰写的《乡贤祠记》讲述了文天祥儿时受到吉州先贤欧阳修和胡铨事迹激励的故事："吾郡文忠烈，儿时入学宫，见所祀乡贤欧阳文忠、胡忠简二主，奋曰：'没不俎豆其间，非夫也！'其后卒如其言。"它说的是少年文天祥在学宫看到欧阳修和胡铨的牌位后，发愿一定要勤学苦读、建功立业，身后自己的牌位加入其间享受后人祭祀。这个流行于明清时期的经过渲染之后的故事，呈现出了欧阳修的精神力量在数百年后依然激励着吉州学子的真实情形。

我们犹记得当年离开家乡，北上南下，走进大学校园，第一次被外乡人称为"欧阳修的老乡"而获得的内心震撼和自豪。历史学家邓广铭是北京大学历史学系研究宋史的权威学者，有一次他询问得知中国古代史专业研究生刘后滨的家乡在吉安吉水县，连声感叹："吉安出名人，你是欧阳修的老乡啊！"一句话使得当年胆怯羞涩的农家子弟感受到了无上荣光和自信。多年以后，活跃在宋史研究领域的众多学者如张希清、邓小南、包伟民、李华瑞、陈峰、曹家齐、苗书梅、赵冬梅、李全德、邱靖嘉、张亦冰等，对我们仍以"欧阳修的老乡"相称（或者说尊称），因为有了这一纽带而增添了更多的共同语言和更深的学术情谊。这些学者也以不同方式关注、参与和支持吉安地区的文化建设，这同样是我们作为从吉安走出来的读书人感到无比光荣的事情。

两年前，为大力传承和弘扬欧阳修文化，发掘欧阳修在为人、为政、为学、为德、为廉等方面的时代价值，永丰县委、县政府决定编写一套全面反映欧阳修政事与文学的小丛书，委托我们二人担任主编，并提出了编写要求，即完成一套充分吸收学术界研究成果且文字通俗易懂的大众读物。他们对发掘优秀传统文化及其当代价值的高度重视，以及振兴庐陵文化、续写时代华章的眼光和魄力，使我们深受感动。我们愉快地接受委托，并拟定了丛书主题和编写体例。按照欧阳修的仕宦经历和学术成就，丛书分为以下四部：《宦海一生：欧阳修的仕宦经历与从政修养》《一代文宗：欧阳修的文学成就与宗师地位》《六一之乐：欧阳修的学术成就与治学品性》《庐陵千古一欧阳：吉安社会历史的欧阳修印记》。我们邀请了五位从事宋代文学和历史研究以及从事吉安地方史研究的年轻学人担纲写作，他们是刘杰、李帅、刘馨雨、刘璐、骆勇。这些年轻的学者，均在北京大学和中国人民大学获得硕士或博士学位，受过正规的学术训练，具备深厚的专业素养。我们还聘请了北京大学历史学系赵冬梅教授、中国人民大学历史学院马利清教授担任审稿顾问，通读了全部书稿。赵冬梅教授还与著名宋史学者包伟民教授、曹家齐教授一道撰写了关于欧阳修及其时代的总体认识，我们以"宋史学者眼中的欧阳修"为题汇编起来，作为丛书的序一。对于以上几位学者的大力付出和倾情支持，我们深表感谢。

尽管丛书中每一本在学术性和通俗性两方面都还有一定提升空间，但这套小丛书在历史名人传记的编写体例和叙事维度方面做出了积极探索，希望能够推动欧阳修和庐陵文化研究走向深入，并为吉安市乃至江西省的干部群众学习宣传欧阳修和庐陵文化提供兼具学术性和通俗性的读本。

目录

· · · · · · · · · · ·

忧国心危百箭攻

第六章　　**人间不见老仙翁**

曾是洛阳花下客

一、客从何处来

家族是一个人成长的最初起点，中国古代士大夫尤为重视家族的建设、传承与维护，欧阳修也不例外。宋仁宗皇祐、至和年间，在经历了半生的宦海沉浮、人世变迁后，欧阳修曾亲自考订家族谱系，撰写《欧阳氏谱图》，梳理自己家族传承发展的历程，最终在宋神宗熙宁二年（1069）写定并为之作序。

"从哪里来"是古人很关心的问题。欧阳修开篇就把家族的历史追溯到了遥远的传说时代："欧阳氏之先，本出于夏禹之苗裔。自帝少康封其庶子于会稽，使守禹祀，传二十余世至允常。允常之子曰勾践，是为越王。"短短几行字，就带过了上千年的家族历史。事实上，历史常识告诉我们，像这样相隔茫远的追溯往往都是靠不住的，缺乏证据，难以一一考订。但从这些追溯家族历史的文字中，我们可以知道，欧阳修愿意相信——或者说希望塑造出的家族历史是什么样的。

在欧阳修的追溯中，欧阳氏起源于南方，因祖先在战国时代受封在"湖州乌程欧余山之阳"的欧阳亭，遂以"欧阳"为姓氏。到了汉代，欧阳氏家族成员中有出任涿郡太守的，其子孙便随之迁居北方，逐渐形成了冀州渤海欧阳和青州千乘欧阳两大支。千乘欧阳中最著名的人物要数欧阳生，他是汉初的经学家，受业于伏生。两汉时期影响力很大的今文《尚书》"欧阳学"便是起源于欧阳生。渤海欧阳中比较著名的人物是西晋时的欧阳建。欧阳建，字坚石，《晋书》称其"雅有理思，才藻美赡，擅名北州"[①]，对其文采、风度给予了高度评价。在流行品评人物的魏晋时期，欧阳建得到了"渤海赫赫，欧阳坚石"的风评，堪称一时英杰。魏晋时期注重门第，在某地长期生活的家族，若连续几代仕宦显赫，政治地位或文化地位受到时人认可，就形成所谓"郡望"，渤海即当时欧阳氏的郡望。虽然渤海欧阳家族后来因卷入西晋的司马伦之乱而大厦倾颓，但这一郡望还是被铭刻在后人的心中。到了唐宋时期，门第观念逐渐淡化，但认同"渤海欧阳"这一支并继续以"渤海"为郡望的仍不乏其人，例如著名书法家欧阳询就著籍"渤海欧阳询"。欧阳修在少数文章中，也出现过自称"渤海欧阳修"的情况。

在遭遇司马伦之乱这一灾祸后，欧阳建惨遭灭族，其侄欧阳质得以幸免，带领家族逃至长沙。由此，欧阳家族又回到南方开始了新的发展历程。经过几代人的经营，生活在长沙的欧阳家又可称得上是一地之豪族，先后有家族成员仕于南朝。比较有名的如仕于陈朝的欧阳頠，在当时被认为"公正有匡济之才"，曾任都督交广等十九州诸军事、广州刺史，其两个弟弟分别担任交州刺史、衡州刺史，《陈书》称此时的欧阳頠家族"阖门显贵，名振南土"。眼见他起高楼，眼见他宴宾客，眼见他楼塌了，显赫的家族在历史的长河中往往只是昙花一现。欧阳頠死后，其子欧阳纥继承了他的事业，也做到了都督交广等十九州诸军事、广州刺史。欧阳纥在南方经营了十余年，颇有威信，然而也恰恰因此引起了陈宣帝的猜忌，他在惊惧中起兵造反，最终兵败身死，牵连全家。

在这出欧阳家的悲剧中，总算还保留着一抹微弱的亮色——年幼的欧阳纥之子欧阳询被精心藏匿起来，免于这场大祸。欧阳询还被父亲的故人、在陈朝位高权重的江总精心抚养成人，长大后博览经史，尤其擅长书法。欧阳询的书法在唐朝颇受推崇，我们现在所熟知的"欧体"即他的书体。欧阳询

---

① 《晋书》卷三十三，北京：中华书局，1974年版，第1009页。

在隋、唐两朝都担任清望官职，其子欧阳通在武则天称帝后短暂担任宰相，后因酷吏来俊臣陷害而被诛杀。

欧阳通的曾孙欧阳琮任唐吉州刺史，其家族子孙也随之迁往吉州定居。这对于欧阳家族来说，是开启了一段崭新的历史。从欧阳琮以后的七代，家族世系皆不可考，一直到欧阳琮的八世孙欧阳万，才开始有比较明确的事迹和世系。欧阳氏后人往往相信是战乱导致资料缺失，历史常识却告诉我们，这是唐宋时期某个家族发迹后，借助前朝史书记载来编造家族历史而带来的缺环。

事实上，欧阳修所整理、追溯的家史中，截至欧阳琮以前的部分确实有许多经不起推敲的地方。例如欧阳修记录欧阳通在武后时出仕，其曾孙欧阳琮担任吉州刺史，曾率乡人抵御黄巢的部队，从武后时代到黄巢起义中间近二百年的时间，唐朝的皇帝都传了十几代，欧阳家竟仅传了三代，显然是有漏洞的。造成这些漏洞的主要原因，不仅是时代久远，子孙甚多，难以详尽、完整地保存家族资料，学者们更倾向于认为，欧阳修编纂的族谱中那些五代以前的杰出人物实际上都是攀附夸饰，欧阳修的家族直到他本人的前一代一直籍籍无名，欧阳修的父亲和叔父是家族中最早获得官职的人[1]。

夸饰家族历史，甚至冒认几个厉害的祖宗并不是欧阳修的创举，这在中国古代是很常见的做法。欧阳修曾解释过他追溯家族历史、修著族谱的初衷："某不幸幼孤，不得备闻祖考之遗德，然传于其家者，以忠事君，以孝事亲，以廉为吏，以学立身。吾先君诸父之所以行于其躬，教于其子弟者，获承其一二矣。"[2]对于幼年丧父的欧阳修而言，追溯家族历史是建立起与祖先的联系、重建家族道德并教育子弟的重要方式。"以忠事君，以孝事亲，以廉为吏，以学立身"不仅是欧阳家族的祖传家训，更是欧阳修一生的注解。

---

① 参见刘子健著，刘云军、李思、王金焕译《欧阳修：十一世纪的新儒家》，重庆：重庆出版社，2022年版。

② 欧阳修：《欧阳氏谱图序（集本）》，《欧阳修诗文集校笺》，洪本健校笺，上海：上海古籍出版社，2009年版，第1874—1875页。

欧阳修的九世祖是欧阳万，曾担任安福县令。从欧阳万开始，欧阳家的谱系才比较清晰、靠得住，没有大段的空白和缺环了。欧阳万的后人有的居于安福县，有的居于吉安县，还有一部分居于吉水县。按照通行的理解，欧阳修祖先这一支居于吉水县沙溪镇。宋仁宗至和二年（1055），吉水县的一部分被析分为永丰县，沙溪镇就被划给了永丰，欧阳修的籍贯也就从吉水县变成了永丰县。

二、父辈与少时

（一）记忆中的父亲

尽管欧阳修极力将家族历史塑造得渊源有自、学术传统深厚，但其家族真正发迹却是从其父亲一代开始的。欧阳修的祖父欧阳偃在南唐时以文学闻名，生有三子：欧阳观、欧阳旦和欧阳晔。三人中欧阳旦没有出仕，一生居于乡里。而欧阳修的父亲欧阳观和叔父欧阳晔则都在咸平三年（1000）进士及第。

欧阳修的父亲欧阳观年少时丧父，命途坎坷，四十九岁时终于进士及第，被授予道州（治所在今湖南道县）推官。欧阳修的母亲郑氏比父亲小三十岁，虽然欧阳修称母亲"世为江南名族"，但实际上也只是一种夸饰。与郑氏的婚姻应是欧阳观的第二段婚姻，此前究竟是丧偶还是休妻，我们并不清楚。只是在《欧阳氏谱图》中能找到欧阳修同父哥哥欧阳晔的名字，作为那段并不广为人知的婚姻的最后纪念①。

---

① 关于欧阳观的婚姻和生平，王明清《挥麈后录》卷六引龙衮《江南野录》载："欧阳观，本庐陵人。家世冠冕，一祖兄弟，自江南至今，凡擢进士第者六七人。观少有辞学，应数举，屡阶魁荐。咸平三年登第，授道州军州推官。考满，以前官迁于泗州、当淮、汴之口，天下舟航漕运鳞萃之所。因运使至，观傲睨不即见；郡守设食，召之不赴，因为所弹奏殆于职务，遂移西渠州，追成资而卒于任所。观有目疾，不能远视，苟瞩读行句，去牍不远寸。其为人义行颇腆。先出其妇，有子随母所育。及登科，其子诣之，待以庶人，常致之于外。寒煥之服，每苦于单弊。而亲信仆隶，至死曾不得侍宴语。然其骨殖，卒赖其子而收葬焉。"其中对欧阳观的任官经历、为人风格与欧阳修的记载有较大的出入。王明清认为龙衮记载不可信，怀疑龙衮与欧阳家"岂非平时有宿憾"。李心传《旧闻证误》则从欧阳观的年龄以及欧阳氏族谱中欧阳晔的名字出发分析，认为欧阳修为尊者讳，不便记录父亲"出妇"之事。

宋真宗景德四年（1007）六月二十一日，欧阳修出生。这一年，父亲欧阳观五十五岁，母亲郑氏二十五岁。欧阳观全家此时正随他在绵州军事推官任上，绵州就成为欧阳修在人间的第一站。

有限的材料无法告诉我们这个呱呱坠地的婴孩给了这对老夫少妻怎样的欢喜与温情，但我们依然能想象，对已走向暮年的欧阳观而言，一个新生的孩童似乎是生命之火的重燃与延续。但命运又是何等无情，幼年丧父的悲剧同样落到了欧阳修的身上。相伴相随的时间太短暂，再加上人在三岁以前的记忆是很难保留下来的，对四岁丧父的欧阳修来说，父亲的形象不是源于相处的点滴，而是来自身边人一点点的描画勾勒，尤其是母亲郑氏。

年幼的欧阳修一定问过母亲，自己的父亲究竟是怎样的人。在母亲郑氏的回忆中，欧阳观为官廉洁，为人慷慨，朝廷发给他的俸禄都被用来置办酒食接待宾客，他完全把钱财看作身外之物，不为所累。担任绵州军事推官三年，其他官员都大量购买蜀地风物，只有欧阳观什么也没置办，到离任时，手头只有一匹蜀地的绢，他在这匹绢上画了《七贤图》。当这位为官十年的父亲猝然离开人世时，竟连一片可以遮风挡雨的屋瓦都没有给孤儿寡母留下。即使在这样的困顿中，每年设席祭祀之时，郑氏还是会将《七贤图》张贴在墙上，指着它对欧阳修说："这是我们家的故物。"郑氏和孩子谈起这些的时候，内心有因为生活穷困而产生对丈夫的怨恨吗？并没有，不仅没有怨，她的语气里是满满的自豪。这种坦然与自豪，源于懂得。

尽管两人中间横亘着三十年的年龄差距，她依然是懂得他的。郑氏亲眼看到自己的夫君在岁时祭祀时因思念双亲而痛哭流涕，偶尔享受美食佳肴时，他也总感慨子欲养而亲不待——他的孝，她懂。长期在地方担任推官和判官的欧阳观职责之一就是协助州长官审理案件、研究案情，他在烛光下翻阅文书案卷的画面印刻在了郑氏的脑海里。郑氏清楚地记得，有一回，欧阳观将手里的文书拿起又放下、放下又拿起，叹息不断，她忍不住问究竟怎么了。欧阳观说道："这是个要判死罪的案件啊，我想争取让犯人活下去，但还是做不到。"她奇了："还能帮犯人争取不死吗？""总要尽力试试！实在找不到免死的可能，那么死者和我都没有遗憾；万一能找到罪不至死的理由而不去找，含冤而死的人该多么怨恨呐！"他叹了口气，继续说道："就算我存心为死囚开脱，希望能救人一命，但有时还是难免会有错判误杀，何况世上还有那么多只想置人于死地的人呢！"说着，他回头看了一眼被抱在乳母怀里的小小的欧阳修，预感到自己或将不久于人世，又说道："我可能看不到孩子长大成人的那天了，以后一定要把我的这番话告诉我们的孩子。"——他的仁厚，她也懂。一个人表现在外人面前的言行举止或许会有刻意的伪装，但在最亲近的家人面前，这些伪装统统无效。郑氏懂得自己丈夫的仁、孝完全是发自最真实的内心。

也正因为这份懂得，作为母亲，她才坚定且执着地要她的孩子把丈夫的精神传承下去。我们现在去读欧阳修笔下的父亲，会惊叹于时隔五十余年，他竟还把细节记得如此清晰，仿佛一切就发生在昨日，父亲的话言犹在耳。这些细节，一定是母亲数十年如一日地在欧阳修脑海里勾勒描绘，才会不染岁月的尘埃，历历如昨日。

真实的父亲在四岁那年就永远离开了欧阳修，但母亲和身边人所描绘的精神上的父亲却在他的心上打下了难以磨灭的烙印，伴随一生。当走到暮年、经历了大半辈子宦海沉浮的欧阳修回到生命的最初起点，为早已记不起面容的父亲写下《泷冈阡表》的时候，或许他才真正与父亲有了一次跨越时空的交流，才真正认识了父亲。

当然，在关于父辈的故事里，其实有一个隐藏在背后的更重要的主角——欧阳修的母亲郑氏。欧阳修对父亲的记忆、对世界的最初理解、对是非的最初判断都来自母亲，母亲借助父亲的形象在他心里筑起了为官、为人最早的基石：人生有得意时也会有失意时，志向抱负能否实现并不完全取决于自己，但一个人是否要践行仁、孝，却并不受外界因素的影响，完全由自己的内心来决定。

（二）叔父欧阳晔

大中祥符三年（1010）三月，欧阳观在泰州判官任上去世，让本就清贫的家庭雪上加霜，郑氏只能带着年幼的欧阳修和妹妹投奔他们在随州（今湖北随州）任官的叔父欧阳晔。随州成为欧阳修成长的重要一站。

欧阳晔与欧阳修父亲欧阳观同年进士及第，此时正担任随州推官。他和哥哥的为官风格很相似，一是廉洁自持，二是公正严明、判案能力强，到随州赴任之初，他就解决了此前积压的难以审理的案件三十多件。

随州大洪山上有座奇峰寺，有僧众数百人，寺产颇丰。有一年随州遇到大灾荒，百姓饥馑，转运使怀疑奇峰寺的僧人趁机囤积居奇、牟取暴利，以此为理由派欧阳晔前去查抄没收寺产。其实转运使手里并没有证据，只是想寻求一个解决饥荒的办法而已。寺里的僧人惶恐间给欧阳晔送上了千两白银，以求手下留情。欧阳晔明白转运使的意图，想出了个两全其美的办法，他笑着安慰僧人们："我哪里用得着这些银两呢？你们听听我的建议：今年大饥荒，听说你们寺里有六七万石的谷子，如果能献给官府，用来赈济灾民，共克时艰，我也就用不着查抄你们了。"僧人们很高兴地答应了，饥民们也因此得以保全。在坚持原则的前提下灵活处理，尽量兼顾各方利益，这是欧阳晔的为官智慧。

面对原则性的问题，欧阳晔也绝不谄媚低头。担任江陵府掌书记期间，他的顶头上司是陈尧咨。陈尧咨家世不凡，父亲和哥哥都是名臣，自己也是状元出身，为人相当高傲，目无下尘，下属们对他非常畏惧。陈尧咨利用在江陵府当一把手的机会，用私钱打着官府的名义收购黄金牟利。他派自己府中的小吏拿着文书，不由分说强令下属在上面签字，面对这种情形，欧阳晔站出来厉声质问："官府买黄金需要有文符，文符在哪里？"其他官员因为畏惧上司的威势，只能硬着头皮签字，只有欧阳晔始终不肯签。陈尧咨也只能就此作罢，但内心却暗暗记下了这笔账，不久便撺掇着转运使把欧阳晔打发到历来就难以治理的鄂州崇阳。没想到一到崇阳，欧阳晔就把积压的百余件案件一一处理好了，这里面有兄弟反目、争夺财产的案子，也有百姓相殴致死找不到凶手的案子，复杂琐碎，盘根错节。把这些案件处理好，需要拥有对基层社会的深刻体察和对百姓的仁爱之心，更需要清晰的思路和明辨的眼光。

欧阳修正是在这样的耳濡目染之下成长起来的。从某种意义上说，欧阳晔算得上是欧阳修的另一个父亲，他不仅教欧阳修读书，更以自己在官场在生活中的实际行动教欧阳修为人立身之道。母亲郑氏也常对欧阳修说："你不是常常想知道你的父亲是什么样的人吗？去看看你的叔父就知道了，他的相貌、言谈举止都像极了你的父亲。"

（三）少年奇遇

尽管有叔父的关爱与接济，欧阳修母子的生活还是非常清贫。关于随州的记忆，是穷困与自得、苦与乐交织在一起的。纸笔太贵，郑氏就干脆用芦苇在沙地上写字教孩子，"画荻教子"此后成为一个著名的典故。欧阳修最初接触到的古代经典篇章，也是经由母亲之口一点点教会的。等到再大一点，欧阳修就去相熟的士人家里借书来读，或者借来抄录，他天资聪颖，往往一本书还没抄完就已经能背下来了。

日子虽然清苦，但欧阳修没有因此陷入自卑自怜的情绪中，而是养成了自信、慷慨、达观的性格，尤其乐于交友。随州城南有一户大族姓李，李家诗礼传家，非常重视子弟的教育。年幼的欧阳修常常和李家的几个孩子一起玩耍，结下了深厚的友谊。李家有一处园子，名为东园，是他们儿时游戏的乐园，其间的一草一木，一花一果，无不在欧阳修脑中留下了美好的回忆①。

大约在欧阳修十来岁的时候，有一回他又来到李家游玩，偶然看到墙角有个破书箱，他好奇地打开，发现里面有六卷《昌黎先生文集》，因为年代久远，有的书页都已脱落，有的书页次序也颠倒了。当时韩愈的文章并不受推崇，文坛流行的是杨亿、刘筠等人形式典雅、精雕细琢的文风，科举考试中受考官青睐的也是这种类型的文章，士人们便纷纷效仿。讲求"文以载道"的韩愈的文集被冷落在旁，也就能够理解了。

欧阳修粗粗翻阅这本集子，便立刻被里面的文章所吸引，于是就向李家

---

① 欧阳修撰，李逸安点校《欧阳修全集》卷六十四，《刘秀才东园亭记》，北京：中华书局，2001 年版，第 933 页。后引此书皆为此版本。

伯伯求了它来。回到家仔细阅读，更觉得韩愈的文章意蕴深刻、气势磅礴。当然，由于年龄和阅历的限制，当时的欧阳修还不能完全理解文章的义理，只是单纯被韩愈文章的"浩然无涯"所折服。

现代人写的武侠小说中常有主人公通过奇遇得到武功秘籍，最终练成绝世神功的桥段。这一桥段却真实地发生在少年欧阳修身上，在李家的奇遇让他得到了韩愈文集，这部文集如同武功秘籍一样为他打开了新世界的大门，种下了不同于时文的理想种子，让他接过了历史的接力棒。最终也正是欧阳修，使得已经湮没无闻二百年的韩愈的主张在宋代得以重振。

三、一波三折的科举路

（一）初试折戟

对"饥寒谈孔孟"的欧阳修来说，摆脱现实困境、实现人生理想抱负的最好途径就是参加科举考试。寒窗苦读十余年后，天圣元年（1023），十七岁的欧阳修踏上了科举之途。

"天圣"这一年号对北宋而言有着特殊的意味。在前一年，也就是乾兴元年（1022）二月，统治宋朝二十六年的宋真宗去世，继承皇位的仁宗年仅十三岁。真宗去世前曾留下遗诏，尊皇后刘氏为皇太后，"军国事兼权取皇太后处分"[①]，也就是说，在仁宗亲政前，由刘太后与仁宗共同掌管军国大事。实际上，在真宗去世前五六年，刘后就已经参与到朝廷决策中，逐渐接管了实际权力，同时在朝中联络大臣，形成了一套自己的权力网络。真宗的遗诏则让刘后正式从幕后走到台前，改元时以"天圣"为年号正是取"二人圣"之意，这也就构成了北宋新的政治局面，此后十余年的朝廷风云几乎都是围绕着这一局面展开。

当然，对此时的欧阳修来说，一切朝廷风云暂时还与他无关。他现在最

---

① 李焘：《续资治通鉴长编》卷九十八，乾兴元年二月戊午条，北京：中华书局，1995 年版，第 2271 页。后引此书皆为此版本。

重要的任务就是通过科举考试获得政坛的入场券。

宋代科举考试制度承袭唐朝，最初分为解试和省试两个级别，宋太祖开宝六年（973）开始，殿试成为定制，由此形成了解试、省试和殿试三级考试制度。

欧阳修本年参加的解试是科举考试中的最低一级，是由地方诸路、州（宋代与州平级的地方行政区划还有府、军、监）来组织的。对考生来说，解试合格叫作"得解"，即已通过了地方层级的选拔，拥有被送至京城参加由中央组织的省试的资格。解试合格的名额称为"解额"，和今天高考录取按省级行政区分配名额类似，宋代各路州府军监的解额也是不平均的，考生需要在户籍所在地参加解试。宋代科举考试认定户籍主要看田产和祖墓[1]，也就是说，士人在某地拥有田产、居住一定年限，即可在当地参加解试；父祖所葬之地也能登记为士人的籍贯，允许其在当地考试。

欧阳修生在绵州、长在随州、父祖葬在吉州，尽管常感觉随州物产不丰、学风不盛，他还是选择在随州参加解试。当时进士科解试和省试的内容为杂文（包括诗、赋、论、策）和帖经、墨义。帖经、墨义类似当今考试的填空题和默写题，单纯考查对儒家经典的记诵，难以区分高下。考试内容中最受重视的乃是诗赋，诗赋的好坏往往能决定考试的成败，其中又以赋最为重要。

欧阳修初次参加解试便已崭露头角，这一年的论题为《左氏失之诬论》，他在论中详细条列分析了春秋左氏传中荒诞不经、怪力乱神的记载，有"石言于晋，神降于莘，内蛇斗而外蛇伤，新鬼大而故鬼小"[2]之类的奇警之句，在当时被争相传诵。

然而遗憾的是，欧阳修因作赋时"落官韵"而名落孙山。赋的写作对声律、用韵要求非常严格，所谓"落官韵"就是指考生用的韵脚与试题规定的韵部不符，是比较严重的错误，出现这种错误就意味着会被直接淘汰，称为"黜落"。

---

[1] 参见包伟民、魏峰著《宋人籍贯观念述论》，载《浙江大学学报》（人文社会科学版），2007年第1期，第38—39页。

[2] 魏泰著，李裕民点校《东轩笔录》卷十二，北京：中华书局，1983年版，第138页。

这次落榜对欧阳修的打击很大，也让他开始思考：究竟该写什么样的文章？他又一次翻开了自己珍藏的韩愈文集仔细阅读，此时的他才仿佛真正懂得了二百年前的这位文豪，感慨这才是真正的学者应有的样子。然而现实却是残酷的：韩愈的文章在当时基本无人问津，想要在科举考试中脱颖而出，就必须顺应文坛流行的风气，在文章的形式上多下功夫。

欧阳修面临着一个抉择：究竟是顺从自己的内心，学习韩愈"文以载道"的文章风格；还是顺应世俗，钻研"穿蠹经传，移此俪彼"的时文以取悦考官？抉择背后有很多现实的问题不得不考虑：逐渐年迈的母亲需要奉养，孤贫之家需要重振，理想抱负需要实现。这一切，唯有顺利通过科举、考取功名方能实现。欧阳修选择了"顺时"，然而他也从未忘记过自己内心真正的追求。

（二）恩公胥偃

三年后，欧阳修顺利通过随州的解试，获得了去京城参加省试的机会。北宋的京城在开封，当时也称东京、汴京。从随州到汴京虽有千里之遥，一路上却也轻松愉悦，沿途有古碑、石刻，他一一去欣赏品读，留下了大量记录，这也成为此后欧阳修的一大专长与爱好。

这一年的主考官正是当时极负盛名的刘筠，通过省试、殿试，共有一千多人考中，韩琦、包拯、文彦博、李清臣……这些日后在北宋政坛响当当的人物都榜上有名。

一千多个名字里，依然没有欧阳修。

遥登灞岸空回首，不见长安但举头。朝思暮想的汴京就在眼前，却只能挥手作别，繁华如斯的汴京，没有他的一席之地。欧阳修只能将自己的失意与留恋收进行囊，回到随州。

短暂的"误拂京尘事远游"给欧阳修留下了深刻的印象，汴京的繁华热闹、人才济济让他开始重新审视自己和周遭的环境。他感到，随州确实人才匮乏、学风不盛，"近在天子千里内，几一百年间未出一士"[①]，想要开阔眼界就必须

---

① 《欧阳修全集》卷六十四，《刘秀才东园亭记》，第933页。

走出这方小天地，结识更多的人，见识更大的世界。

即便从最现实的问题出发，长久在随州两耳不闻天下事地读书，对科举之途也并无好处。对唐宋时期的读书人而言，想要登科及第，除了刻苦读书、钻研备考之外，广泛交游、获得其他士人的认可也是非常重要的。唐代"行卷"的风气盛行，所谓"行卷"就是准备参加科举的考生在考试前把自己得意的作品送给在文坛有影响力的官员，以求给他们留下好印象，得到他们的推荐，增加自己考中的可能。例如我们耳熟能详的《近试上张籍水部》："洞房昨夜停红烛，待晓堂前拜舅姑。妆罢低声问夫婿：画眉深浅入时无？"这首诗就是"行卷"风气之下的产物。不了解背景的人乍一看以为是写新婚场景，实际上诗人朱庆馀是以新婚女子自喻，希望能得到时任水部员外郎的张籍赏识推荐，诗中的"夫婿"便是指张籍。

宋代的科举制度相比唐代更加严密、公平，其中很重要的一方面就是增加了糊名、誊录的环节。糊名也被称为弥封，与当今考试中的试卷密封制度类似，即把考卷上考生的姓名、三代、籍贯等信息密封，以减少考官判卷时徇私偏袒的可能性。即使无法直接看到考生姓名，考官还可以通过考生字迹和考卷上的标记等信息来判断考生身份，依然有暗箱操作的空间。为了堵住这一漏洞，后来又规定考生考卷必须统一由专人誊录后，再送去给考官评判。糊名、誊录制度从宋真宗时期正式确立，唐代那种通过"行卷"来事先获得推荐、左右录取结果的风气在制度层面基本被止住了。

尽管不能直接左右录取结果，获得有名望的前辈认可和推荐，对于参加科举的士人来说仍有很重要的意义。通俗地说，文坛也好政坛也罢，都存在一个个小圈子，这些圈子由共同理想追求、共同利益、共同旨趣以及共同地域等多种因素结成，一个初出茅庐的年轻人想要敲开大门，若无人引荐无疑是很困难的，而已经功成名就的文士和官员也有网罗人才、提携后辈的需要。所以在宋代，士人向有名望的前辈行卷、干谒的行为也很常见。

对于出身孤寒的欧阳修来说，随州"僻陋无学者"，想要获得前辈学者的认可和助力，也必须走出去。此时，一个人的出现改变了欧阳修的命运，那就是时任汉阳知军的胥偃。

胥偃是潭州长沙（今湖南长沙）人，与欧阳修的祖籍吉州相隔不远。他年少时勤奋读书，凭借文学才华在科举考试中获得很高的名次，从此一路平步青云。胥偃的一大特点是很喜欢结交、提携后辈。他曾主持开封府的解试，在判卷的时候，做了一个令人匪夷所思的举动：把密封好的考生姓名等信息一一拆开，选择有名气的考生给予较高名次[①]。这一行为放到现在是毫无疑问的徇私舞弊，在当时也是严重破坏制度的行为，胥偃因此被降职贬官。但若细究的话，这一行为倒并非为了他本人的私利，主要还是受行卷风气残留下的文化惯性影响，胥偃也确实愿意提携奖掖素有才名的后辈。

天圣五年（1027），欧阳修第二次科举落第之时，胥偃正在汉阳军担任知军。宋代的"军"是与州平级的地方行政单位，知军就是州一级的行政长官。汉阳与随州相距不远，欧阳修应该对这位"以文章取高第，以清节为名臣"的前辈早有耳闻，也希望得到这位前辈的赏识肯定。在科场再度遭遇挫折后，他带上自己的文章，敲开了胥偃的大门。

胥偃读了欧阳修的文章后，啧啧称奇，对眼前这位年轻人大加赞赏，甚至断言："你一定会名满天下！"此时的欧阳修不过是连续落第的无名小卒，却得到富有名望的前辈如此的肯定与赞赏，对他来说，这一赞赏仿佛久旱逢甘露，使接连遭受打击的心灵得到了莫大的安慰。后来的欧阳修果然如胥偃所言，名满天下，成为一代文宗，可是后来再多的赞誉也比不过最初的知己，这份知遇之恩，他始终珍藏在心底。

欧阳修从此就留在了胥偃门下。天圣六年（1028）冬，胥偃被召回京城判三司度支勾院、修起居注。颇受胥偃器重的欧阳修也随之一同回京。

胥偃本就以乐于提携后进、善于慧眼识英才而闻名，携欧阳修回京后，他常在有名望的同僚面前称赞这位年轻人，他想给这位才华横溢的年轻人创

---

① 脱脱：《宋史》卷二百九十四，《胥偃传》，北京：中华书局，1985 年版，第 9817 页。后引此书皆此版本。

造一个更大的舞台。很快，在胥偃的称誉之下，"欧阳修"这个名字在京城已经有一定名气。

更重要的是，在胥偃的保举下，欧阳修争取到了通过国子监参加科举考试的机会。国子监是宋代的最高学府和教育管理机构，同时也是组织解试的重要机构。凡是在国子监读书的学生都可以直接参加国子监组织的解试，国子监的解额相对地方州府也更加宽裕。实际上，宋初国子监的生徒人数并不多，一些背井离乡在京城备考的考生经官员保举，可以先参加广文馆试，通过了广文馆试后，也能参加国子监的解试。欧阳修在天圣七年（1029）春顺利通过广文馆试，得到了参加国子监解试的机会，不用再千里迢迢回到随州考试了。

天圣七年对欧阳修来说真是天时地利的一年。在这一年，朝廷下决心要整饬科举考试中或险怪或浮华的文风，两次下诏强调士人的文章应该"探典经之旨趣，究作者之楷模，用复温纯，无陷偷薄"。欧阳修的文章朴实自然，朝廷的取士标准正向有利于他的方向转变，属于他的舞台已缓缓拉开大幕。

（三）白衫换绿袍

天圣七年秋，欧阳修名列国子监解试第一，以解元的身份获得参加省试的机会。

天圣八年（1030）正月，晏殊被任命为主考官，四海之内通过了解试的英才再度汇聚京城，省试开始。这一年省试的题目有《司空掌舆地图赋》《翠旌诗》，此外还考了五道策问。欧阳修的答卷又一次征服了考官，他在省试中再次获得第一，成为人人称羡的省元。

连续两次荣登榜首，欧阳修因此名动京城，一时洛阳纸贵。京城众人争相摹写传抄他省试的考场文章，甚至大街小巷都有人叫卖："两文来买欧阳省元赋！"[1]

省试之后，只剩下最后一关——由皇帝亲自主持的殿试。

---

[1] 文莹撰，郑世刚、杨立扬点校《湘山野录》卷下，北京：中华书局，1984年版，第59页。

作为科举考试中最高一级的殿试创立于宋太祖时期，从此取士之权由皇帝直接掌握，考中的士人都被视为"天子门生"，唐代科举中考生与主考官之间那种密切的关系被打破，有效防止了考生步入官场后与主考官结成朋党。北宋前期殿试也是选拔性质的考试，换言之，殿试也要淘汰一定数量的考生，根据学者的统计，殿试中被黜落的考生数量还不少。耗费多年光阴、大量金钱，好不容易经历重重选拔，却倒在最后一关，个中滋味旁人或许难以体会，一些殿试中被黜落的考生甚至因为承受不了打击投水自尽。考虑到考生们的不易和社会的稳定，到了嘉祐二年（1057），仁宗下令从此殿试不再黜落考生，殿试对考生们的意义也从淘汰选拔变成确定名次而已。当然，这已是后话。

欧阳修此时将要参加的殿试还是有相当高的淘汰率，但他并不紧张。从广文馆试到解试再到省试，欧阳修都是以第一名的成绩脱颖而出，此时"锐意魁天下"的他有理由相信，殿试中被皇帝亲自选中的状元必定是自己。在殿试结果揭晓的前一天，欧阳修特意准备了一袭新衣。没想到，到了晚上，一同应考的一位名叫王拱寿的考生偷偷试穿了他的新衣。欧阳修有些不高兴，王拱寿却笑嘻嘻地说："谁能当状元，谁就能穿上这身衣服！"

第二天，正是殿试唱名的日子。"唱名"是宋代殿试的一个重要环节，试卷考校完毕后，皇帝会根据名次高低，依次喊出考生的名字，当面赐予相应等第。一般只有前三名的考生能有资格被皇帝宣呼，其余考生姓名则由宰执代为宣呼。

欧阳修跟随其他考生在崇政殿外等候，尽管内心忐忑，谁也不敢多说一句话，气氛显得有些凝重。仁宗皇帝坐在殿内，宰执将定好的前三名的卷子送到御案前，然后开始拆除密封，揭晓姓名。皇帝宣呼第一名的姓名，传达给阁门官员，阁门官员再传达给阶下的军头司卫士们。阶下等候的六七名卫士声如洪钟，一齐喊出了状元的名字。

这一声宛若惊雷，殿前的考生们听得清清楚楚，新科状元不是别人，正是试穿过欧阳修新衣的王拱寿！卫士们喊了三四声后，王拱寿才从人群中走出回应。卫士问清他的籍贯、父名后，引着他来到皇帝面前。王拱寿这一年只有十九岁，可谓少年英才，仁宗对这位和自己差不多大的状元十分欣赏，下诏给他赐名"拱辰"。此后王拱辰和欧阳修在官场还有许多故事发生，尤其值得一提的是，王拱辰和欧阳修后来分别娶了薛奎的两个女儿，两人成为连襟，此乃后话。

让我们回到崇政殿前的情景，听到状元并不是自己，欧阳修难免有些失望，但也只能耐心等候接下来的唱名。第二名，第三名，第四名……唱到了第十三名，依然没有欧阳修的名字。按照宋朝的惯例，殿试唱名唱到第三名时，如果省试中获得第一的考生还没被宣到，那他即可出列，高声说明自己的情况，祈求皇帝恩典。即使原本名次靠后，皇帝也会因此把他的名次往前放，算是对省元的特别恩遇。

等到唱完第十三名，欧阳修终于按捺不住，他走出人群，大声说明自己的情况。在场官员以及殿上的仁宗皇帝，早就对欧阳修的名字有所耳闻，欧阳修由此升为第一甲。

唱名当日还有一个重要环节，皇帝亲赐新科进士绿袍、靴子、笏板。这些袍、靴、笏都堆积在殿外两庑之下，士人们被赐第完毕，便迫不及待地去取，往往身上代表着平民身份的白衫还来不及脱，就把绿袍套在了身上。

欧阳修此刻脱下了白衫，从此告别了平民生涯；换上绿袍，手执笏板，向着崇政殿深深望一眼，一个属于他的新的时代已经开始。

除了政治生涯翻开新的一页之外，欧阳修的个人生活也开始了新的篇章。天圣九年（1031）初，对欧阳修有知遇之恩的胥偃将自己的女儿嫁给了他，恩师成为了岳父。几年前在汉阳时，胥偃就一眼看中了这个年轻人，只是一则女儿年龄尚小，二则欧阳修功名未成。如今，金榜题名与洞房花烛两重喜悦同时品尝，正是春风得意之时。

二十五岁的欧阳修与十五岁的胥氏夫人结为了连理，这段婚姻应是琴瑟和谐的，欧阳修曾饱含深情地写下小夫妻相处时平凡又温馨的瞬间："弄笔偎人久，描花试手初。等闲妨了绣功夫。笑问双鸳鸯字，怎生书？"

四、幕府最盛多交朋

（一）上司钱惟演

刚刚步入官场的欧阳修被授予将仕郎、试秘书省校书郎、充西京留守推官。不熟悉宋代官制的人看到这一长串头衔可能会不明就里，在此不妨稍作分析："将仕郎"属于文散官官阶，主要是用来标志官品、决定官服颜色的，"将仕郎"是文散官最末一阶；"秘书省校书郎"则是职事官，也叫本官，虽然带"职事"二字，但它并不决定官员实际的职任，北宋前期官制的一大特点就是职事官与官员实际执掌事务的分离，欧阳修虽然戴着"秘书省校书郎"的头衔，但并不是去秘书省工作，这一头衔仅仅是标志着他的俸禄和地位；"充西京留守推官"则是差遣，即他实际承担的工作。北宋的西京是洛阳，西京留守司一般由知河南府的官员来兼管，而推官的职责则是协助长官处理政务，参与司法案件的审理判决等。

欧阳修至洛阳赴任之时，管理西京留守司的长官是出京判河南府的钱惟演。

钱惟演出身勋贵之家，他的父亲是吴越王钱俶。宋太宗太平兴国三年（978），吴越纳土归宋，钱氏家族受到宋朝善待，恩宠优渥。钱惟演本人非常博学，极具文学天赋，在当时与杨亿、刘筠齐名，极受真宗赏识，一路做到了翰林学士这样的清要之职。

在文学才华之外，钱惟演的为官从政在当时却又屡受诟病，受抨击的原因之一是他善于钻营媚上。真宗制造"天书"闹剧的时候，钱惟演可没少写《祥符颂》之类的歌颂祥瑞的文章。除了迎合真宗，他也极力攀附刘后。刘皇后在真宗时代颇受宠信，在真宗后期逐渐控制了朝廷实际权力。钱惟演把自己的妹妹嫁给了刘后的哥哥刘美，和刘后结成了姻亲。勋贵之家和外戚结成姻亲并不罕见，为什么钱惟演这一行为饱受指摘呢？关键就在于刘美的身份不简单：刘后原是益州的歌女，嫁了个银匠名叫龚美，后来龚美把她带到京城献给襄王，也就是后来的真宗。真宗登基后，立刘氏为皇后。为了掩人耳目，加上也想在朝中有所依靠，刘后竟认了前夫做哥哥，龚美摇身一变成为刘美。了解了这一背景之后，再看钱惟演嫁妹的意图就非常明显了，就是为了讨好巴结刘后，他也被其他士大夫视为"后党"。

除了善于钻营外，钱惟演身上的另一大污点源于他勾结丁谓、驱逐寇准。丁谓是真宗时伪造天书、东封西祀、建玉清昭应宫等一系列劳民伤财工程的主要谋划者和支持者，当时王钦若、刘承珪、陈彭年、林特和丁谓相互勾结，时人厌恶他们奸邪无状，把他们称为"五鬼"。

真宗晚年，刘后掌握了朝廷实际权力，与丁谓等人结成了暂时的利益联盟，而寇准等大臣策划推动太子监国，希望把权力从刘后手中夺回。由此，朝廷展开了一场激烈的斗争，最终这场斗争以寇准落败、被远贬而告终。在这场权力斗争中，钱惟演发挥了很关键的作用。前面提到，钱惟演与刘后是姻亲，此外，他还主动依附炙手可热的丁谓，与其结为儿女亲家。天禧四年（1020）寇准被罢相后，真宗难以决断宰相的人选，而钱惟演此时是翰林学士，这一职务相当于皇帝的秘书。利用职务的便利，他成功将丁谓推上宰相之位。寇准被贬外地，钱惟演也出力甚多。仁宗即位之初，钱惟演升任枢密使，在书写枢密使题名碑时，尽管寇准也曾担任过枢密使，他偏偏删去寇准的姓名，还理直气壮地声称："逆准不书！"其实，寇准无论在正直的士大夫心中还是在普通百姓心中，都是一位贤相，钱惟演如此构陷贤相、依附奸臣，他在人们心目中的形象也就可想而知了。

仁宗登基后，刘后和丁谓短暂的利益联盟不复存在。丁谓权力野心也极大，他的存在不利于刘太后摄政掌权，很快他便因勾结宦官、错置真宗陵址等事被贬谪出京。丁谓事发后，原本与之同一阵营的钱惟演不但没有营救，反而排挤丁谓，以求洗脱自己的嫌疑。

在崇尚风骨的宋代士大夫看来，钱惟演的种种行为实在令人不齿，他也接连被弹劾。不久，宰相冯拯便以钱惟演乃是太后姻亲，不宜参与机要为借口，将其逐出京城。在河阳、许州、邓州辗转几年后，天圣八年正月，钱惟演以自己生病为由请求回京。这次回京，他迁延观望了很长时间，内心对宰相之位仍残存着一线希望。刘太后此时的态度也有所动摇，朝中官员纷纷进谏："钱惟演当初当枢密使的时候，是因为太后姻亲的身份而被罢免，我朝正是以此来向天下人昭示公正不偏私的态度，现在怎么能再重用他呢？"

钱惟演此时也明白自己宰相梦碎，"黄纸尽处押字"再难实现，于是便自请出守西京，这才来到洛阳，成了欧阳修的顶头上司。

尽管钱惟演此前为人、从政经历并不光彩，尽管来到洛阳其实是他失意之下无奈的选择，但对欧阳修而言，钱惟演实在是个不可多得的好上司。

人真是复杂的多面体，在官场混迹多年，被士大夫们视为奸邪的钱惟演却也有率真、质朴的一面。在欧阳修的笔下，钱惟演"生长富贵，而性俭约，闺门用度，为法甚谨"，绝不是纨绔子弟。钱惟演有一个珊瑚笔格，平生爱如珍宝，常常放置在几案之上。钱府中缺钱花的子弟就动起了歪脑筋，把这珊瑚笔格偷偷藏了起来，钱惟演怎么找也找不到，怅然若失，于是就在府中张榜，谁能帮忙寻得珊瑚笔格，就奖励十千钱。过了一两天，偷藏的子弟就假装在某处找到笔格，钱惟演便非常高兴地依照承诺赏赐给他十千钱。过一阵，谁若再缺钱了，便又如法炮制一番。一年之中，钱府子弟总要将这藏笔格、寻笔格换钱的戏码演个六七回，钱惟演却始终没看破子弟们的把戏，每次照样上钩。欧阳修在西京时，亲眼见证了上述故事，他对上司钱惟演的评价是"纯德"。

更吸引欧阳修的是，钱惟演本人极具文学才华，家中藏书甚多，可以与宋朝的国家图书馆相媲美。在欧阳修眼中，这位上司"平生惟好读书，坐则读经史，卧则读小说，上厕则阅小辞，盖未尝顷刻释卷也"[①]。除了才华超群、酷爱读书外，钱惟演也喜爱结交文士，热情奖掖后进，他去洛阳后，营造了宽松、尚文的风气，洛阳一时风云际会，成为文人雅士荟萃之地。

在洛阳的三年大概是欧阳修一生中最浪漫恣意的时光。尽管钱、欧二人

---

① 欧阳修撰，李伟国点校《归田录》卷二，北京：中华书局，1981年版，第24页。后引此书皆此版本。

在文学上的审美取向有所不同，但钱惟演依然非常欣赏欧阳修，对这位初入官场的年轻人给予了极大的包容，不以繁重的吏事来约束他的自由和天性。欧阳修后来回忆初到洛阳时曾这样写道：

> 岂伊末迹，首玷初筵，至于怜嵇懒之无能，容祢狂而不辱。告休漳浦，许淹卧以弥旬；偶造习家，或忘归而终日。但觉从军之乐，岂知为吏之劳？①

欧阳修在这里用到嵇康、祢衡的典故，感激钱惟演在洛阳时给予的包容与自由；后几句则以西晋时山简的典故写出钱惟演与自己同游同醉，对自己亲切照顾。

洛阳时期的欧阳修确实有几分嵇康的放荡不羁，也有几分祢衡的狂放傲慢，少年意气和魏晋风度在他身上彰显得淋漓尽致。《钱氏私志》中曾记录这样一个故事：欧阳修在洛阳曾和一位歌妓关系要好，有一回钱惟演在园中设宴，众人皆至，唯独不见欧阳修和这位歌妓。过了好一阵，两人才姗姗来迟，席上众人都看着迟来的两人议论纷纷。钱惟演有点不高兴，责问歌妓："怎么来得这么晚呀？"歌妓回答说："天太热了，我在凉堂睡觉，睡醒后发现头上的金钗不见了，找了好久也没找到，所以耽误了。"钱惟演看了看欧阳修，又看看歌妓，突然来了兴致："如果你能求来欧阳推官的一首词，我就补偿你一支金钗。"听了这话，欧阳修随即挥笔写下一首《临江仙》：

> 柳外轻雷池上雨，雨声滴碎荷声。小楼西角断虹明，阑干倚处，待得月华生。
>
> 燕子飞来窥画栋，玉钩垂下帘旌。凉波不动簟纹平，水精双枕，傍有堕钗横。

席上宾客看后无不叫好，钱惟演让歌妓斟满酒献给欧阳修，以示嘉奖，

---

① 《欧阳修全集》卷九十五，《上随州钱相公启》，第 1439 页。

也按照约定赏了歌妓一支金钗。

钱惟演对欧阳修的包容、关怀还体现在很多方面。有一回，欧阳修与河南府通判谢绛一同游览嵩山，从颍阳返回，抵达洛阳龙门香山时已是暮色苍茫，风雪大作。两人登上石楼，眺望西京，各自心有所怀。突然在烟霭中远远看到有几个人策马渡过伊水，正感到诧异之际，骑马之人已经走近，原来是钱惟演将府中的厨子和歌妓派到此处，专门慰劳二人，他们还替钱惟演传话说："走山路实在是辛苦，不妨在龙门停留休息一阵，好好赏雪，官府也没什么要紧事，不用急着回来。"①乘兴而来，兴尽而返，雪夜里的故事总是那么浪漫而美好。而这份浪漫背后，是上司钱惟演的悉心关怀、体贴理解。

无论其他人眼中的钱惟演形象如何，在欧阳修眼中，钱惟演始终是纯德质朴、理解包容自己的上司。欧阳修此时不过是初出茅庐的无名之辈，钱惟演在官场早就大势已去，这使得两人的交往少了权力与利益的色彩，单纯就是对彼此才华的欣赏。后来，钱惟演再次在官场碰壁，离开洛阳，被贬至随州，欧阳修还与他有书信往来，为他写下许多诗作。景祐元年（1034）七月，钱惟演郁郁而终，那时的欧阳修也已经离开洛阳。那段属于洛阳的意气风发的岁月，却成了永不磨灭的记忆。

（二）洛中七友

钱惟演在任期间的洛阳，可谓是一时之盛，形成了以文会友、相互切磋、情谊深厚的文人交游团体。其中和欧阳修最相知相得的，莫过梅尧臣。

梅尧臣字圣俞，是宣州宣城人。他的叔叔梅询素有才名，在朝中做到了龙图阁直学士、判流内铨。梅尧臣跟随着叔叔长大，作诗也已小有名气，但科举之路却并不顺利。宋代一定级别的官员能让子弟绕开科举，靠门荫获得官职，梅尧臣就暂时靠着叔叔的官职荫补入仕，再慢慢备考。天圣九年（1031），他调任河南县主簿，河南县是西京洛阳的首县，欧阳修正是此时结识了他。

两人一见如故，相约同游龙门香山。几年后欧阳修回忆起这段相遇依然

---

① 邵伯温撰，李剑雄、刘德权点校《邵氏闻见录》卷八，北京：中华书局，1983 年版，第 82 页。

记忆犹新："三月入洛阳，春深花未残。龙门翠郁郁，伊水清潺潺。逢君伊水畔，一见已开颜。"① 天圣九年秋，因内兄谢绛调任河南府通判，为避亲嫌，梅尧臣调任河阳县主簿。尽管距离稍远了些，但他常往返于洛阳和河阳之间，与欧阳修等人作诗品文、宴饮交游，得空便相约访游洛阳一带的胜迹，结下了深厚的情谊。

欧阳修从来不吝啬对梅尧臣的赞美之词，他曾这样描写这位至交好友：

> 圣俞翘楚才，乃是东南秀。玉山高岑岑，映我觉形陋。《离骚》喻草香，诗人识鸟兽。城中争拥鼻，欲学不能就。平日礼文贤，宁久滞奔走。②

无论是人品还是才学，梅尧臣和欧阳修都彼此欣赏，两人成为一生的挚友。此后无论两人官位高低，无论得意时还是失意时，无论相隔距离远近，他们总是频繁书信问候、写诗唱和，字里行间嬉笑怒骂，玩笑不断；岁月匆匆，宦海风波、人世沧桑或许改变了他们的容颜，但无论何时，他们在彼此心目中仍是初识时少年的模样。

欧阳修兴起之时，为在洛阳与自己相交相知的好友们每人写了一首诗，加上自己，题为"七交"，这些好友包括河南府伊阳知县尹洙、河南县主簿梅尧臣、河南府户曹参军杨子聪、河南府判官张太素、河南府判官张汝士、西京国子学秀才王复，这组诗把每个人的性情特点、爱好专长吟咏了一番。最后一首《自叙》欧阳修这样写道：

> 余本漫浪者，兹亦漫为官。胡然类鸱夷，托载随车辕。时士不俯眉，默默谁与言？赖有洛中俊，日许相跻攀。饮德醉醇酎，袭馨佩春兰。平时罢军檄，文酒聊相欢。③

事实上，除了"文酒聊相欢"之外，好友们的人品、学识也在不经意间

---

① 《欧阳修全集》卷五十二，《书怀感事寄梅圣俞》，第 730 页。
② 《欧阳修全集》卷五十一，《七交》其四《梅主簿》，第 716 页。
③ 《欧阳修全集》卷五十一，《七交》其七《自叙》，第 716 页。

影响着彼此。

明道元年（1032），钱惟演在洛阳修建了一座驿馆，名为"临辕馆"。完工之日，通常要写文章来纪念此事，此类文体称为"记"。钱惟演让自己颇为欣赏的谢绛、欧阳修、尹洙每人各写一篇记，并交代他们："请诸君三日后到府中水榭小饮，到时希望能看到你们的大作。"谢、欧、尹三人虽是至交好友，但在文学上也颇为自矜，谁也不肯落了下风，都希望自己写的记能够高出一头。三人写完之后，先拿出来相互品评。欧阳修的记写了五百多字，谢绛的则不多不少正好五百字，两人再读尹洙写的，发现尹洙仅用三百八十余字就完成了，不仅文辞简约，而且叙事详备，行文有章法，也不乏典故。谢、欧两人只能把自己的文章塞回袖子里，对尹洙说："就只把您的文章献给钱相公吧，我们的只能藏起来了。"

欧阳修回去辗转反侧，决定要向尹洙请教。于是带着酒来到尹洙的住处，整晚听尹洙讲作文之道。尹洙毫无保留地对他说："大抵写文章最忌讳的就是'格弱字冗'，诸君的文章格调还是很高的，唯独还差一点的地方，就是字句太过繁冗。"欧阳修听了后，深以为然，把这番话牢牢记在心里，回去后又重写了一篇记，比尹洙那篇还少二十字，文辞精练、章法完备。尹洙和别人谈论起此事，对欧阳修颇为佩服，说"欧九的进步真是一日千里啊！"

尹洙比欧阳修大七岁，他和哥哥尹源很早就以儒学闻名于世，他本人尤其精于《春秋》。尹洙与宋初的古文大家穆修亦师亦友，以重振古文为己任，他在文学上的取向与欧阳修是一致的。他们在洛阳的交往切磋也进一步明确了欧阳修对文学的认识，为未来的文坛宗主积蓄了力量。更值得一提的是，尹洙本人在政治上主张勇于任事、当仁不让，这一点也或多或少影响到了欧阳修。在未来的宦海风波中，他们将并肩作战。

在洛阳的交游总体是轻松惬意、自由自在的，欧阳修此后无数次怀念过洛阳的交友之乐，他曾这样记录当时的朋友们：

　　幕府足文士，相公方好贤。（钱惟演）

希深好风骨，迥出风尘间。（谢绛）

师鲁心磊落，高谈羲与轩。（尹洙）

子渐口若讷，诵书坐千言。（尹源）

彦国善饮酒，百盏颜未丹。（富弼）

几道事闲远，风流如谢安。（王复）

子聪作参军，常跨破虎鞯。（杨愈）

子野乃秃翁，戏弄时脱冠。（张先）

次公才旷奇，王霸驰笔端。（孙长卿）

圣俞善吟哦，共嘲为阆仙。（梅尧臣）

惟予号达老，醉必如张颠。（欧阳修）

在欧阳修的回忆中，我们能看到不同于史书中、教科书中那些一板一眼的政治家、文学家们的形象，他们是那样青春任性、生动而鲜活。我们能看到不染风尘、一身风骨的谢绛，光明磊落、谈古论今的尹洙，能看到不善言辞、但对古书却能出口成诵的尹源，能看到当时还是翩翩少年，一笑未了千觞空的富弼，谁又能想到这位"百盏颜未丹"的豪爽少年后来成为老成持重的富相公呢？这些文人雅士也是宋王朝未来的栋梁，只是此时的他们都还没有投身于宦海风波的中心，还能随性恣意地调笑戏谑。于是我们也能看到"秃翁"张先一次次地被朋友们戏弄脱冠，善于吟咏的梅尧臣被朋友们揶揄起外号。

欧阳修提到的"惟予号达老"也是好友们的一段趣事。唐代白居易晚年居于洛阳，与八位年高者同游，时人称为"香山九老"。欧阳修等人心向往之，尽管此时他们年纪不过二三十，也煞有介事地仿照香山九老，戏称自己为"八老"，相互品题：尹洙善辩，便称"辩老"，杨愈称"俊老"，王顾称"慧老"，王复称"循老"，张汝士称"晦老"，张先称"默老"，梅尧臣称"懿老"，那么欧阳修该用何称号呢？大家回想起欧阳修日常脱冠散发、醉卧调笑、放浪形骸的形象，一致认为"逸老"二字最适合他。没想到欧阳修不乐意了，他给知己梅尧臣去信解释："我平时放浪形骸是因为大家彼此都熟悉，不用太过拘束，但诸位如果认为我就是轻佻放浪之人，我还是得为自己辩解两句。如果诸位用'逸'字取的是才辩不窘之意，我又担当不起。拜托诸位以后还是以'达老'来称呼我。"在信的最后，欧阳修还不忘嘱咐梅尧臣："然宜尽焚往来问答之简，使后之人以诸君自以'达'名我，而非苦求而得也。"[①] 一定得把往来书信烧掉，别让大家知道这个"达"字是苦求得来的。如此欧阳修，实在率真可爱。

（三）戕竹之忧

尽管在洛阳的欧阳修还没卷入政治旋涡的中心，不用太过为政事所累，但作为有理想的后起之秀，他在此时也已开始关心国家大事，发表自己的见解看法。这一时期有几件事触动了欧阳修。

明道元年八月二十八日夜里，内廷突遭大火，八座宫殿尽数被烧毁。仁宗皇帝只能暂时移到延福宫。烧毁的宫殿当然还得再建起来，大火之后第三天，宰相吕夷简就被任命为修葺大内的总负责人，从京东西、淮南、江东、河北诸路调发工匠，赴京师修建殿宇。尽管仁宗下诏再三强调"宜约祖宗旧制，更从减省"，但如此浩大的工程，势必得耗费大量人力物力。

要营建宫殿，首先得有巨竹大木作为建筑材料才行。竹子从哪里来？恰好西京洛阳在当时就是著名的竹子产地。于是任务就被摊派了下来，由洛阳来供给内廷建宫殿所需要的竹子。

可是，洛阳的竹子并非都是无主的，许多人家建起竹园种下竹林，可以依靠卖竹笋和竹子获得不菲的收入，整个洛阳所有竹园收入加起来每年有数十万缗之多。就算不卖钱，这些私家竹园也是主人观赏游乐的好去处，洛阳民风淳朴，各家园林都让人自由赏玩，主家并不会责备，这广袤的竹园也成为百姓们日常游乐之地。

朝廷的命令一下，整个洛阳的竹子都遭了殃。无论公家还是私家的竹子，都被吏人们手持刀斧，一一砍了去，然后经水路全部运往京师。吏人们砍竹

---

① 《欧阳修全集》卷一百四十九，《与梅圣俞四十六通》其三，第2445页。

子，大有不砍尽不罢休的架势，因为西京留守钱惟演下了令：如果谁敢隐藏一丝一毫，不与朝廷共患难，那么做官的以怠慢公务论罪，百姓则以叛逆论罪。不出几天，全洛阳的竹子都被砍光了。

在这乱纷纷的闹剧中，欧阳修仔细留意洛阳百姓们的神情，他发现没有任何一个百姓脸上有吝惜的神色，大家都很慷慨，他们在用自己的力量急朝廷之所急。可是真的需要这么多竹子吗？或者说，朝廷随便找一个名义，就能够堂而皇之对百姓索取无度吗？

欧阳修有感于此，写下了《戕竹记》一文，在文章的结尾，他这样写道：

> 古者伐山林，纳材苇，惟是地物之美，必登王府，以经于用，不供谓之畔废，不时谓之暴殄。今土宇广斥，赋入委叠，上益笃俭，非有广居盛囷之侈。县官材用，顾不衍溢朽蠹，而一有非常，敛取无艺。意者营饰像庙过差乎！《书》不云"不作无益害有益"，又曰"君子节用而爱人"。天子有司所当朝夕谋虑，守官与道，不可以忽也。推类而广之，则竹事犹末。①

欧阳修不反对"伐山林，纳材苇"，他借由伐竹一事讲了一个很朴素的为政为官的道理——应当"节用而爱人"，即使身处安逸闲适的位置，他也没有忘记关注身边的百姓，没有忘记这个朴素的道理。这件事其实也让欧阳修的"果敢之气，刚正之节"初步显现，要知道，文章中批评的"敛取无艺"的"守都"，正是恩遇优待他的顶头上司钱惟演。在公言公，不论私情，是欧阳修为官始终坚守的原则。

（四）初识范仲淹

朝廷的另一件大事是明道二年三月十九日，掌权十余年的刘太后去世，仁宗开始亲政，此前被排斥在外的范仲淹终于得以还朝，担任右司谏一职。

范仲淹是苏州吴县人，比欧阳修大十八岁。他和欧阳修一样，也是年幼

---

① 《欧阳修全集》卷六十四，《戕竹记》，第936页。

丧父，少年时代离家苦读，通过科举考试改变了自身命运。范仲淹初入官场时就显露出以天下为己任的气节，北宋政坛的风气从范仲淹开始为之一变。居母丧期间，他给执政上了一封万言书，提出"固邦本，厚民力，重名器，备戎狄，杜奸雄，明国听"等建议。尽管官位不高，那时的他就已对时局有了清晰的认识和通盘的规划。

为什么说范仲淹还朝是一件大事呢？还要从他出京的始末说起。

天圣七年十一月，仁宗打算亲率百官在冬至日为太后贺寿，刘太后将在前殿接受百官朝贺。听说此事，时任秘阁校理的范仲淹立刻上疏指出："天子有事亲之道，无为臣之礼；有南面之位，无北面之仪。若奉亲于内，行家人礼可也；今顾与百官同列，亏君体，损主威，不可为后世法。"皇帝是天子，在内廷以家人之礼侍奉太后是理所应当，但绝不能与百官同列向太后拜贺，否则就是乱了规矩。

当初推荐范仲淹去秘阁任职的晏殊听说了此事，大惊失色，赶紧把他叫到面前来，指责说："你太狂妄草率了，这么做无非是想邀名，却把我也给连累了！"范仲淹义正词严地反驳道："仲淹承蒙您的推荐，常常担心不够称职而使您蒙羞。没想到今日却因忠直之言而被您怪罪！"回家之后，范仲淹又给晏殊写了一封长信，把自己上奏的理由一一解释了一番，不卑不亢。晏殊看完惭愧不已。

范仲淹针对太后受百官朝贺一事的奏疏没有得到回应，他很快又写了一封奏疏，这封奏疏的意图更加明确——请太后还政。此时的仁宗已经成年，还政之请自是有理有据，但太后怎么肯轻易放弃手中的权力？这封奏疏依然没有得到任何回应。

既然没有回应，范仲淹决定用行动表明自己的态度，于是自请外任，先后任通判河中府、通判陈州。

明道二年，范仲淹还朝其实是一个重要的信号，宣告着太后掌权的"非正常"时代已经结束，纠正太后之政的新时代即将开始。范仲淹还朝即担任以规谏讽喻为职责的谏官，也是在向广大士人宣告，因言获罪的时代不复存在，朝廷的新气象是许人说话的。

范仲淹与欧阳修此前并无私交，但他正直敢言的形象已经为欧阳修所崇敬。范仲淹自陈州被召回京城的消息传开后，洛阳的士大夫们议论纷纷，有人说："我认识范君，了解他的才干，你们瞧着吧，这次他回京不是当御史，就是谏官。"等到范仲淹右司谏的任命下来后，洛阳欧阳修等士大夫又聚在一起讨论，有人说："我认识范君，了解他的贤明。过几天如果听说有人站在天子阶下，义正词严地与皇上论争，那个人肯定不是别人，一定是范仲淹！"

此时的范仲淹在士大夫心目中，已经隐隐有领袖的地位了。这些年轻的士大夫们盼望着，正直敢言的范仲淹能让朝廷气象一新，能以言论为武器，扫清此前的弊政，能用他的声音告诉天下人，朝廷不乏正直之士。

然而翘首企盼了几天，却仍没听说范仲淹向皇帝进谏的消息。欧阳修有些坐不住了，冒昧向范仲淹写了一封信，他在信中首先分析了谏官的重要地位：

> 司谏，七品官尔，于执事得之不为喜，而独区区欲一贺者，诚以谏官者，天下之得失、一时之公议系焉。……天子曰是，谏官曰非，天子曰必行，谏官曰必不可行，立殿陛之前，与天子争是非者，谏官也。宰相尊，行其道；谏官卑，行其言。言行，道亦行也。……夫七品之官，任天下之责，惧百世之讥，岂不重邪！非材且贤者，不能为也。

接着是鼓励，甚至带着催促的意味，希望范仲淹尽快向皇帝提出有建设性的意见：

> 今之居官者，率三岁而一迁，或一二岁，甚者半岁而迁也，此又非一可以待乎七年也。今天子躬亲庶政，化理清明，虽为无事，然自千里诏执事而拜是官者，岂不欲闻正议而乐谠言乎？然今未闻有所言说，使天下知朝廷有正士，而彰吾君有纳谏之明也。[1]

----

① 《欧阳修全集》卷六十七，《上范司谏书》，第 974—975 页。

平心而论，欧阳修这封书信中的内容并不成熟。由于初出茅庐，对实际朝政没有切身的了解，他对谏官和言责的看法未免简单。但是，从这封书信中，我们能够看到的是，尽管身居闲职，过着优游的生活，欧阳修从未躲进小楼成一统，而是积极关心着朝中大政，并且有着和范仲淹一样勇于担当、奋不顾身的精神。

青涩的时光不会停留太久，中年的忧虑会送走少年的情怀。

明道二年三月，年仅十七岁的胥夫人生下孩子未满一月，便生病去世。少年夫妻从此阴阳两隔。

洛阳的好友们也在一两年间纷纷离散，各奔前程。

生机勃勃、无忧无虑的西京岁月就要画上句号了。生活的风浪，宦海的风波，正迎面向欧阳修袭来。

宁鸣而死　不默而生

一、反太后之政

（一）太后身后事

明道二年（1033）三月，在大宋掌权十余年的刘太后崩逝。

在去世前一个月，她完成了一件很重要的事：穿着天子的衮服、戴着天子的冕旒去祭拜太庙。

仁宗登基后使用的前两个年号"天圣"和"明道"，是分别取"二人圣""日月并"之意，强调太后与皇帝共同管理国家。但事实却并非如此，仁宗当皇帝的前十年，并没能与太后分享权力，而是由太后一人左右着政局，牢牢控制着权力。这位掌权十余年的太后并没有像武则天一样干脆自己当皇帝，但此时也许是预感到自己将不久于人世，她想要在名分上接近那个似乎唾手可得却又遥不可及的位子。

太后提出这个想法后，当然引发了群臣的反对。本来在仁宗成年后，大臣们"请太后还政"的呼声就络绎不绝，这群由儒家思想培养起来的大臣又怎么能接受如此"非礼"之事？首先站出来表明态度的是参知政事晏殊，他拿出《周礼》中关于王后服制的记载给太后看，言外之意是，咱们还得遵照老祖宗的礼法。太后明显面露不悦。

其余大臣一看，心里更加忐忑，不知该顺着太后的意思还是反对到底。

只有参知政事薛奎依旧据理力争："您要是穿着这样的衣服去见祖宗，该以男子之礼还是女子之礼拜见呢？"最终太后也不得不稍作让步，将天子衮服中的十二章纹样"减二章"穿在身上，以示礼仪规格略低于皇帝。

三月，刘太后的生命走到了尽头。在离开人世前，她留下了一份遗诏："尊太妃为皇太后，皇帝听政如祖宗旧规，军国大事与太后内中裁处。"[①]这里的太妃即杨太妃，她曾抚育仁宗长大，被仁宗叫作"小娘娘"。刘太后的意图非常明显，就是在自己过世之后，再指定一位新的太后与皇帝共同管理国家。她显然糊涂了，她自己作为太后，得以裁断军国大事的权力合法性来自于君权，是继任皇帝年幼情形下的无奈选择；如今仁宗皇帝已经二十四岁，她竟还想越过君权，再指定一位垂帘听政的太后，于情于理都显得何等荒唐！

太后遗诏公布后，引发轩然大波。御史中丞蔡齐当即向执政指出："皇上已经成年，对国家政务也已熟习。如今才刚刚要开始亲政，怎么能让女后相继称制呢？"身为右司谏的范仲淹也上奏说："现在一位太后崩逝，又立一位新太后，天下人恐怕都会怀疑陛下您不可一日无母后之助！"

一时间"都下讻讻"，士大夫们对此议论纷纷。次日，仁宗即下诏删去太后遗诏中"皇帝与太后裁处军国大事"之语。权力正式回到了仁宗皇帝手中。

我们可以注意到，在权力回归到仁宗的过程中，很大程度上起到主导作用的是士大夫们，而并非仁宗本人。学者们指出，正是刘太后称制这种非正常的政治环境，为北宋士大夫政治的生长成熟提供了空间[②]。此前，在太后称制、皇帝权力不振的状态之下，大量士大夫挺身而出，为阻止太后权力的进一步扩张起到了重要的作用；一次次与太后的博弈也锻炼了一批勇于承担、骨鲠敢言的士大夫，"以天下为己任"逐渐成为一个时代士大夫的自觉。未来，这些士大夫们将以更积极主动的姿态与皇帝一起治理天下，欧阳修将是其中的重要一员。

---

① 《续资治通鉴长编》卷一百十二，明道二年三月甲午条，第 2609 页。
② 参见邓小南《祖宗之法：北宋前期政治述略》，北京：生活·读书·新知三联书店，2006 年版。

（二）拨乱反正

刘太后崩逝几天之后，刚刚亲政的仁宗皇帝就得知了一个石破天惊的消息：原来他并非刘太后亲生。他的生母是刘后的侍女李氏，李氏被真宗临幸后有孕，后来生下一个男孩，孩子尚在襁褓之中就被刘后夺去，这就是仁宗。民间演义中的"狸猫换太子"这一情节正是以宋仁宗身世为原型的。李氏默默接受了这一切，史书并没有记下这位失去孩子的母亲的言语或是泪水。仁宗即位后，她依然默默处在先帝嫔妃之中，被打发去为真宗守陵。明道元年（1032），她默默地死去，死后才进位"宸妃"。

无论是二十余年前的生离还是一年前的死别，仁宗都是懵懂不知的，他没有机会与生身母亲相认，更没有机会和她道别。仁宗的身世其实并不是什么宫廷机密，知道内情的人其实不少，但在刘太后尚在人世之时，谁又敢把真相告诉这位可怜的皇帝呢？

史书记载，仁宗知道身世后号啕大哭，悲伤得好几天都没有上朝，甚至下诏自责，字字句句都写满了哀痛。高高在上的帝王此时也不过是一个失去母亲的孩子。他在一个谎言中生活了二十多年，此时对生母最强烈的感情就是亏欠，然而却再也没有弥补的机会了，他只能将这份感情加之于母亲的家族。就在这个时候，宫中有好事者还不忘火上浇油，他们告诉仁宗，李宸妃是死于非命的。幕后的真凶不言而喻，自然只能是刘太后。

仁宗决定亲自查明真相，借着移易梓宫的机会，他亲眼检查了一番，李宸妃的遗体被好好地用水银保存着，面容安详，穿着皇太后的冠服，没有任何死于非命的迹象。仁宗悬起的心终于放下，叹了句，流言蜚语岂可当真。看来生母并没有被苛待，仁宗于是加倍厚葬了刘太后。

刘太后称制期间，本就与仁宗的关系产生了一定的裂痕，随着仁宗身世的揭晓，这道裂痕变得越来越深。仁宗对这位"大娘娘"的感情是非常复杂的，回归到政治上，他开始重新审视太后掌权的十余年，决心走出太后时代的阴霾。一场针对太后掌权时期的全面"拨乱反正"运动开始了。

客观来说，刘太后绝不是一位只贪恋权位的无知妇人。她在政治上有手腕，丁谓、吕夷简等权臣都能被她牢牢掌控；从真宗病重到仁宗幼弱，在这段宋朝的特殊时期，是她使得政权平稳过渡，没有出现太多动荡与乱象。与历史上其他称制的女主相比，刘太后绝对算得上优秀。

然而仁宗想要真正让权力回归到自己手中，向天下人昭示不同于以往的新气象，就必须"矫枉"，必须否定太后时代的政策。

第一步就是矫正太后当政时期的不良政治风气。刘太后垂帘听政时，由于女主的特殊身份，与外朝官员的沟通和信息传递主要依靠宦官来完成，再加上刘太后要构建自己的权力网络，势必需要倚重外戚和宦官，这就给了一些侥幸之辈钻空子的空间：许多人假托外戚，或是收买宦官，向禁中的太后传话、递条子，以谋求官位或是让自己躲避法律制裁。原本宋代君主颁行政令必须要经过宰相机构审核，然后才能下发执行，而那些与请托之人有关的诏旨往往会被宰相机构拦下。因此刘太后当政时，常常绕开政令颁行的常规程序，将个人意见直接下发执行，这种现象被称为"内降"。"内降"之风严重破坏了宋代的制度，也让政治风气浑浊不清，最为正直的士大夫所诟病。

仁宗亲政后，很快下诏："内外毋得进献以祈恩泽，及缘亲戚通章表。若传宣，有司实封复奏，内降除官，辅臣审取处分。"[①] 这份诏书正是针对太后时代的"内降"频发的风气，规定严禁通过皇亲外戚或是宦官请托，再次重申了诏令需经宰相机构审核的程序。此外，仁宗还下令停止此前修建寺观等劳民伤财的工程。这一系列诏令宣告了皇帝亲政后廓清宇内的决心，获得了臣民的一致支持。

第二步则是对人事的调整。太后所倚重的宦官一一被降黜，宰相班子也发生了巨大变动：宰相吕夷简，副宰相陈尧佐、晏殊全部被罢免，此外，枢密使、枢密副使等关键职位也都大换血。远在西京的钱惟演，也正是因为太后姻亲的身份而被贬斥。与此同时，之前因为上疏"请太后还政"而被排挤在外的范仲淹、宋绶、滕宗谅、刘沆，则全都回朝获得重用。用一句话来概括仁宗

---

① 《续资治通鉴长编》卷一百十二，明道二年四月壬子条，第 2611 页。

亲政之初的用人特点，就是"逐太后所用之人，用太后所逐之人"①。

仁宗皇帝用人事上的巨大变动来为自己的权力铺平道路，扫清太后时代留下的障碍与隐患。但仁宗此时毕竟还是一个政治经验不足的皇帝，他所重用的范仲淹、刘沆等人同样也是政治经验不足的新秀，富于理想却缺少实干，他们对政治局势的复杂性还没有充分的估计，这也为此后事态的发展埋下了隐患。

二、废后风波

（一）吕夷简其人

在明道二年仁宗的人事"大清洗"名单里，有一位非常特殊的人物——吕夷简。

吕夷简是寿州人，出身于官宦世家，他的族伯吕蒙正在太宗、真宗两朝三度拜相。他本人也是个老道的政治家，颇具行政才能。仁宗即位后，他凭借揭发丁谓等人登上相位，辅佐太后和仁宗，调和两宫的关系，遇事皆能处置得宜。太后称制时期的平稳局面，吕夷简出力甚多。

吕夷简特点之一就是思虑周全，颇具政治眼光。

明道元年仁宗生母李氏去世时，刘太后原本打算以宫人之礼草草治丧，吕夷简却上奏力主厚葬。太后召见他，不满地责问："一个普通宫人死了而已，相公您何必说那么多呢？"吕夷简回答："我身为宰相，宫内宫外的事，自然都得一一过问。"太后被激怒了，直接摊牌："你难道是要离间我和皇帝母子二人吗！"吕夷简不紧不慢地说："您若是不为刘氏家族的未来考虑，那我也不敢多说什么；如果您还为刘氏的将来打算，我劝您还是厚葬李氏吧。"

听了这话，太后顿时醒悟过来，缓缓说道："就封她为宸妃吧。"吕夷简接着又细致地提出建议：应该按照一品妃嫔的礼仪下葬，要在供奉真宗御容

---

① 参见刘静贞《皇帝和他们的权力：北宋前期》第四章《皇权之外》，台北：稻乡出版社，1996年版。

的洪福院停灵。随后，吕夷简又找来负责李宸妃葬礼的宦官罗崇勋，嘱咐他："宸妃一定要换上太后的冠服入殓，还要在棺材里填满水银。到时候可别怪我没告诉你。"

吕夷简的这番先见之明可以说是保全了刘太后家族，也避免了仁宗亲政后的大规模政治动荡。仁宗亲政之初，他还言辞恳切地向皇帝提出八条建议——"正朝纲、塞邪径、禁贿赂、辨佞壬、绝女谒、疏近习、罢力役、节冗费"，条条都切中当时的要害。

仁宗对这位精于吏干的宰相起初颇为信任，甚至和他一起谋划裁换太后遗留下来的行政班子，哪些人该罢免都是两人商量过后决定的。没想到，仁宗回到内廷，把这事儿说给郭皇后听，郭皇后想了一想，说："难道他吕夷简就没有依附太后吗？只不过他心机较多，善于应变罢了。"仁宗是个耳根子软的人，听皇后这么分析，觉得有道理，吕夷简也不能留！等到第二天宣布罢免诏令的时候，吕夷简没有任何心理准备，突然在殿上听到自己的名字，吓了一跳，却怎么也想不明白，明明昨天还和皇帝商量罢免名单，怎么今天就轮到自己了呢？

吕夷简毕竟久于仕宦，赶紧找来和自己交好的宦官阎文应打听内情，阎文应在内廷秘密打探了好一阵，才知道原来是郭皇后提的建议。吕夷简的第二大特点就是睚眦必报，从这里开始，他和郭皇后算是结下了怨。

明道二年四月，吕夷简被罢相，出判澶州。没过多久，繁重的政务就使得仁宗感觉到，他还是需要一位能力强的宰相来协助，新提拔任命的张士逊等人能力还是不足，仁宗此时非常想念吕夷简。

明道二年十月，朝廷的核心人事安排再次做出调整，罢相半年的吕夷简风光回京，继续担任宰相。欧阳修在洛阳的新上司知河南府王曙被任命为枢密使。

（二）废后的理由

罢相风波刚刚平息，另一场更大的风波又发生了，这场风波的中心人物，是郭皇后。

郭皇后天圣二年（1024）被立为皇后，本来她并非仁宗中意的人选，选她为皇后其实是刘太后的意思——选一位自己满意的皇后，更利于太后控制朝政，也方便协调与皇帝的关系。成为皇后之后，郭氏总仰仗太后的威势，行事颇为骄纵。但相处久了，总还是会有感情的，更何况，立后之时，仁宗年仅十五岁，郭皇后仅十三岁，他们算得上是青梅竹马的少年夫妻。

亲政后，遇到大事时，仁宗还是愿意和郭皇后说说，但他们之间总有一根刺——在全面推翻太后时期政治的背景下，对仁宗而言，郭皇后本人就是太后留给自己的"遗物"，她的存在就依然彰显着那个太后掌控一切的时代。

仁宗是个多情的皇帝，刘太后称制时，严格控制着后宫，基本没有新进嫔妃，亲政意味着他终于能不受太多束缚，放纵一下自己的感情，此时他非常宠爱宫人尚氏和杨氏。郭皇后年轻气盛，又比较爱吃醋，常常与她们发生争执。有一次，当着仁宗皇帝的面，尚氏对郭皇后出言不逊，皇后气不过，反手一巴掌朝尚氏打过去，仁宗赶紧过来拉架，没想到这一巴掌不偏不倚就刚好打在他的脖子上，留下了红色的掌印，触目惊心。仁宗勃然大怒，内心有了废黜郭皇后的念头。

宦官阎文应察觉了皇帝的情绪，他趁机火上浇油，撺掇仁宗把自己脖子上的掌印给宰相近臣们看看，让他们出出主意。宰相吕夷简因为之前罢相的事儿一直怨恨郭皇后，正好借这个机会可以报复。但他不方便先开口，与他交好的范讽会意，向仁宗进言："郭氏被立为皇后已经九年，一直没有孩子，应当被废。"吕夷简立刻补充道："光武帝是东汉的明君，他的郭皇后不过因为怨怼之语就被废了，更何况您的皇后还打伤了圣体呢？"但仁宗皇帝此时还无法下定决心。正在犹豫之际，这个消息不知怎么被传到了外朝，一时议论纷纷。

首先站出来反对的是右司谏范仲淹，他极力陈述不可废后，并对皇帝说："应该尽快平息这场议论，不能再让它传开了。"

（三）说话的权利

仁宗犹豫了很久，最终还是决定要废后。这是一件关乎朝局的大事，更何况废后的真实理由说出来并不光彩，"弹劾百官，论列朝政"的台谏官，如范仲淹等人，肯定会坚持反对。老练的吕夷简想到，首先得堵住台谏官的嘴。

吕夷简先是向负责传递章奏的通进银台司下令，这几天不得接收台谏官的章奏。接着，皇帝召集两府大臣公布了一个令人震惊的消息：皇后自愿入道了。两府宰执还上状请求降皇后为净妃。

必须赶在诏令下达之前阻止皇帝，否则就再难挽回了。台谏官们先是向通进银台司投递章奏，果真全部被退回了。情急之下，右司谏范仲淹和权御史中丞孔道辅带着知谏院孙祖德，侍御史蒋堂、郭劝、杨偕、马绛，殿中侍御史段少连，左正言宋郊，右正言刘涣等人，伏拜于垂拱殿前，向阁门投递札子，请求面见皇帝，陈述不可废后之理。

这些"伏阁"的官员都有一个共同的身份——台谏官。台谏官是御史和谏官的合称，宋朝以前，御史和谏官分工非常明确：御史负责监察、弹劾官员过失，而谏官负责向君主进谏，指正君主过失。宋朝尤其是真宗以后，御史和谏官逐渐合流，在职责上没有了明确的区分，因此人们往往以"台谏官"来合称。台谏官在宋朝政坛具有特殊的地位，他们对宰执甚至君主的权力都形成了监察和制约，人们也常常把宋朝的权力格局总结为君主、宰执、台谏三者相互制衡的格局。

问题是，在废后一事上，宰执和皇帝站在了一边，企图剥夺台谏官发声的权力，朝堂的平衡被打破了。台谏官们伏阁请见也没能等来皇帝现身，垂拱殿的守卫直接把殿门关上，不让他们进去。孔道辅更加激愤，他用力叩着门上的铜环，大声喊着："皇后被废，奈何不听台谏入言！"

不能让事态再扩大了，仁宗把应付台谏官的难题交给了吕夷简，下诏让宰相召集台谏官，向他们解释废后的原因。孔道辅等人到达政事堂之后，劈头盖脸直接责问吕夷简："人臣之于帝后，就像孩子之于父母。父母有矛盾，孩子应该劝慰说和，哪有顺着父亲休了母亲的道理！"听到孔道辅的话，大家情绪更激动了，七嘴八舌地争相说着自己的道理。

吕夷简让大家静下来，不紧不慢地说道："废后自有先例可循。"很明显，是要以历史上的典故来堵大家的嘴。孔道辅和范仲淹立刻反驳："您不过是援引汉光武帝废后的故事诱导皇上罢了，可那是光武帝失德的行为，哪里值得效仿！其余废后的事例，都是前代的昏君所为，皇上有尧、舜的资质，您却引导他效仿昏君的做法，这是宰相应该做的吗！"

吕夷简一时语塞，自知理亏，站起来拱手说道："诸位的这些道理，还是自己去向皇上说吧。"听了这话，台谏官们以为第二天就可以直接向皇帝进谏，还计划着要发动百官，在朝堂上据理力争。送走了台谏官后，老谋深算的吕夷简立刻去见皇帝，上奏说："台谏官伏阁请对，不是太平盛世该有的事，应当尽快把孔道辅等人逐出京城。"

第二天一早，孔道辅、范仲淹等人就来到待漏院等候召见，没想到等来的却是一纸敕令：孔道辅出知泰州，范仲淹出知睦州，孙祖德等人各罚铜二十斤。孔道辅等人刚一回到家中，敕令就随之而到，皇帝还专门派使臣押送孔道辅、范仲淹即刻出城，不许在京城逗留。为了让杀鸡儆猴的效果更明显，仁宗还专门下达了一道诏令：从今以后台谏官上奏必须严格保密，不要聚众表达诉求，以免造成群体性事件，让朝廷内外不安。

废后一事也最终尘埃落定。明道二年十二月二十三日，仁宗下诏称：郭皇后因无子自愿入道，特封为净妃、玉京冲妙仙师、赐名清悟，别居长宁宫。

事情发展到现在，除了争论该不该废后之外，一个新的问题出现了：极力谏诤的台谏官是否该获罪？更进一步说，因言获罪的先例一开，那台谏官监察百官、纠正朝政缺失的职能还能够真正奏效吗？

消息传开，一片哗然。此前参与伏阁请对的马绛、杨偕上奏请求与孔、范二人一同被贬，郭劝、段少连等人接连上疏，据理力争。段少连在奏状中表达的，主要有三点：第一，不应因为台谏直言而降罪：伏阁上疏有先例可循，若驱逐骨鲠之士，以后国有大事，谁还敢进言？第二，皇后不应被废：皇后没有大过错，就随意废黜，这给天下臣民做了不好的示范；中宫动摇，内廷外朝臣子就会趁机进献女子，祸乱朝纲，萌生变故。第三，废后之议，实际"出于臣下"，并非皇帝本意，有奸邪之人堵塞言路，离间皇帝与台谏官。

虽然没有明说，段少连奏疏中的"奸邪之人"还是很清晰地指向了支持废后的宰执团体。这是宋朝历史上台谏官群体与宰执的第一次正面交锋，虽然暂时落败，但经过这场风波，台谏官也逐渐成为独立于皇帝与宰执的第三股重要力量，在未来的政治舞台上，他们将迸发出更强大的力量。

刚刚回京的富弼虽非台谏官，却也上疏直言："陛下您举一事而获二过于天下，废无罪之后一也，逐忠臣二也。"富弼指出，范仲淹正是因为在太后时代正直敢言而被提拔，如今身为谏官，直言极谏是本职工作，即使上谏内容不当，君王也应当宽容，这样才能有更多的正直官员敢于说话，更何况范仲淹上谏的是万民的心声呢？他甚至用"陛下纵私忿，不顾公议"这样激烈的言辞来指责仁宗的行为。

尽管段少连、富弼等人的章奏没有得到回应，但新兴官员群体正直敢言的形象却树立了起来，范仲淹也因这第二次被贬而获得了更高的声望，成为新一代官僚中的领袖人物。

这场风波没有直接波及身在西京的欧阳修，但台谏官与宰执斗争的细节迅速传到了西京。欧阳修在《上范司谏书》中所写到的殷切期望，范仲淹全部做到了，甚至做得更加无畏。这场风波除了让欧阳修更加信任、敬重范仲淹之外，或许也让他意识到了政治斗争的残酷，见识到了台谏官的坚守与傲骨。一年后，等欧阳修来到京城，在这个前辈曾战斗过的地方，他又给调任苏州的范仲淹写了一封信，与此前洋洋洒洒、慷慨激昂的《上范司谏书》相比，这封信语气平淡，更像是朋友之间的慰问：

> 希文登朝廷，与国论，每顾事是非，不顾自身安危，则虽有东南之乐，岂能为有忧天下之心者乐哉！

尽管与范仲淹还未曾共事，但耳闻的几件事已让欧阳修懂得了这位"忧乐为天下"的士大夫，也让他相信，范仲淹将是自己的引路人。

三、入职馆阁

（一）大度的王曙

明道二年的朝廷风波制造了蝴蝶效应，对欧阳修主要有两大影响：第一，他换了顶头上司；第二，新上司王曙不久又回京担任枢密使，回京之时推荐了欧阳修。

王曙是名相寇准的女婿，从真宗咸平年间就步入官场，饱经宦海沉浮。明道二年九月钱惟演调任随州，七十一岁高龄的王曙接任知河南府，成了欧阳修的新上司。

王曙在西京任官的时间其实很短，但和欧阳修之间却发生了不少故事。

王曙为人质朴端方，稳重老成，喜好佛法，平时起居饮食都很俭省。而钱惟演留守西京的时候，对幕下的年轻人都是宽容优待，时常与他们聚会宴饮，相互唱和，也就使得他们养成了相对自由散漫、喜好游乐的习惯。尤其是欧阳修，性格本就洒脱不羁，喜好优游宴饮。这让初到西京的王曙感到很不满。

一次，王曙疾言厉色地告诫欧阳修等人："你们这些人纵酒过度了！难道不知道寇莱公晚年正是因为纵酒而惹祸上身吗？"寇莱公正是王曙的老丈人寇准，为了教育这群年轻人，他不惜搬出自己老丈人晚年纵酒得祸的例子，可谓用心良苦。没想到，欧阳修站起来说道："可是我却听说，寇莱公是老而不知止才引来祸患啊！"此时的王曙年过七旬，一句"老而不知止"暗中贬损的正是他。平心而论，年少轻狂的欧阳修这句话确实有点过分，但王曙却没有反唇相讥，也没有发怒，反倒是对轻狂直率的欧阳修另眼相看。

让王曙对这位年轻人留下深刻印象的还有另一件事。有一回，欧阳修正在都厅处理公务，恰好遇到一桩案子：一名士兵从驻地逃跑，回到西京被抓住了。王曙问欧阳修："逃亡士兵的案子为什么还不判决呢？"欧阳修回答："这得送到他的驻地，让驻地官员判决。"王曙捻着胡须笑道："像这样的案子，老夫做官时判过太多了，欧阳推官刚刚做官，不用怀疑老夫的决断。"欧阳修正色答道："若是相公您直接判决，即使斩了他，也没什么不行；但是下官却不敢奉行。"王曙年轻时治理蜀地，就以严刑峻法而受人非议，听到这愣头青的话，心里有点不高兴。

没想到当天夜里，王曙连夜把欧阳修召到府中，急匆匆地问："军人的案子你还没判吧？"欧阳修回答还没判。王曙长舒一口气："没判就好，差点误了事啊！"第二天，赶忙把士兵送到了他所属的驻地。

到西京不满一个月的时间，朝中开始了重大人员调整。在全面反对太后之政的背景下，王曙凭借着寇准女婿的身份和极深的资历被仁宗任命为新的枢密使。在西京的短暂时间里，他已经对极具文学才华、率真正直、富有吏干的欧阳修颇为欣赏。临走前，他嘱咐欧阳修："如今按照惯例，我当上枢密使之后，可以向朝廷推荐去馆阁任职的人才，到时候，我会推荐你，你好好准备吧。"

馆阁指的是昭文馆、史馆、集贤院和秘阁。宋代的馆阁相当于现在的国家图书馆，是藏书、编书、校书之所，但宋代在馆阁任职的官员地位却与现在图书馆工作人员不可同日而语，馆阁是培养高级官员的重要途径。进入馆阁任职，就意味着有机会成为两制官员（翰林学士、知制诰），再往上，就有可能做到宰相、副宰相。总之，能进入馆阁任职，就相当于走上了仕途的康庄大道。

也正因为馆阁是"备大臣之选"的储才之地，所以选人相当严格，必须参加考试。当然这考试也不是人人都有资格参加，一般来说，能参加馆职考试的主要是三类人：第一，科举考试进士科殿试前三名，在任官一届期满之后，可以试馆职；第二，中书门下、枢密院的长官新上任时，可以推举两三人参加考试；第三，在艰苦繁难之地任官时间较长，为表嘉奖，也允许参加馆职考试。

景祐元年（1034），欧阳修任西京留守推官秩满，回到京城，凭借着王曙的推荐，他得以参加馆阁考试，好友尹洙也受到了王曙推荐，一同参加考试。

这次考试非常顺利，六月，欧阳修被任命为镇南军节度掌书记、馆阁校勘，成为人人称羡的馆阁之臣，他也得以留在京城，在更大的舞台上施展自己的理想抱负。

（二）东京居　大不易

"一来京国两伤春，憔悴穷愁九陌尘。红房紫荅处处有，骑马欲寻无故人。"[1] 习惯于西京畅快恣意、朋友相伴的生活，欧阳修初到东京未免感到一丝孤独落寞。好友梅尧臣省试落榜，现在已往建德县任职，远在江南；上司钱惟演七月在随州离开人世；富弼被任命为绛州通判，离开京城前去赴任。"直须看尽洛城花，始共春风容易别"，朋辈离散，无限的遗憾和怅惘萦绕在心头。

古代交通不便，通信手段有限，所以古人尤为珍视相知相伴，郑重其事地对待每一次离别，"折柳""长亭"是诗文中经久不衰的意象。欧阳修更是如此，他对于朋辈的相知之情非常看重，无论相隔多远，他总要写诗写信交流问候。

在东京生活了一段时间，在绛州任职的好友富弼却始终没有音信传来。当初在洛阳离别之际，富弼常提到梅尧臣的话："虽然今后不能朝夕相处、尽情谈笑，但写信也能够表达思念，了解朋友们的动向，千万别忘了常写信啊！方便的话就多写，条件有限的话就算是寥寥几行字也行，总好过杳无音信。"想到这里，欧阳修忍不住写信责怪他，信中写道：

> 当时相顾切切，用要约如此，谓今别后，宜马朝西而书夕东也。不意足下自执牛耳登坛先歃，降坛而吐之，何邪？

当初情真意切，说好常有书信来往，没想到您执牛耳先歃血为盟，结果走下祭坛就把血吐了，到底是为什么呢？欧阳修想不明白。直率恳切的言辞背后，是他对友谊的珍视，他希望朋友之间始终坦诚相待，始终保持着最纯粹的赤子之心。

东京居，大不易。在东京生活的第二重烦恼是经济上的压力。欧阳修虽

---

① 《欧阳修全集》卷五十二，《送张屯田归洛歌》，第 734 页。

拥有了清要的馆职头衔，但俸禄收入还是相对微薄。他把母亲接到东京侍奉，再加上在京任职总有人情世故的开支，这样一算下来，就连满足基本的衣食也有些艰难。他通过书信和好友梅尧臣倾诉在东京的窘迫生活："京师侍亲，窘衣食，欲饮酒，钱不可得。闷甚，时与师鲁一高论尔。子渐在此，每相见，欲酤酒饮，亦不可得。"[①]没钱买酒，让喜欢与朋友欢饮的欧阳修感觉颇为苦闷，只能与尹源、尹洙两兄弟高谈阔论，聊以解闷。

欧阳修也和梅尧臣谈起入职馆阁的感受："校勘者非好官，但士子得之，假以营进尔。余既与世疏阔，人所能为皆不能，正赖闲旷以自适。若尔，奚所适哉？"欧阳修颇有些傲娇地表示，馆阁校勘也不是什么好官，士人们看重它，不过是借着这个头衔方便晋升罢了。自己和世人不一样，不汲汲于富贵显达，只求一份闲适安逸。

初到东京的生活，对欧阳修来说格外艰难，离开了西京那样一个无忧无虑的乌托邦，生活的重担很快落在了他的肩上，他忍不住向好友感慨："相别始一岁，幽忧有百端。乃知一世中，少乐多悲患。"

欧阳修的"幽忧"中，有一部分来自家庭。胥夫人去世后，欧阳修需要一位相知相伴、操持家务的伴侣。景祐元年十二月，他续弦迎娶了已故集贤院学士杨大雅之女。这本应是一桩美满的婚姻：杨大雅虽已去世，但杨家世代书香，大雅在世时以文学闻名，正直自守，是公认的君子，培养出的女儿也娴静美好。

杨氏嫁过来的时候，欧阳修经济上困顿窘迫，无法给夫人提供优裕的生活，但杨氏却丝毫不在意。看到欧阳修读书、写文章，夫人会在旁边微笑着说："我父亲也一生以此为乐。"欧阳家饮食粗糙、衣服破旧，夫人会安慰丈夫："虽然我父亲官位显赫，他在吃穿上也是这样的。"欧阳修俸禄微薄，过日子总要量入为出，精打细算，可是但凡哪个月有一定结余，夫人总会去买酒，置办菜肴蔬果，先奉给欧阳老夫人："婆婆年纪大了，不能不尽力让老人家好好享

---

① 《欧阳修全集》卷一百四十九，《与梅圣俞四十六通》其六，第 2446 页。

受。"杨氏年纪不过十八岁，却能孝顺婆婆、体贴丈夫，家庭内外待人接物都礼数周全，温和妥帖。

上天却没能让这份美好持续太久。嫁到欧阳家仅十个月后，一场疾病夺走了杨氏的生命，失去妻子的命运再一次降临在欧阳修的头上。

杨氏去世前两个月，欧阳修妹夫张龟正去世，留下前妻所生的女儿以及欧阳修的妹妹，无依无靠，只能前来投奔欧阳修。两桩悲剧的叠加，让整个家庭很长时间都笼罩在阴影当中。

独行时欲强高歌，一曲未终双涕洒。可怜明月与春风，岁岁年年事不同。

（三）言者有罪吗？

在达官显贵如云的东京，欧阳修还是没有改变直率本色，这一次，他把批评的矛头对准了御史中丞杜衍。

天圣六年（1028），当欧阳修还是一名无名之辈时，他跟随胥偃从随州经水路往东京，曾途经扬州，当时扬州的知州正是杜衍。在扬州停留的短短几天，欧阳修听百姓们都称赞杜衍的德政，爱之如父母。年轻的欧阳修对杜衍敬佩不已，暗暗下定决心，希望以后也能像他一样受百姓爱戴。欧阳修到京城担任馆阁校勘之时，杜衍也在京任御史中丞。对杜衍仰慕已久的欧阳修主动登门拜访，杜衍也对欧阳修颇为赏识器重。那么，发生了什么事，让欧阳修对曾经仰慕的前辈如此不满呢？

这件事是由石介引发的。石介和欧阳修是同榜进士，这种关系一般被称为"同年"。他性格和欧阳修很相似，疾恶如仇，耿直率真，遇事奋然敢为，平时喜好与人辩论是非。石介的一大特点就是特立独行、孤高自许，这一点在他的书法和文学上皆有体现。

欧阳修曾在同年王拱辰家中看过石介写的一封书信，乍一看吓了一跳，上面的字竟然一个都不认识，还以为是异国文字。慢慢细看，仔细通过笔画来辨认，才能粗略认出上面的字。真是太奇怪了，怎么会有人这样写字呢？欧阳修忍不住向精通书法的好友蔡襄询问："是因为不懂书法才写成这样的吗？"蔡襄摇摇头："不是。""这是正常书法的门道吗？"蔡襄还是摇摇头："也不是。""古人有这样的书法路数吗？""没有。""今人除了他还有人这样写书法吗？""也没有。"欧阳修不理解："那为什么非得这样写呢？"蔡襄神秘一笑："就是故意要显得与世人不同啊！"

石介在文学上也推崇韩愈，反对浮华雕琢的行文风气，但与欧阳修的文学取向相比，石介要激进得多，他彻底反对以杨亿为代表的西昆体文风，反对佛老，主张文学要为道德教化服务，对当时文坛和整个社会的"浮薄"风气深恶痛绝。

欧阳修在京城经常读到石介的文章，欣赏其中的"好古闵世之意"，但却觉得石介未免"自许太高，诋时太过"，其观点也有太过轻率的地方。思来想去，欧阳修决定给石介写封信商榷劝诫，但又考虑到文风和价值取向不是一时半会可以扭转的，信里寥寥数语也没办法详尽阐述，还是等到当面再说，不妨首先从书法谈起。

欧阳修在信中先以石介的书法难以辨认一事引入，进而谈到君子求学，是为了追求真理，不是为了标新立异。古代那些以独行高世著称的人，考察他们的行为，也不过是君子之行，只是与庸人不同罢了。无论是为人行事还是书法，都没必要追求与众不同，自诩孤高。你石介之所以为人称道，恰恰是因为你"履中道、秉常德"，而不是因为处处特立独行。更让欧阳修担忧的是，石介如今在学校教书，这种特立独行、求新求怪的做法很容易被学生效仿，将学生引入歧途。

石介看了欧阳修的信后，内心并不服气，立刻写信辩解。他首先指出，自己只是书法不佳罢了，并非"特异于人以取高"；事实上自己也根本不屑以"于数寸枯竹、半握秃毫间"的小巧来博取高名，像钟繇、王羲之、虞世南、柳公权这样有名的书法家，也不过是在君王身边供奉写画而已，没听说哪位圣人善于书法的。书法不过是一种工具罢了，能传播圣人之道即可，何必揪住这一点不放呢？自己在学校教给学生的，是圣人之道，哪里有学生不学圣人之道，专学书法的道理呢？

石介接着话锋一转，承认自己确实有异于众人的追求，那就是坚决摒弃众人热衷的佛老思想，坚决排斥众人追捧的杨亿之流的文风，独自坚守圣人之道。

在信的末尾，石介不忘赌气般加上了一句话，既然你欧阳老兄指出我书法不好，那我一定努力学习，只是欧阳老兄与我交往不深，不真正了解我啊。

欧阳修收到回信，觉得石介还是没明白自己的意思，于是再写一封信耐心解释：第一，我不是让公操（石介字公操）您努力学书法的意思，像钟繇、王羲之、虞世南、柳公权这些书法家，不仅您觉得浅薄，我也觉得他们浅薄；世上有不少喜欢他们书法的人，这就和喜欢喝茶、品画一样，只是兴趣爱好而已，并非君子致力于追求的事业。第二，不追求书法好坏并不意味着写字可以没规矩。古人造字用以记事，一笔一画都有准则，要是乱写一气就让人读不懂。如今您以直为斜，以方为圆，却高喊着"我行尧、舜、周、孔之道"，这是不行的。书法虽不是什么要紧事，但就和行事的道理一样，要遵循一定的规则，不能一味求怪。我不是担心您的书法影响学生，而是担心您的这种价值取向误人子弟。第三，您说您特立独行的地方在于排斥佛老思想和雕琢的文风，这也不对。您怎么知道世上其他君子不反对、排斥这些呢？您自以为独特，实际上这是天下明诚质厚的君子共同的追求。士人不被佛老思想迷惑、不过于雕琢文章，就好像做官不贪污受贿一样，是应当做到的，又哪里用得着孤高自许呢？

欧阳修与石介这一来一回，虽然没能成功说服对方，但是对于君子之道、行事之风都做了深刻的探讨。欧阳修虽然对石介的个性和追求不完全赞同，但却对他的正直率真非常欣赏。

景祐元年，仁宗生了一场大病，宫廷内外传言是皇帝流连后宫、沉迷女色所致。这种宫廷秘辛臣子们往往不便开口，讳莫如深。当时石介正担任南京留守推官，他当即给在王曙去世后接任枢密使的王曾写了一封信，直言皇帝不该废黜皇后、宠幸尚美人。石介在信中直接把宫廷丑闻抖搂了出来："宫廷传言，道路流布，或说圣人好近女室，渐有失德。自七月、八月来，所闻又甚，或言倡优日戏上前，妇人朋淫宫内，饮酒无时节，钟鼓连昼夜。"[1] 他担心仁宗因女色损伤身体，进而影响社稷安危。石介恳切地请求"圣眷至深，君心所属"的王曾劝谏仁宗，如皇帝不肯听从的话，王曾应请辞枢密之任，以此"开悟圣聪，感动上心"。

王曾当然不像初出茅庐的石介那样理想主义，他没有采纳石介的建议，也没因此责怪这位年轻人。但这件事情依然闹得满城风雨，很多官员都对石介这位"狂夫"有所耳闻。

景祐二年（1035）冬至，仁宗在圜丘祭祀天地，大赦天下。同时，他还借这个机会下令访求并录用唐朝、五代宗室后裔，以彰显朝廷的仁厚。结果微末小官石介又上疏唱起了反调，认为朝廷这项举措大为不妥。

御史中丞杜衍素以发掘贤才、奖掖后进闻名，他也颇为欣赏石介。原本在杜衍的推荐下，石介南京留守推官的任期满了之后，便可入职御史台当主簿。结果接二连三的事件发生之后，也许是得到了上层的授意，也许是杜衍觉得石介的性格不适合在御史台工作，总之石介丢掉了御史台的职位，罢为镇南军掌书记。

得知此事后，欧阳修立刻给杜衍写了一封信。在信中他首先指出，石介刚正果毅、有气节、有学问，喜好辩论，是好义之士。欧阳修认为，石介反对录用五代宗室的言论并没有错，更何况，御史台官员需要的正是正直、刚毅、不畏权势、不避祸患的品质。如今石介还未正式入职御史台，就因为言论而被罢免，正体现了身上正直、刚毅、不畏权势、不避祸患的特点，别说当一主簿，就算当御史也是绰绰有余。

欧阳修此次不仅仅是为石介打抱不平，他更想与杜衍探讨一个道理：身为御史台的长官，究竟该弹劾什么样的人，又该重用什么样的人？如果御史台以皇帝的好恶为评判官员的标准，那台谏官监察百官、纠察缺失的公信力何在？欧阳修认为，作为"司直之臣"，应当有一套独立的判断标准，应当有

---

[1] 《续资治通鉴长编》卷一百十五，景祐元年八月庚午条，第 2695 页。

识人之明。如果一个人不贤明，即使皇帝再喜欢他，也应该弹劾他；如果一个人很贤明，那无论皇帝多厌恶他，都应该举荐并且重用他。

总之，欧阳修在这里阐述了两个对御史的基本观点：第一，御史，或者说台谏官，应该是独立于强权之外，不应该被皇帝的个人好恶所左右；第二，一个人不应该因为言论而获罪。如果像石介这样的敢于说话的官员被御史台排斥在外，那以后御史台就只能吸引事事保持沉默的软弱无能之辈了。

根据现有的材料，我们无法知道杜衍此时不任用石介的真正原因，即使看了欧阳修这封慷慨激昂的书信后，他也没有改变自己的主意。但这首插曲没有改变杜衍、欧阳修、石介的情谊和追求，未来他们将在同一个阵营，为了共同的理想并肩作战。

理性地判断一下，石介的性格确实不适合在御史台工作，未来石介的行动将更充分地证明这一点。欧阳修对御史台官员的看法不乏理想化的因素，这与他还未曾真正卷入斗争旋涡，未曾真正与台谏官打交道有关系。由欧阳修的观点，我们似乎会关注到一个很关键的问题："敢说话""敢反对"真的是台谏官最重要的品质吗？未来的宋朝，将用半个世纪的时间来探讨这个问题。

四、景祐党争

（一）新与旧　老与少

景祐二年三月，被贬外任的范仲淹突然被召回朝，任命为天章阁待制，成为清要的侍从官。关于范仲淹被召回朝廷的原因，史籍并没有明确的记载，史家推测或许与富弼上疏有关，但一种更加广为接受的解释是，这是仁宗在施展帝王的权衡之术：废后事件中，范仲淹等一干台谏官被打压，吕夷简的势力则不断膨胀。皇帝需要范仲淹等人回朝牵制，免得一家独大威胁到皇权统治。

如果说废后事件拉开了台谏官与宰相斗争的序幕，范仲淹回朝后，朝廷官员则越来越鲜明地分为两个阵营，针锋相对，大有剑拔弩张之势。一派以吕夷简为首，另一派的核心人物是范仲淹。历史上，官员党争并不少见，斗争往往由争夺利益或政见不同引发，那么，这两派到底因何而斗争呢？

吕夷简一派和范仲淹一派的矛盾，固然是由一个个具体事件不断积累引发，如废后事件就是一条重要的导火索。而这些官员的出身和政治追求的不同，又是导致他们对具体事件有不同见解的关键性因素。

首先来看他们的出身：吕夷简一派基本都是北方人，而范仲淹一派则基本都是南方人。这种南北地域划分或许乍一看只是巧合，政治斗争不可能单纯由地域差别引起，但如果放在北宋前期的大背景下观察，我们就会发现地域的影响其实很大。北宋政权延续自五代的后周，北方是其经营时间较长的基本盘，而南方则是通过军事讨伐或主动献土的方式归于一统，无论是开发的时间还是归宋的时间，南方都要晚于北方。因此北方多政治世家，一个家族世代有子弟入朝为官的现象很常见，尽管宋朝科举考试的发展某种程度上打破了世家大族垄断政治的局面，但这些政治世家根基较深，通过婚姻等关系结成网络，久于仕宦，在政治经验和政治影响力方面仍有很大的优势，如吕夷简就是典型的政治世家出身。而范仲淹则是新兴的南方士人的代表，他们的家族一般没有任何政治根基，完全依靠科举考试，一跃而登上庙堂。

这种出身的差别又影响到了他们在学术和政治上的取向。随着南方经济、学术的发展，越来越多通过科举考试改变命运的南方士人登上政治舞台，他们精力充沛、具有较高的理想和热情，主张开办学校，改革社会风尚和政治的弊病；而北方政治世家出身的官僚则相对老成持重，对北宋开国以来的政治制度和传统，更倾向于沿袭而不是变革。

景祐二年二月，吕夷简略施手段，成功排挤了另一位宰相李迪，实现了大权独揽，"吕夷简执政，进者往往出其门"[①]，当时受重用、获提拔的官员基本都是吕夷简的亲信。范仲淹回朝后，第一步便希望翦除吕夷简的党羽。

恰好在此时，废后事件再生波澜。

---

① 《续资治通鉴长编》卷一百十八，景祐三年五月丙戌条，第2783页。

废黜郭皇后，其实很大程度上是仁宗一时气愤，再加上吕夷简等人的怂恿，并非真的对郭皇后厌恶至极。等到仁宗消了气，平静下来，年少夫妻的青梅竹马之情一幕幕浮现在脑海，他又感到非常后悔，有点想念那位有些骄纵却又率真可爱的结发妻子。此时郭皇后已被迫入道，搬到瑶华宫居住，仁宗不方便也拉不下面子当面向她诉说思念，只能常常派使者前去问候。有一回，仁宗在后园散步，偶然看到郭皇后以前用过的肩舆还放在那里，一时触景伤情，物是人非的伤感涌上心头。回去之后他就写下一首乐府词《庆金枝》，派宦官送去给郭皇后，同时还让宦官带去了一句话："时机合适的话，我会再让你回到身边的。"这件事很快在宫内传开，废后事件的始作俑者吕夷简和阎文应听说了以后，内心非常惶恐。他们担心，心软的仁宗说不定会让郭皇后再回到后宫，如果郭皇后重新获宠，肯定会吹枕头风报复力主废后的官员。

　　不久之后，郭皇后偶然生了一场病，本来症状轻微，没什么大事，当时仁宗正在南郊祭天，宦官阎文应带着医官前去为郭皇后诊治，没想到病越治越重，几天之后，郭皇后就死去了。很多人都推测，是阎文应暗中下毒，或是唆使医官用药物激发重病。甚至还有人说，郭皇后病虽重，但还一息尚存，可阎文应非但不叫人救治，反倒让人直接以棺木收殓。这些说法在宫中流传甚广，却也没有确凿的证据。

　　郭皇后死后，谏官姚仲孙、高若讷纷纷弹劾阎文应及其养子阎士良。景祐二年十二月初一，仁宗便下诏让阎文应不再掌管入内内侍省，调他去秦州当钤辖，将阎士良也调离御药院。面对谏官们的弹劾，阎文应是不怎么畏惧的，他在仁宗身边侍奉多年，尤其是仁宗亲政以来，扫除太后的残余势力有赖于他的协助；他和吕夷简也关系密切，两人多年来内外交通，互为助力。他相信，等这场风波过去，自己还会继续得到仁宗的信任。于是阎文应便称病不愿离京。

　　谏官们的弹劾都是围绕着郭皇后之死，认为阎文应要承担主要责任，但范仲淹认为，阎文应的问题远不止这些。侍奉皇帝左右的宦官作为最靠近权力核心的人，往往可以掌握较为机密的信息，因此很多朝代都严禁宦官与外朝官员互通消息，而多年来阎文应都与吕夷简相互勾结，帮助吕夷简关注着仁宗的动向及其他关键的信息。凭借着仁宗的信任和吕夷简的保护伞，阎文应更加肆无忌惮，竟然经常假以仁宗的名义下达命令，连宰执官员都不敢不遵从。

除掉阎文应，就是除掉了吕夷简在内廷的重要耳目，是对其势力的有力打击，范仲淹非常清楚这一点，于是多方搜集证据，准备弹劾阎文应专横放肆、矫旨付外之罪，相比于证据不明的毒害皇后之罪，这才是能让其彻底倒台的罪名。然而阎文应和吕夷简的势力盘根错节，范仲淹此次弹劾要冒极大的风险，他将家中大小事务一件件交托给长子，并说："吾不胜，必死之"，已是赌上了自己的身家性命。

万幸的是，仁宗听从了范仲淹的进言，将阎文应发配到偏远的岭南，最终这名显赫一时的宦官死在了去岭南的途中。

范仲淹回朝后与吕夷简一党的首次较量以胜利而告终，但斗争还远远没有结束。

（二）四贤一不肖

范仲淹回朝之后，越来越多地对朝局时事发表意见，向仁宗提出各种批评和建议，这些都让吕夷简感到不安。吕夷简私下找人告诫范仲淹说："你担任的天章阁待制乃是侍从之官，并非言官。"范仲淹丝毫不给面子，反驳道："为皇上建言献策正是侍从官的本职工作，范某不敢不尽力。"

几次碰壁之后，吕夷简知道范仲淹是个难啃的硬骨头，便换了一种策略，故意让他去担任知开封府一职。东京开封府乃是宋朝都城，知开封府乍一听是个美差，其实不然。京城首善之区，天子脚下，人口众多，达官显贵云集，大小纠纷不断，一点小动静都能吸引大量关注，管理京城实是最为繁琐艰巨之职。吕夷简也正是希望以繁杂的事务拖住范仲淹，使其无暇再批评朝政；要是能在繁琐的工作中找到范仲淹的错漏之处，便可借机将其罢免，赶出京城。

吕夷简的如意算盘打得很好，却没想到范仲淹工作能力极强，管理开封府仅一个月，就治理得井井有条，京城气象一新。

圣人千虑，必有一失，更何况范仲淹并没有三头六臂，耐心找他的差错总还是找得到的。吕夷简想到了一个可用的人——胥偃。没错，正是欧阳修的伯乐兼前任岳父胥偃。胥偃正在京城担任知制诰一职，在此前排挤李迪的过程中，他为吕夷简出了不少力。或许也正因为胥偃和吕夷简走得近，欧阳修来到京城任职之后，没有留下任何和他往来的记录。曾经亲密的翁婿兼忘年交，如今已是形同陌路。

胥偃此时正领了纠察在京刑狱的差遣，专门负责纠察在京司法部门的过失，凭借着职务之便，他多次上疏纠弹范仲淹判决开封府案件时"立异不循法"，尽管没让范仲淹因此被罢免，总归还是制造了一些麻烦。

欧阳修一直仰慕范仲淹，此时他与范仲淹站在同一个阵营，也因此与胥偃渐行渐远，生出了许多嫌隙。这其实正是欧阳修为官一直坚持的原则，凡事先论是非，不论私情。从情感上来说，胥偃对欧阳修有知遇之恩，若不是胥偃的帮助，未必有欧阳修的今天；但正如范仲淹常说的，"作官公罪不可无，私罪不可有"，要想做一名正直清廉的好官、贯彻自己的政治理想，那因公事得罪人总是免不了的。

然而翁婿决裂到底还是让人感觉唏嘘遗憾。宝元二年（1039），从别人那里得知胥偃的死讯后，欧阳修曾向连襟刁约写信解释过自己的心路历程：

> ……自念不欲效世俗子，一遭人之顾己，不以至公相期，反趋走门下，胁肩谄笑，甚者献谀谀而备使令，以卑昵自亲，名曰报德，非惟自私，直亦待所知以不厚。是故惧此，惟欲少励名节，庶不泯然无闻，用以不负所知尔。

大意是说，自己永远感念岳父当年知遇之恩，但不想像一般的俗人一样，得到欣赏关照后，就投入恩人门下，与之结为一党，谄媚亲近以供驱使。这样的做法，在欧阳修看来，名义上虽是"报德"，实际只是满足自己的私情，更辜负了恩人的相知。欧阳修希望与胥偃"以至公相期"，成为君子之交，只有自己爱惜名节，以高风亮节而闻名于世，方能不辜负岳父对自己的知遇之恩。

可惜的是，欧阳修永远没有机会向岳父说出这一切了。

开封府的繁重工作没有让范仲淹停止对朝政的关注。他注意到，吕夷简此时大权独揽，选官用人、升迁降转基本由他说了算，出现这样的局面，与仁宗亲政时间短、对制度不熟悉有关系。于是范仲淹耐心向仁宗讲解选官用人、官员升迁降转的规则制度，并告诉这位年轻的皇帝，对于重要岗位的任用或罢免，应有人主自己的决断，不能完全听宰相的。过了一阵，范仲淹又向仁宗进献一幅《百官图》，实际上就是官员升迁降转规则的示意图。他一边指着图上标示的次序一边对皇帝解释："像这样就是按序迁转……这样就是不按次序……如果这样迁转，则是符合规定的……如果出现这样的情况，肯定是有人徇私，一定要有所警惕……"范仲淹的种种言行举动都让吕夷简更加忌惮。

宋朝从开国起便屡有迁都之议，景祐年间，孔道辅又上疏建议迁都洛阳。仁宗将孔道辅的章奏下发给大臣们，想听听大家的看法。范仲淹并不同意迁都，但他认为洛阳是"帝王之宅，负关、河之固"，地理位置极为重要，一旦边境不宁便可退守于此。此时的洛阳已长时间不被当作王朝都城来经营了，守备相对空虚，于是范仲淹建议，要做两手准备，一方面要改革内政，一方面可以慢慢经营洛阳，尤其是让仓库有足够的储备。太平时，居于四通八达的东京，便于国家发展；一旦有紧急战事，便可退居洛阳，利用地理优势守卫中原。总之，在范仲淹看来，皇帝"内惟修德，使天下不闻其过，外亦设险，使四夷不敢生心"，才是国家长久发展之道。

仁宗将迁都之议和范仲淹的观点说给吕夷简听，想听听这位经验丰富的宰相的意见。没想到吕夷简听完后，不屑地表示："范仲淹根本不切实际，他也就只会耍耍嘴皮子沽名钓誉，不是实实在在做事的人。"

范仲淹得知此事，立刻写下四篇气势磅礴、针砭时弊的论说文献给仁宗。第一篇《帝王好尚论》，他提出一个核心观点：帝王的个人偏好会直接影响到国家的发展，因此帝王必须以身作则，"好贤才、好谏诤、好仁义、好恭俭"。第二篇《选贤任能论》，范仲淹则从儒家对人才的评判标准出发，提出朝廷选人应注重其才德，而不要一味宠信那些顺承不愿直言的人。两篇文章结合起来看，不难看出范仲淹的弦外之音：朝廷目前的弊政就在于用人失察，皇帝有被蒙蔽的危险。

如果说这两篇文章还只是常见的规劝皇帝之语，那接下来的两篇则直接把矛头对准了吕夷简。《近名论》意在反驳吕夷简对自己沽名钓誉的指责，事实上，除了吕夷简外，当时不少人都把直言进谏的举动理解为"近名"，也就是利用批评皇帝来成就自己直言无畏的名声，以提高自己在士大夫当中的声望。面对这样的诛心之论，范仲淹指出，爱惜名节并没有错，古往今来很多贤人都重视名声。若有本性忠孝的人自然是最好，但对于更多的普通人而言，名节是一种重要的道德约束，如果一个人根本不在意名节，那便可为所欲为，败坏道德、弑君杀父之事都能做得出来，即使有法律，也很难限制他作恶。如果都像道家思想所宣传的那样，爱重自身、不追求外在的声誉名节，那谁还愿意为国家当忠臣烈士呢？《推委臣下论》则是直接针对吕夷简弄权的行为，提出君主对大臣应"委以人臣之职，不委以人君之权"，区别正邪、进退左右的大权应掌握在君主自己手中，否则，恩威皆出于臣下，就会祸患无穷。范仲淹进一步指出，想要真正将用人之权掌握在手中，皇帝就必须孜孜求贤、留心观察身边的臣子，否则不了解手下官员、无贤才可用，便等同于将赏罚之权交予臣下，宰相说什么便是什么。

献上四篇文章后，范仲淹还是担心仁宗不能领会自己的弦外之音，又向仁宗进言："当初汉成帝听信张禹的话，不疑心外戚王家，最终导致了王莽之乱。臣担心如今朝廷里就有像张禹一样的人，败坏陛下家法，为了一己私利颠倒黑白，陛下不可不早日明察辨别啊！"

吕夷简闻言勃然大怒，在仁宗面前将范仲淹所说的内容一一进行辩驳，同时又指出范仲淹的三大罪名——"越职言事""荐引朋党""离间君臣"。在这些罪名中，杀伤力最大的无疑是"荐引朋党"，结党营私在历朝历代都是统治者最忌讳的事，轻则败坏朝廷风气，重则威胁帝王统治。而范仲淹确实凭借着学术、才干和人品在新兴官僚中有很高的声望，很多志同道合的年轻官员发自内心拥护他，正如废后事件中许多官员主动为他上疏辩解，范仲淹也确实向仁宗举荐过不少可用之人，种种迹象确实容易让人联想到朋党。吕夷简用心险恶却又老到之处在于，结交朋党的罪名范仲淹是很难自证清白的，而一旦有其他官员出言替范仲淹辩解，便更坐实了他们互为朋党的罪名。

难以自辩，却还是不得不辩。范仲淹一连上了几份章奏对抗吕夷简，针锋相对，言辞犀利。一时间，朝廷弥漫着浓重的硝烟味。仁宗不能再放任这样的局面了，他必须做出决断。最终，范仲淹被贬到饶州担任知州，政治经验更丰富的吕夷简在这一局中占据了上风。

范仲淹遭遇了仕宦生涯中的第三次被贬。

为了将范仲淹的势力一网打尽，吕夷简还授意侍御史韩渎向仁宗上疏，建议将范仲淹私结朋党之罪在朝堂上进行榜示，并禁止百官"越职言事"。这些建议都被仁宗一一采纳。看到皇帝和宰相的态度，朝廷中的官员几乎人人自危，都担心自己被指为范仲淹的朋党而受到牵连。仁宗甚至将范仲淹私下向自己推荐过的人都公布出来，如同知枢密院事韩亿就是其中之一。韩亿不得不上疏解释，自己与范仲淹既非姻亲，也非故旧，"未尝涉朋比之迹，结左右之容"。

面对朋党的罪名，大家都避之不及，再加上畏惧吕夷简的权势，范仲淹离京时，没有几个人敢去送行。只有天章阁待制李纮、集贤校理王质，带着酒去范仲淹家为之饯行，王质甚至留在范仲淹家住了好几晚。面对旁人的嘲讽，王质说："范仲淹是贤者，如果我被当作他的朋党，是我三生有幸。"

范仲淹被贬后，台谏官不约而同地保持了沉默，没有人敢为他发声。集贤校理余靖站了出来，上疏请求仁宗收回成命。他慷慨写道："此前范仲淹在太后时代发表言论，陛下对他加以奖赏，为什么这次揭发大臣的问题，就要对他处以贬谪呢？即使范仲淹的言论不合适，陛下不听就罢了，怎可以言论来定罪呢？陛下登基后，已经三逐言事者，也恐怕不是太平之政啊！"其实，余靖在写下这封章奏时，就已经预想到自己将会遭遇什么，但这位馆阁之臣还是愿意赌上自己的大好前程，只为辩明一个是非对错。果然，几天后，余靖的馆阁职务就被免掉，被贬到筠州去监酒税。

贬谪余靖，如同杀鸡儆猴，吕夷简正是用这样的方式告诉所有同情支持范仲淹的人，如果有人敢发出不同的声音，就会被扣上朋党的帽子。然而总有人知其不可而为之，欧阳修的好友、馆阁校勘尹洙就是这样的人，面对余靖被贬的消息，他立刻上疏称，自己敬重范仲淹的正直，与他义兼师友，如今和范仲淹关系不算亲近的余靖都因朋党被贬，自己深感不安和羞愧，请求朝廷将自己一同贬谪。

吕夷简非常生气，将尹洙也贬到郢州去监酒税。

在这件事中，欧阳修也没有保持沉默。范仲淹被贬之初，余靖召集欧阳修和其他相熟官员在家中商讨此事。席间左司谏高若讷大骂范仲淹的为人，欧阳修乍一听还以为是戏言，随后又询问尹洙才知道，高若讷对范仲淹的做法很不认同，私下常诋毁范仲淹。欧阳修立刻写了一封信谴责高若讷。信中表达的主要有这么几点：

第一，范仲淹平生刚正，好学通古今，为朝廷做出的贡献，天下所共知，现在因为触怒宰相而被贬，高若讷却不为之申辩。若是因为家有老母，爱惜自身利禄，不愿惹怒宰相招来祸患也就算了，人之常情可以理解。但这高若讷却昂然自得，了无愧畏，反而诋毁范仲淹的清誉，以掩盖自己不发声的过失。这种行为就是君子之贼。

第二，退一万步讲，如果范仲淹真的不贤明，那为何当初仁宗重用他的时候，身为谏官的高若讷不为天子辨其不贤，反而默默无一语？等到范仲淹被贬的时候，才跟风随大流指责他。作为谏官，高若讷"罪在默默"。

第三，当今皇帝并非不能纳谏之君，高若讷面对这样的宽容明君竟都不敢直言进谏。况且朝廷下令禁止百官越职言事，那么能够对政事发表看法、提供意见的就只有台谏官了，若高若讷在其位而不言，还有什么面目自称谏官呢？简直是"不复知人间有羞耻事"。

第四，如果高若讷还认为范仲淹不贤，应当被贬的话，就请携带这封书信在朝堂上弹劾自己朋党之罪，至少也算发挥了谏官的作用。

欧阳修的这封信言辞犀利，笔调辛辣。诚然，放在当时的背景下，他的做法无异于以卵击石，起不到太大的效果，写这封信更多是出于一时义愤而已。这封信和当年的《上范司谏书》一样，都是包含着欧阳修对台谏官职责的认知，在他看来，台谏官是不能默默无为的，对时政不发表看法，对皇帝的行为没有规劝，不针砭时弊，就已是失职。欧阳修相信语言的力量，所以他才把对政治的期望更多寄托于台谏官的身上。

高若讷看了欧阳修的信，面子上挂不住，内心非常不快，于是便上疏告了欧阳修一状。高若讷的措辞非常巧妙："欧阳修认为'天子与宰臣以迕意逐贤人'，指责我为什么不发言。如果皇上和宰相真的是因为与贤人意见不同所以贬逐了他，那我一定会进谏劝诫。但在我看来，范仲淹不过是故意以惊世骇俗之语来谋取重用罢了，如今获罪，正是咎由自取。我担心天下人听信了欧阳修的话，真的以为皇上驱逐贤人，那对朝廷损害可就大了。"连同章奏一起交给仁宗的，还有欧阳修的那封信。

最终，欧阳修求仁得仁，也被加入到被贬的名单中。景祐三年（1036）五月戊戌，馆阁校勘欧阳修被贬为夷陵县令。

看起来，似乎这场斗争以吕夷简一派的大获全胜而告终。范仲淹从开封到饶州赴任，途经十余州，竟然没有一位官员敢出来迎接。余靖、尹洙、欧阳修等支持者也全都被贬偏远地方任不起眼的小官。但是，范仲淹一派却凭借这次被贬，占领了道德的高地，得到了更多的支持和拥戴。更多的年轻士大夫也因他们的行动而觉醒，认同他们的政治理想。

如时任西京留守推官的蔡襄，就写下一组《四贤一不肖》诗，声援范仲淹一派。四贤，指的是范仲淹、余靖、尹洙、欧阳修四位贤人，而一不肖指的则是高若讷。这组诗在当时流传很广，人们争相传写，书商还将这组诗刊印贩卖，获利颇丰，就连契丹派来的使者也偷偷买了带回去。后来宋朝官员奉命出使契丹，还在幽州驿馆的墙壁上看到了这组诗。由此，"四贤一不肖"的形象也逐渐在人们心目中根深蒂固。泗州通判陈恢为了讨好仁宗和吕夷简，上疏要求严惩作诗之人。左司谏韩琦则以彼之道还施彼身，弹劾陈恢"越职言事"以谋求恩赏，应当重加贬黜，以杜绝谄媚的奸邪之人。韩琦的弹劾没有收到回应，但蔡襄也没有因为作诗而遭受惩罚。

也许，在仁宗看来，这场让朝廷鸡犬不宁的党争，是时候结束了。

（三）从开封到夷陵

夷陵（今属湖北宜昌），是峡州治所，因其北有夷山而得名，也有一种说法认为，"巴峡之险，至此地始平夷"①，故称夷陵。这里在春秋战国时期属于楚国西境，被中原视为"荆蛮"。到了宋代，夷陵依然是个偏僻贫穷的小县。从这里走陆路经荆门、襄阳到东京，要经过二十八个驿馆；走水路经长江、淮河抵汴河到东京，要走五千五百九十里。大家都不愿到这偏远小地来做官，即使好不容易有官员到这里，任满之后往往面临无人来替的窘境。因此，往往是因罪被贬的官员才会到夷陵县，用"弃恶地，处穷险"的方式以示惩罚。

被贬夷陵，是欧阳修仕宦生涯中第一次较大的挫折，如果用一个词来概括他被贬后的心情，应该是坦然。

接到贬谪的命令后，欧阳修首先连夜去生病的朋友家话别，第二天与在京好友一一痛饮饯别。他的政敌们巴不得这个刺儿头早点离开东京，不给他从容道别的机会，御史台的吏人百般催逼启程，使欧阳修全家"惶迫不知所为"。最初他打算走陆路去夷陵，但仓促启程，再加上五、六月正是酷暑天气，也找不到合适的马匹，无奈只能走水路。登船之后，在汴河上突遇水流激荡，船在水面上打横，差点翻覆。家人因此受了惊，只能登岸稍作休整。种种不顺似乎都集中出现在此时，但欧阳修并没有像丧家之犬一般，甚至没有一丝一毫的慌乱，他依然保持了士大夫的从容与优雅。

借着上岸休整的机会，他和朋友们终于能好好告别。没有长吁短叹，没有怨天尤人，他们从容地会饮、对弈、作诗、听琴、品茶，就像以往一样。两天后，欧阳修登船挥别友人，正式开始了羁旅宦游。

路程是漫长艰辛的，在欧阳修看来，却也是充满趣味的。每到一地，他或是和当地的旧友会面、小饮，或是结识慕名前来迎接的新朋友，或是欣赏

---

① 《欧阳修全集》卷四十四，《送田画秀才宁亲万州》，第624页。

当地的风土人情、山川景物。他将沿途所见所做之事随手记录下来，写成旅行日记，取《诗经》中"君子于役"之句，将其命名为《于役志》。尽管我们今天所能见到的《于役志》已经不全，但依然能从中感受到欧阳修对生活的热爱，以及在被贬途中的从容与坦然。例如，在被贬的途中，他依然有"乘月夜行向山阳"并与好友联句对诗的兴致；在被他人视为穷山恶水的地方，他依然会用心记录下"始食淮鱼""始见荷花"等看似平凡却又充满审美趣味的点滴。

为什么能如此坦然？在欧阳修看来，他与余靖、尹洙等人所做之事，不过是"事有当然而不得避"，也就是做该做之事，说该说之话。古代的贤士面对烹人斩人的酷刑，依然能不违背道义，从容就死，而在旁的其他君子也知道，这不过是做该做的事罢了，不会因此表现出特别的惊讶或赞叹。而近五六十年来，官员大多都遇事畏惧、习惯于沉默，欧阳修等人的做法才会引得街头巷尾热议，"下至灶间老婢，亦相惊怪，交口议之"。欧阳修认为，无论是对自己的行为表示惊讶，或是因为贬谪而安慰自己的人，其实并不真正理解自己。做应该做的事，坚持内心的道义，所以能够保持坦然。

在去夷陵途中，欧阳修遇到了同样被贬的余靖，两人谈起近期遭遇，又不免联想到前人君子在面对同样境遇时的心情。前代的君子在发表政见时，能够慷慨激昂，甚至将生死置之度外，但往往真正遭遇贬谪之后，又免不了伤感嗟叹，到了被贬之地，往往会写下大量忧愁苦闷的文字，即使是欧阳修欣赏的大文豪韩愈也未能免俗；而近年来，朝廷也有一些因为言事而被贬的官员，往往在被贬后高傲放纵、沉迷饮酒、口出狂言。欧阳修认为，这两种心态都不可取，他和余靖约定，到被贬之地后，不写伤感悲戚之文，也不过度饮酒，而是要珍重自身，在工作中更加勤勉审慎。

十月二十六日，经过五个多月长途跋涉后，欧阳修终于到达夷陵。

夷陵虽是峡州治所，但确实像传闻的那样，"地僻而贫"，与繁华的东京无疑有天渊之别。虽然也有椒、漆、纸等特产外销，但夷陵县的百姓一般还是自给自足，与外界的通商较少。市场上卖的都是当地百姓爱吃的鱼干之类，没什么富商大贾到这里来做生意，商品种类很少，一不小心走到卖咸鱼的地方，恶臭难当，得掩住口鼻快速前进。街道也比较狭窄，连车马都很难通过。

百姓的生活更是艰难，房屋大多简陋狭窄，上面住人，下面养牲畜。当地老百姓又极信鬼神，相传用瓦筑房屋不吉利，基本都是用茅草竹子之类覆盖在屋顶遮风挡雨，所以火灾也常常发生。

正是在这样一个偏僻、落后的小县，欧阳修开始切实地负责起了地方行政，才深刻感受到"说"与"做"之间的差距。夷陵虽然是小县，但百姓争讼案件非常多，经常因为田契不明引发纠纷。因为地处偏远，县衙里的吏人大多都是朴实耿直之人，文化程度很低，甚至不识字；县里的公文、户籍等文书都散乱不完整，各项制度也不健全，全都需要欧阳修亲自一一过问，手把手教下属整治。

繁忙的公务之余，欧阳修也不忘精研学术，可是就连最常见的《史记》《汉书》在夷陵县都难以借到。他只好取来架阁上的陈年公案反复阅读，本来是想聊以消遣，可是一看才发现，这些案卷中，冤假错案层出不穷，还有各种以无为有，以枉为直，违法徇情，灭亲害义的案件，数不胜数。欧阳修感叹，夷陵如此，那天下之大，治理起来的难度就可想而知了。他仰天发誓，以后遇到政事，绝不敢疏忽。

可以说，正是在基层负责地方行政的经历，让欧阳修的政治观念发生了巨大的变化，他开始意识到，治理国家绝非一味高谈阔论便可完成，国家需要"说话的人"，更需要"做事"的人。士大夫除了"仰望星空"，通过道德文章改造人心，也需要"脚踏实地"，熟悉吏事。此后，他在教育其他后辈的时候，常提到的一句话就是"文学止于润身，政事可以及物"[①]。

担任夷陵县令期间，欧阳修以处理政事、为百姓办实事为每日的乐趣，几乎忘记了自己是一位贬谪期间的官员。除了政治上日趋成熟外，欧阳修的本性没有发生改变：他依然乐于交友，在夷陵期间除了与旧友书信往来不断

---

① 洪迈撰，孔凡礼点校《容斋随笔》卷四，北京：中华书局，2005 年版，第 45 页。

外，还结识了丁宝臣、朱处仁、朱庆基等好友，和他们在公务之余一起玩乐游历。他依然以写诗为乐，笔耕不辍，名句"曾是洛阳花下客，野芳虽晚不须嗟"就是写在这一时期。

从东京到夷陵，需要操心的除了政事之外，还有闺门内事，家中迫切需要一位女主人。景祐元年，欧阳修还未获罪之时，资政殿学士薛奎曾有意将女儿嫁给他做续弦，但当时薛奎刚刚因为喘疾而解任参知政事，大家都认为他痊愈后肯定还会高升，所以这门婚姻便有些敏感，欧阳修难免遭受攀附的非议，他便以"齐大非偶"的理由推辞了。没想到不久之后，薛奎便去世了。如今欧阳修获罪被贬，薛姑娘却依然遵从父母的安排，愿意嫁给他。景祐四年（1037）四月，欧阳修告假前往许州（今河南许昌），迎娶薛奎第四女为妻。

二十岁的薛氏随欧阳修一路跋山涉水，回到了夷陵。她虽生长于富贵之家，骤然来到这种偏僻小邑生活，却能够安于穷陋，从来没有不满的神色。侍奉婆婆郑老夫人也非常用心，饮食起居都甚合婆婆之意，即使是习惯于服侍别人的寒门小户家的女儿，也很难做到薛氏这样孝顺。

在婚姻方面，欧阳修是不幸的，青年时代便两次承受丧妻之痛；他又是幸运的，无论是相识于微时还是相伴于获罪时，他的每一位妻子都能与他同休戚、甘淡薄。

五、新政前奏

（一）多事之秋

景祐四年十二月，欧阳修接到朝廷命令，调任乾德县令。乾德县（今湖北老河口市）隶属于光化军，为人口较多的望县。与夷陵县比，乾德县离京城更近，交通更便利，各项条件也好了许多。显然，这是朝廷对他的恩赦。在宋代，皇帝降恩赦罪，将获罪官员由偏远地方移向内地较近的州县安置，称为量移。不仅是欧阳修，范仲淹从饶州调任润州，余靖从筠州调任泰州，都获得了量移。为什么朝廷突然关怀起被视为朋党的这群人呢？

这要从当时国家的不太平说起。先是十二月二日京城突然地震，虽然很快停止，没有造成较大损失，但不久又传来消息，忻州、代州、并州发生大地震，大量房屋倒塌，共有两万多百姓死亡，伤者超过五千人，五万多牲畜死亡，财产损失不计其数。当地官员也有不少死伤。

这场灾难震动了朝野。在古代"天人感应"观念中，各种自然灾害都是上天对于皇帝的警示，发生大的灾害，皇帝往往要反省自己的过失，接受臣下直言。河东大地震发生后，仁宗一边派内侍到名山福地祭祀祝祷，一边则下诏听取臣下直言。直史馆叶清臣利用这个机会，上疏说道："一年之内，灾变屡现，一定是因为陛下的某些做法下失民望，上违天意。陛下却不以为意，仅派内侍去治佛事、治道科，恐怕没办法真正消除灾异。自从范仲淹、余靖等人因为言事被贬，天下人人自危，无人敢议论朝政，这种情况已经持续两年了。希望陛下您深刻反省，多延揽忠直敢言之士，也许就能止住灾异，获得善应。"

叶清臣的话触动了仁宗，几天后便示意宰执对范仲淹、欧阳修等人进行恩赦。

范仲淹等人被量移，引发了政敌的惶恐，他们担心这些说话无所畏避的官员再次受到重用，于是又用朋党的罪名诬陷范仲淹。朋党无疑是仁宗最敏感的那根神经，听到有人又提到此事，对范仲淹的不满再次涌上心头，决定将其移送岭南。幸好参知政事程琳出言劝解，仁宗才消了气。

从范仲淹等人被贬后，关于朋党的议论就从未停止过，朋党成了朝臣相互指责倾轧的有力武器。但凡与范仲淹有关或是发言提到了范仲淹的，都会被指责为党人，朝廷的政治氛围变得很不正常。

在排挤走了范仲淹等人后，吕夷简处事更加专横，这引发了另一位宰相王曾的不满，两位宰相也发生了激烈的斗争。频繁的政争让仁宗不胜其扰，索性在景祐四年四月将吕夷简和王曾两人同时罢相。离任前，吕夷简向仁宗秘密推荐了王随和陈尧佐，这两人随后被任命为新的宰相。王随已六十五岁，且体弱多病，陈尧佐更是已经七十五岁高龄，老病的两人还政见不和，可想而知，这一任宰相很难有大的作为。吕夷简推荐他们的意图非常明显，就是以他们的庸懦无为衬托自己的能力，让仁宗早日召自己回朝复相。

果然，王随、陈尧佐任宰相后，多次在朝堂上争得面红耳赤。王随不久便因病告假，而陈尧佐也因为年事已高，很多事都力不从心，宰相机构中书门下完全沦为了养老之地，当时人们戏称"中书翻为养病坊"。从景祐四年十二月开始频繁出现的灾异，更让台谏官们把矛头对准了王随和陈尧佐，左司谏韩琦接连上了十几道章奏论宰相不称职。宝元元年（1038）三月，王随和陈尧佐也被罢相。

问题是，罢免了旧宰相，谁能来当新宰相呢？此时，又有人想起了被贬在外的范仲淹。在王、陈二人罢相前，右司谏韩琦就上疏说道："像杜衍、孔道辅、胥偃、宋郊、范仲淹等人，是公认的忠正之臣，可以提拔他们作为辅弼之臣。或者，曾经担任过宰执的王曾、吕夷简、蔡齐、宋绶等人也能够服众，为什么不再起用他们呢？"仁宗没有考虑韩琦建议的名单，而是任命张士逊和章得象为新任宰相。张士逊已是第三次拜相，因曾在东宫辅佐仁宗而深受信任，也有人说吕夷简秘密推荐过他。章得象则是首次拜相，仁宗提拔他主要是在太后当政时期，他无所依附，也从未有过请托之事，这样一个人看起来是不太会私结朋党的。

新的领导班子建立起来后，推荐范仲淹当宰相的呼声依然没有消失。仔细去分析的话，我们会发现，支持范仲淹的声音在吕夷简罢相后明显多了起来，这些支持者里当然有纯粹因为共同政治理想而不考虑个人私利的，但也有一部分政治投机者。范仲淹本人并不在朝中，但围绕着他而形成的阵营，或者说朋党，确实已经出现了。十月，仁宗不得不再下诏书，禁止百官私结朋党。一旦官员都醉心于相互指责攻击，朝廷陷入四分五裂的局面，那国家前途不堪想象。仁宗必须要弥合这日渐出现的裂痕，他甚至以内降札子的方式披露了一件秘事：原来，范仲淹当年被贬，不仅仅是因为诋毁宰相，主要是密请立皇太弟佺为储君。仁宗希望以此来消除推荐范仲淹的呼声，消除朝中的朋党。

参知政事李若谷向仁宗进言："现在朝中的风气很不好，有些人专门以朋党的罪名诬陷良善。臣认为，君子、小人各有其类，如果都将之视为朋党的话，恐怕正直的大臣无以自立。"仁宗听了后，觉得有道理，内心又开解了不少。李若谷的话其实涉及一个更深的问题：朋党就意味着奸邪吗？君子是否有朋党呢？

（二）烽烟起西北

除了灾异屡现、朝廷纷乱之外，这几年国家更大的忧患是西北的党项人。

党项是羌族的一支，原本生活在今四川、青海一带，后来由于吐蕃强大，被迫迁徙到今甘肃、陕西一带，主要分为庆州东山部和夏州平夏部两支。唐朝后期，平夏部首领拓跋思恭因出兵帮助平定黄巢之乱，被封为定难军节度使、夏国公，并赐姓李。五代时期，中原政权更迭频繁，对党项李氏只能维持着松散的羁縻统治。到宋朝建立后，党项李氏仍然保持着藩镇的地位。

太宗时期，李氏家族内部发生矛盾，定难军节度留后李继捧献出四州之地，归附宋朝。其族弟李继迁率军攻宋，并接受辽朝册封。宋朝无法消灭李继迁的势力，只能选择妥协，封李继迁为定难军节度使，并赐其姓名为赵保吉。李继迁受封后，并未完全臣服，咸平五年（1002）便攻占灵州。继迁死后，其子李德明继位，向宋朝求和。在李德明统治的近三十年里，党项与宋朝维持着和平，同时李德明也在不断发展自身实力，向西先后击败了吐蕃和甘州回鹘，基本控制着河西走廊。

天圣九年（1031），李德明去世，其子元昊袭位。元昊一反其父向宋称臣的政策，首先放弃了唐、宋所赐的李姓和赵姓，下达秃发令，恢复本民族的服饰和旧俗，创制本民族文字，以此增强党项的民族认同感和凝聚力。

元昊袭位后，一直派兵侵扰边境，以试探宋朝的反应。宝元元年，他又请求允许党项使者入五台山供佛，实则是想借此探明河东的道路情况，为战争做准备。可是宋朝这边却还对他的行动没有足够的警惕。

元昊的叔父赵山遇并不支持反宋，屡次劝阻无果后，秘密联系宋朝边将，将元昊的计划和盘托出，打算带着部族、亲属和珍宝名马前来投降。可是延州知州郭劝和兵马钤辖李渭却狐疑不敢接受，自从李德明纳贡以来，宋和党项就约定不接受彼此的降者，党项如有想要内附之人，都一概遣返。郭、李二人拿不定主意，只好上报朝廷，仁宗很快下诏不接受赵山遇来降，"务令边防安静"[①]。郭劝和李渭不久便将赵山遇等人遣返，赵山遇知道自己被遣返后必死无疑，号哭称冤，不愿回去。郭劝竟下令，让监押韩周将赵山遇绑起来送回到元昊处。韩周在宥州见到元昊，元昊却不肯接受赵山遇等人，并且傲慢地说："延州诱我叛臣，我会亲自带兵到延州，在知州的官衙前接受这些叛臣。"韩周好说歹说，才让元昊答应接受。赵山遇被送到党项境内后，元昊立刻派骑兵乱箭射杀了他。

赵山遇在降宋前，曾和弟弟惟永谋划。惟永认为，宋朝不会相信赵山遇，更不愿冒着撕毁协议的风险接受赵山遇，一旦降宋，便会内外交困。赵山遇叹了口气，说道："事已至此，无可奈何。如果南朝（指宋朝）有福的话，就会接纳我的。"而事实证明，宋朝确实对元昊的野心没有足够的认识，而是一味姑息隐忍，错过了利用赵山遇了解情报、掌握主动权的机会。这可以算得上宋朝所犯的第一个错误。

此次风波之后，元昊更加确信宋朝软弱可欺，便加紧了称帝的进程。宝元元年十月，元昊正式筑坛受册，称大夏皇帝，并派使者将自己称帝的消息告知宋朝。元昊建立的党项政权，在历史上我们一般称为西夏。

仁宗君臣到了十二月才得到元昊反叛的确切消息，立刻做出相应部署：将朝廷大员三司使夏竦和知河南府范雍派往边境，分别知永兴军和知延州，又给他们都加上安抚使头衔，以便统领边防事务；封吐蕃部族唃厮啰首领为节度使，以便与之共同对抗西夏；停止陕西、河东等地与西夏的边境互市；下诏悬赏抓捕元昊派来刺探情报的探子。

做好战争部署后，双方还是持试探、观望的态度，都不敢轻举妄动。宝元二年（1039），宋朝宣布削去曾经封赏给元昊的一切官爵，并在边地榜示，若有能斩杀元昊的人，直接可封为定难军节度使，若有率部族归顺的党项人，

①　《续资治通鉴长编》卷一百二十二，宝元元年己酉条，第2880页。

也各有封赏，算是正式与元昊撕破了脸皮。只是，有赵山遇的悲惨结局作为前车之鉴，又有哪个党项人敢信任宋朝，前来归附呢？

宋朝官员在要不要战的问题上，是有一些不同的声音的，如右正言、直集贤院吴育就认为，党项远在"穷漠之外"，本就叛服不常，对待他们不能像对待中原地区的叛乱一样，直接大规模征讨，而是应该"坚壁清野，以挫剽急之锋"，然后再根据形势发展从长计议。但吴育等人的意见并没有得到重视，此时的宋朝上下还是充满信心，认为元昊不过是小丑，出兵后很快便可诛灭。可是元昊和其他常来劫掠的边地部族不同，他想要的是与宋朝平起平坐的国家地位，且已为此做了较长时间的准备。宋朝显然对形势估计不足，盲目自信，这是所犯的第二个错误。

到年底，宋夏双方有一些小范围的军事行动，你来我往，互有胜负，基本是打了个平手。

宝元三年（1040）正月，鄜延环庆路传来消息，元昊派使者到边境，想要议和。仁宗下诏指示，只要元昊所上的表"不亏臣礼"，便可接受议和。在宋朝君臣看来，这场边地危机很快就要解除了，元昊一定是被吓破了胆，以后还得照样称臣。心情最轻松的要数延州知州范雍，此前西夏曾宣称要大举攻打延州，吓得他赶紧报告朝廷请求增兵，没想到却等来了元昊要议和的消息，真是喜出望外。

而范雍没想到的是，元昊其实在下一盘大棋。

元昊的目标是金明县。金明县是延州的门户，守将李士彬世代驻守于此，屯驻了十万大军。李士彬骁勇善战，此前屡立战功，人称"铁壁相公"，西夏人也对他非常畏惧。此前元昊曾以厚利诱降他，又企图使用反间计，结果都未能成功。接下来元昊派了许多党项人到金明县，假意归顺投降，李士彬立刻向上司范雍报告，并建议把这些人都迁到南方好好安置。没想到书生意气的范雍表示，"讨而禽之，孰若招而致之"[1]，认为这是一个怀柔远人、向夷狄

_____

[1] 《续资治通鉴长编》卷一百二十六，康定元年正月庚辰条，第2969页。

展示大宋宽容厚德的机会。于是范雍给这些降人大量财物，把他们都安置在李士彬部下。随后，几乎每天都有来投降的人，被安置在各个寨子里。宋军这边的情报，已被他们打探得一清二楚。

不久，元昊果真派使者来见范雍，并表示"欲改过，归命朝廷"。范雍非常高兴，用丰厚的礼物送走了使者，从战备状态完全放松下来，就等元昊归顺的谢表一到，便可风光凯旋。他还下令把此前斩首示众的战俘都好好地收殓下葬，以官府的名义为之祭祀。正当他盘算着如何向朝廷报告自己的德政之时，突然，李士彬的妻子和母亲风尘仆仆来报，金明县已被元昊攻下。范雍简直不敢相信，立刻派士兵前去查探，没想到派去的人全都一去不回。

原来，西夏使者前脚刚走，西夏的骑兵就得到信号，开始攻打金明县，原来安插在各个寨中的诈降之人也全都成了内应，里应外合之下，金明县很快被攻破。李士彬当时正在黄堆寨，得到消息后立刻往回赶，结果被元昊生擒，唯有提前被心腹护送出去的妻子和母亲顺利逃到了延州，将消息报告给了范雍。

金明县距离延州只有四十里，金明失守，延州便岌岌可危。西夏大军即将兵临城下，范雍只能向鄜延、环庆副都部署刘平和鄜延副都部署石元孙求援。除此之外，鄜延都监黄德和带着一支两千余人的部队，巡检万俟政、郭遵也都带着各自的部队前来援救延州。经过几天的急行军，五支部队终于会合，结成了一支包含骑兵步兵的万人大部队。行至三川口的时候，突遇元昊的大部队。

当时正是严寒天气，平地积雪有数寸厚。宋军部队已经连续七天急行军，疲惫不堪，而西夏大军却是在此严阵以待——这又是一个事先设计好的圈套。尽管宋朝官兵奋起杀敌，斩杀敌军千余人，但在整整一天的交战后，宋军逐渐被西夏军队包围，鄜延都监黄德和带着部队临阵脱逃，**局势越来越不利**。主帅刘平左耳、右腿都已中箭，身边也只剩下千余士兵，**依然奋勇作战，且战且退**，退至保西南山下，筑起营寨防守敌人。

半夜，敌军突至，包围营寨，喊话劝降。刘平派人回应："狗贼，该投降的是你们！明日救援大军一到，你们这点人怎么可能攻破我们的营寨？"

到了第二天凌晨，西夏一方又派人喊话："你们投降吗？不投降的话，全都得死！"刘平依然拒不投降，西夏军队立刻兵分四路合击宋军，刘平和石元孙被擒，宋军几乎全军覆没。

此时延州城已经被西夏军队围困了七天，援军在三川口全军覆没，两位将领生死不明，这些消息像乌云一样笼罩在延州城的上空。没有人知道该怎么办，所有人似乎都在等待着命运的安排。当晚，下了一场大雪，令人意外的是，西夏竟然从延州撤兵，不再围困了。有人认为是恶劣的天气导致西夏军队无法支撑，也有人认为西夏是出于战略上的考虑而退兵。

尽管延州城没有陷于敌手，但三川口的惨败，依然给了宋朝上下极大震动。这场失败宣告了此前宋朝在西北的部署都需要重新洗牌，宋朝君臣也不得不从承平日久的梦中清醒过来，重新认真审视强大的敌人和自身的诸多问题。

（三）和解

三川口战败后，除了抚恤战死的官兵，安抚沿边被劫掠的民众，惩处临阵脱逃和不称职的边将外，仁宗主要做了三件事。

第一，改元。从使用宝元这个年号以来，朝廷就一直不太平，再加上元昊叛宋后，"改姓元氏，朝廷恶之"①，于是便在宝元三年二月便宣布改元"康定"。不久又有好事者私下议论："康定听起来像个谥号"，于是第二年十一月便又改元"庆历"。

第二，重开言路，下诏允许朝廷内外臣僚上疏议论朝政得失。自从景祐元年范仲淹等人被贬后，朝廷就一直禁止百官越职言事。言路阻塞往往会导致庸蔽，于国家发展实在无益。于是谏院的最高长官富弼便借着这个机会，向仁宗建议"降诏求直言，尽除越职之禁"②。阻塞了五年的言路终于再一次被打开，官员们纷纷发表自己对时局，尤其是对边境战局的意见。

第三，调整朝中和边境地区的人事安排。这几年纷乱的朝局中，有一位

---

① 《归田录》卷一，第6页。
② 《续资治通鉴长编》卷一百二十六，康定元年二月丙午条，第2978页。

年轻人的表现很是亮眼，那就是韩琦。韩琦年仅弱冠便考中进士，以第二名的优异成绩步入官场，一路稳扎稳打，担任谏官期间的发言总能切中时弊，颇具做大事的眼光和才干。不久前，韩琦被派往蜀地体量安抚灾情，最近刚刚回朝，他非常熟悉西边的军事形势。仁宗任命韩琦为陕西安抚使，负责陕西的边防事务。韩琦到达陕西后，向仁宗再次推荐了范仲淹。

宝元元年，韩琦就曾推荐范仲淹当宰相，当时并未被采纳，而且仁宗还以"事涉朋党"的借口禁止官员们推荐范仲淹。如今韩琦再次推荐，其实是冒着极大的风险的，但他对范仲淹的人品和能力有充分的信任，坚信唯有心忧天下的范仲淹能收拾好边境的乱局。韩琦在向仁宗的上疏中写道："若谓雍节制无状，势当必易，则宜召越州范仲淹委任之，方陛下焦劳之际，臣岂敢避形迹不言，若涉朋比，误国家事，当族。"[①]

也许是韩琦以全族性命做出的保证打动了仁宗，也许是朝廷真的没有更合适的人可用，也许因为本就认可范仲淹的能力，仁宗最终采纳了韩琦的意见，重新重用范仲淹。康定元年（1040）三月，远在越州的范仲淹恢复了天章阁待制的头衔，被调到边境的永兴军去担任知军。还没等他到达永兴军，朝廷的任命又有调整，他被任命为陕西都转运使。在战争状态下，边地的财政粮草尤为重要，陕西都转运使总管陕西四路财政，这一任命无疑是对范仲淹的极大信任。

在调整边防部署的同时，朝廷宰相机构也有一定的调整。在战事兴起后，军机要务千头万绪、纷繁堆积，七十多岁高龄的首相张士逊根本力不从心，于是多次请求告老还乡。五月，仁宗同意张士逊致仕，外放近四年的吕夷简回朝再次担任宰相。

重新起用范仲淹和吕夷简，除了因为信任他们过人的能力外，对仁宗而言，还有一层特别的意义——在国家重大问题面前，此前由党争而造成的裂痕应该弥合了，朝廷需要和解。在范仲淹改任陕西路都转运使后，仁宗曾考

---

① 《续资治通鉴长编》卷一百二十六，康定元年二月癸丑条，第2981页。

虑过让高若讷接任知永兴军，谏官梁适马上提醒："当年范仲淹被贬饶州的时候，高若讷作为谏官曾抨击过他做事疏阔，现在让他俩在一起共事，恐怕会有嫌隙。"仁宗回答道："我让他们一起承担边事，他们就应当好好体谅我对他们委以重任的苦心，怎么还能因为旧事心生嫌隙呢？"

吕夷简也体察到了仁宗的这层苦心，回京复相后，他立刻建言："范仲淹是贤者，如今朝廷既然要委以边地重任，怎么能让他还带着原来的头衔呢？"① 于是，范仲淹的贴职② 由天章阁待制升为龙图阁直学士，同时范仲淹和韩琦都加上了陕西经略安抚副使的头衔，正式成为陕西边防事务的重要负责人。此后，上至仁宗下至群臣，无不称赞吕夷简为长者，不念旧恶，范仲淹回朝入谢之时，也当面与吕夷简道歉："过去曾以公事冒犯相公，想不到相公竟然还不计前嫌提拔我。"吕夷简说道："我怎么会对过去的事耿耿于怀呢？"就这样，曾经搅弄风云的两人相逢一笑泯恩仇。西北的烽烟，也带来了朝中的和解。至少，看起来是这样。

（四）拒绝范仲淹

范仲淹任陕西经略安抚副使后，拥有了推荐属官的权力，他首先想到的，就是欧阳修。他很快向朝廷写了一份推荐欧阳修担任经略安抚司掌书记的举状：

> 臣叨膺圣寄，充前件职任，即日沿边巡按。其有将帅之能否，军旅之勇怯，人民之忧乐，财利之通塞，戎狄之情伪，皆须广接人以访问，复尽心以思度，其于翰墨，无暇可为。而或奏议上闻，军书丛委，情须可达，辞贵得宜，当藉俊僚，以济机事。臣访于士大夫，皆言非欧阳修不可。文学才识，为众所伏。

① 司马光撰，邓广铭、张希清点校《涑水记闻》，北京：中华书局，1989 年版，卷八，第 162 页。后引此书皆此版本。
② 宋代官员官衔带馆职、殿学士、阁学士、直学士、待制等，称为"贴职"，也称"带职"。贴职是宋代文学高选的一种标志，表明才学、品德兼优，与不带贴职的差遣相比，在升迁、待遇等方面，均享有更加优越的地位。

　　边疆事务千头万绪，需要操心的地方很多，因此帮忙负责起草文书的掌书记一职就显得尤为重要。欧阳修的文学才识早就已经蜚声朝野，由他来担任这项职务再合适不过。更何况，掌书记绝不仅仅是会舞文弄墨就可以了，由于要经常接触军事机密，此人必须正直可靠；起草奏议、军书要措辞得宜，准确传达信息，此人必须熟悉各项规章典故，具备一定政治经验。欧阳修在景祐党争时曾与范仲淹并肩作战，范仲淹对他的人品、见识都有一定了解，他愿与他再次并肩作战。

　　但是，毕竟他们曾背过朋党的罪名，如今辟欧阳修为属官肯定又会招来非议，为了打消朝廷的疑虑，范仲淹在举状中补充道：

> 往者缘臣之罪，有黩朝听，盖本人素好议论，闻于缙绅。只如臣为谏官之初，杜衍任中丞之日，修皆曾移书，责臣等缄默无执，非独有高若讷之让也。以此明之，实非朋党。若讷知其无他，亦常追悔。臣切于集事，不敢避嫌。其人见权滑州节度判官，伏望圣慈，特差充经略安抚司掌书记，随逐巡按所典书奏。并国家之事，非臣下之私。若不如举状，臣甘欺罔之罪。

　　虽然交往不深，但范仲淹确实是懂得欧阳修的。他准确地指出了一点：欧阳修当初指责高若讷，只是因为他关心国事、好发议论，并非与自己结为朋党。就像当初自己担任谏官时，杜衍担任御史中丞时，都受过欧阳修的批评。因此，范仲淹也声明，自己的举荐纯属国家之事，并非出于臣下之私。

　　欧阳修宝元二年六月由乾德县调往滑州，此时正担任武成军节度判官。范仲淹的推荐，对他来说是个难得的好机会。从崇高的方面来看，接受此项推荐，意味着能与志同道合又仰慕已久的范仲淹朝夕共事，更重要的是，西北边防是朝廷头等大事，欧阳修尤为忧心，"每一思之，中夜三起"，担任经略掌书记就能够前往边防一线，用自己的努力实现一腔报国热血；从功利的方面看，正因为西北边防此时最受朝廷关注，前往边境一线得到升迁的可能性非常大，再加上范仲淹此时正受朝廷重用，进入他的幕下无疑是搭上了升迁的快车道。

然而让人意外的是，欧阳修拒绝了范仲淹的推荐。

说起来，理由是非常复杂的。

欧阳修给朝廷的理由是最寻常也是最容易让人理解的：家中有年迈老母要侍奉，不便去西北前线。在官方层面拒绝了这项职务后，欧阳修又给范仲淹写了一封信，详细阐述了自己辞命的缘由：第一，他认为，参决军谋、经划财利、料敌制胜才是大君子之举，军书奏记职责太过微末，换成别人一样可以做好；第二，自己并不喜欢也不擅长写四六文，自从考中进士之后基本就没怎么写过，而掌书记起草公文免不了要写四六文[①]。

还有一些理由，欧阳修并没有向范仲淹透露。西北用兵之际，天下自负才能的人都跃跃欲试，想要借此时机有所作为，而范仲淹早就以重名好贤闻名于世，此时又受到重用，因此士人们趋之若鹜，争相前去投奔。欧阳修对此认识非常清醒，曾私下笑着说道："我当初为范公说话，哪里是为了一己私利呢！我愿和范公同其退不同其进。"[②]他说的"同其退不同其进"一方面是避免朋党之嫌，另一方面也透露着欧阳修自矜的心态，对方越是处于顺境、受追捧，他便越要保持一定距离，以证明当年的行为完全出自公心，成全彼此的君子之交。

当然，这些理由中，最重要的一条还是起草公文的掌书记与欧阳修的理想相去甚远。在给好友梅尧臣的信中，欧阳修表达了最坦诚最真实的想法：

> 安抚见辟不行，非惟奉亲避嫌而已，从军常事，何害奉亲？朋党，盖当世俗见指，吾徒宁有党邪？直以见召掌笺奏，遂不去矣。

拒绝了范仲淹的征辟后，欧阳修恢复了馆阁校勘的头衔，又回到了久违的朝堂。恢复馆职后，他最主要的工作就是编修礼书以及参与编纂《崇文总

---

① 见《欧阳修全集》卷四十七，《答陕西安抚使范龙图辞辟命书》。
② 《宋史》卷七十八，《欧阳修传》，第 10376 页。

目》，这些工作他早已驾轻就熟。完成本职工作之余，他也一直密切关注着西北战事的发展，忧虑着，思考着。不久，欧阳修就写下洋洋洒洒近五千字的上疏，针对西北战事提出自己的看法。

　　欧阳修认为，战争归根结底拼的就是"财用"，用现在的话来说就是经济。元昊的计策无非是出其不意、以逸待劳，利用骑兵的优势打完就跑，这势必会是一场持久战；而宋朝在边境屯驻了三十万大军，全都需要国家养着，无论是攻或是守，没有足够的经济实力，是无法长久支撑的。因此，为了解决战争带来的经济问题，欧阳修提出了三条建议：第一，通漕运。宋朝定都汴京，关西的漕运如今已经不通，可以借鉴汉唐的做法，打通关西的漕运，这样汴京的粮草便能方便运往西北，以纾解西北之困。第二，尽地力。国家有不少抛荒的土地，可以以免服劳役的条件，招揽百姓前来耕种。西北地区为了备战，有大量"平时为农，战时为兵"的乡兵，这些乡兵往往以演习军事为借口，抛弃农业，游手好闲。可以组织乡兵归农，由国家贷给他们种子，一年的收入个人与国家对半分。这样既能防止乡兵们游手好闲为害一方，也能增加国家收入。第三，权商贾。以往国家为了增加收入，往往夺商贾之利，垄断一些重要商品的经营权，如茶、盐等都是由国家专卖。欧阳修却认为，"利不可专，欲专而反损"[①]，国家的垄断不利于商品流通，阻碍经济发展，不如"与商共利"，看似国家不能垄断，暂时获取得少了，实际却能"货行流速""取少而致多"。

　　欧阳修在这份章奏的结尾处写道，"坚守以扞贼，利则出而扰之"不过都是细微的便宜之策，由边疆根据实际情况制定即可；而发展农商、打通漕运能使国力渐丰，边兵渐习，最终才能抓住时机，一举消灭敌人。他提出"愿陛下以其小者责将帅，谋其大计而行之"。读到这里，我们就能更好理解欧阳修为什么拒绝去边地担任掌书记了，在他看来，与其去边地参与"小者"，解决眼前的问题，不如坚守庙堂"谋其大者"，为国家的发展做通盘的考虑。

---

① 《欧阳修全集》卷四十五，《通进司上书》，第 643 页。

（五）江湖与庙堂

从康定元年到庆历二年（1042）的三年时间里，欧阳修都留在京城。这几年的宋朝朝廷与欧阳修个人，都有各自的烦恼。

朝廷的第一大烦恼当然是西北战事。对待西夏，到底该以攻为主还是以守为主，朝廷官员始终意见不一，就连韩琦和范仲淹两人也存在分歧。韩琦和尹洙主张进攻，而范仲淹则认为"为今之计，莫若且严边城，使持久可守；实关内，使无虚可乘"①，反对贸然进攻。

在元昊攻势的压力之下，仁宗采纳了韩琦的意见，下诏于庆历元年（1041）正月上旬由鄜延、泾原两路出兵合击西夏。收到命令后，范仲淹还是坚持认为鄜延路不能出兵，他连续向朝廷写了多份奏疏，提出"鄜延是旧日进贡之路，蕃汉之人，颇相接近……存此一路，令诸将勒兵严备，贼至则击，但未行讨伐"，原因是"一则惧春初盛寒，士气愈怯，二则恐隔绝情意，偃兵无期"②，范仲淹希望鄜延路先修复城寨，以牵制元昊东界兵马。朝廷虽然批准了范仲淹留存鄜延路暂不出兵的申请，但也提出范仲淹应与韩琦、夏竦等谋划商议，随机应变。

夏竦派尹洙迁往延州劝范仲淹出兵，可无论怎么说，范仲淹还是不为所动。夏竦只好向朝廷上疏提出，根据情报西夏目前"聚兵一路，以敌王师"，若是只有泾原一路进兵，鄜延路只是在后方牵制的话，无疑正中敌人下怀。夏竦请求朝廷尽快派一名地位较高的官员"监督鄜延一路进兵，同入贼界"③。朝廷把夏竦的章奏转发给范仲淹看，意思是让他好好掂量一下，但范仲淹还是坚持自己的判断。

范仲淹不出兵绝不是怯懦避战。事实上，他在延州练兵守城颇有成效，使敌军不敢贸然来犯，西夏人私下里都说："别打延州的主意了，今小范老子腹中自有数万兵甲，不比大范老子可欺也。"大范老子，指的是中了元昊圈套

① 《续资治通鉴长编》卷一百二十七，康定元年五月甲戌条，第3012页。
② 《续资治通鉴长编》卷一百三十，庆历元年正月丁巳条，第3081页。
③ 《续资治通鉴长编》卷一百三十一，庆历元年二月辛巳条，第3093页。

的前任延州知州范雍，小范老子指的自然就是范仲淹了。

元昊一方似乎察觉了宋朝内部的意见分歧，又故技重演，企图再玩一出诈降的戏码。他先是派人到泾原路提出要和谈，又把之前俘虏的宋朝边将高延德放回延州，想约范仲淹在保安军见面。范仲淹察觉出元昊并非真心想要和谈，而且没有求和的表章，于是没有向朝廷报告，而是自己写了一封劝降的书信交给高延德，由他把书信传给元昊，再派兵马监押韩周护送他回到元昊处。

韩周到西夏境内后，受到了热情接待，停留了几日后，却得知了一个晴天霹雳般的消息：几天前，元昊放话称要进攻渭州，韩琦便派环庆副部署任福统领镇戎军全部兵马前去迎击。没想到大军行至好水川的时候，遇到了西夏的埋伏，基本全军覆没，任福也在军中战死。

这个可怕的消息让韩周归心似箭，一刻也不想在西夏境内停留，但西夏人却把他扣押在夏州四十余日。元昊派亲信给范仲淹写了一封回信，然后又指派亲信带着回信和韩周一道送到范仲淹面前。大概是好水川之战让元昊更加得意，他有意想羞辱宋朝，这封书信言辞极其轻慢无礼，范仲淹当着西夏使者的面把书信直接烧掉，但是又暗中抄录了一份副本呈递给朝廷。本来西夏的书信有二十六页，其中二十页左右都是不适合给皇帝看的轻慢无礼之语，范仲淹只抄录了其中部分，还把过分轻慢的词句都加以删改，这才敢呈递给仁宗。

本来朝廷上下正因好水川之败而愁云惨淡，得知此事，看到西夏的回信，更是眼前一黑。大臣们议论纷纷，基本都在指责范仲淹不该擅自与元昊通书信，更不该擅自烧掉西夏的回信。正当大家在商讨该如何处置范仲淹时，宰相吕夷简却为自己想到了一个一石二鸟之策。

吕夷简复相后，大权独揽，同僚们不敢参与决策，只敢顺从吕夷简的意见在文件上签字而已。唯独只有参知政事宋庠屡次与他争论，仁宗又非常喜欢宋庠，这都让吕夷简非常忌惮，想找个巧妙的计策除掉这个眼中钉。借着商量处置范仲淹的机会，吕夷简私下对宋庠说："人臣无外交，希文何敢如此？"听了这话，宋庠估摸着吕夷简肯定主张严惩范仲淹，自己何不顺水推舟卖个人情？于是第二天仁宗召集众臣讨论的时候，宋庠便抢先说道："范仲淹可斩！"枢密副使杜衍立刻为范仲淹辩解："范仲淹忠心耿耿，只是想为朝廷招降叛虏罢了，怎么能重罚呢。"朝堂上顿时七嘴八舌，争论不休。宋庠满心以为吕夷简会出言帮自己说话，却没想到他始终一言不发。还是仁宗忍不住问："吕相公怎么看呢？"吕夷简才缓缓说道："杜衍说得对，只能轻罚。"仁宗听从了杜衍和吕夷简的意见，只将范仲淹的职事官由户部郎中降为户部员外郎，调任耀州，以示惩戒。

为什么说这是吕夷简的一石二鸟之策呢？"不杀士大夫及言事者"是宋朝的祖宗家法，身为参知政事的宋庠竟然主动提议杀范仲淹，一时舆论哗然，宋庠几乎是千夫所指，仁宗只好罢了他的参知政事一职，贬为杭州知州。吕夷简不费吹灰之力便除去了对手，又在皇帝面前显示了自己的宽厚、不念旧恶，不可谓不高明。此次一同被罢的还有权三司使叶清臣、权知开封府吴遵路、枢密副使郑戬，这三位和宋庠平时关系密切，且都身居要位，锐意进取，吕夷简便以朋党的罪名把他们全都贬斥。

这就是刚刚进入庆历年间的宋朝，不仅对战事意见不一，在战场上节节败退，朝堂上的纷争也从未停止，哪怕是在国家最紧要的关头，也总有人把私利放在公事的前面。有识之士都看得出来，大宋病了，这病已经渐渐露出苗头，趁着还未病入膏肓，得赶紧开出药方来医治。

欧阳修这几年的烦恼也与大宋之病有或多或少的关系。

首先是为小人而烦恼。这几年西北战事深刻影响了朝局，国家频繁征求应敌方略，也有不少人通过向国家献上应敌策略而平步青云的。例如庆历元年，一位名叫邱良孙的不起眼的小官向国家献上了三篇应敌之策，就获得了耀州观察推官的职位。一直很关注西北战事的欧阳修自然对邱良孙的大作很好奇，想看看到底有何高见。看完三篇方略的欧阳修差点吐血——这三篇方略完完全全都是抄袭。邱良孙究竟是从哪里抄来的？欧阳修又为什么会发现呢？

　　说起细节，更是让人吐血。对西夏用兵之初，荆南府节度掌书记令狐挺就写了《韬略》《策论》等五十篇献给朝廷，本以为对战事能有所裨益，没想到仁宗只是下令把这五十篇方略全都珍藏在秘阁以示嘉奖。而邱良孙抄袭的正是令狐挺五十篇方略中的三篇，一字未改，献给朝廷便获得了升迁。欧阳修身为馆阁校勘，对藏于秘阁中的文献非常熟悉，因此一眼就识破了邱良孙抄袭的行径。除了欧阳修，没有别人发现这一切，那也就意味着，令狐挺的方略其实始终被束之高阁，没有人认真去看。朝廷一面将求来的方略束之高阁，一面却又做出广泛访求的姿态，真是莫大的讽刺。

　　这邱良孙后来还得到范仲淹的推荐参加制举，更让欧阳修感慨风俗浮薄，人心败坏。

　　第二重烦恼则是为真正有才华的人落榜而惋惜。随着欧阳修名声越来越大，慕名前来求学、干谒的人络绎不绝。庆历元年，一位二十来岁的年轻人来到欧阳修面前，这位年轻人刚刚入太学，准备参加明年的省试。年轻人打开自己的包囊，里面满满的全是文章，粗粗一算不下数十万字，欧阳修仔细一看文章，忍不住惊叹，"昆仑倾黄河，渺漫盈百川"，汪洋恣肆，气势磅礴！只要略加疏导，他日必成大器。从那天起，欧阳修记住了这位年轻人的名字——曾巩。

　　也许每一次后辈的登门拜访，都让欧阳修想起十几年前自己初登胥偃家门的那一天，他总是不厌其烦地指导后辈们读书、写文章、做人的道理，也和他们写诗、开玩笑，亦师亦友。他衷心希望这些富有才华和理想的年轻人能找到属于自己的舞台。

　　然而，遗憾的是，被欧阳修寄予厚望的曾巩这一次并没有考中。曾巩不像别的落榜考生一样非议考中的同学或是破口大骂考试不公，而是平静地与欧阳修道别，并告诉他，自己以后会继续学习，开阔眼界，坚守初心。这种态度更让欧阳修坚信自己没有看错人，曾巩不仅文章写得好，他的性情、志向更是让人敬佩。

　　这么优秀的人，为什么偏偏落榜呢？欧阳修想不明白，他又想到了自己的好朋友梅尧臣，明明文学、人品、才能样样超群，却也屡次落榜。他开始认真思考，国家选拔人才的方式，始终是"操尺度，概以一法，考其不中者而弃之"①"不幸有司尺度一失手，则往往失多而得少"，可天下人才各有各的特点，有些人有魁垒拔出之材，可是只是在某一方面不符合尺度，就抛弃在外；像曾巩这样的人，长处已经超出常人许多，即使是短板的方面也符合朝廷的标准，为什么也被抛弃在外呢？这样选拔人才真的是良法吗？为什么这么多年都没有任何革新呢？

欧阳修的第三重烦恼和第一次来京城做官时一样——生活成本太高了。康定元年，刚刚回到京城的欧阳修就和梅尧臣感慨京城的生活压力："某于此，幸老幼无恙，但尤贫，不可住京师，非久，亦却求外补。"②当时他就预感到，不能在京师久住，还是得请求外任，减轻经济负担。到了庆历二年九月，欧阳修以家贫的理由请求外任，被任命为滑州通判。

六、新政骤兴

（一）儒者报国　以言为先

进入庆历年间，宋朝面临的局势用"内忧外患"来概括丝毫不为过：西北战事走向尚不明朗，北方的辽朝又来趁火打劫；战事带来国家财政吃紧，百姓也已怨声载道，京东路、京西民变蜂起，朝廷内部的权力倾轧却一刻未停歇。

仁宗也越来越清晰地感觉到，是时候做出改变了。

恰在此时，元老重臣吕夷简倒下了。康定元年（1040），仁宗召回吕夷简，本意就是想让他力挽狂澜，找到复杂局面中新的出口。吕夷简确实是个老练的政治家，但他的执政思想始终是趋于保守的，在太平无事的时代守成绰绰有余，和政敌斗争也能得心应手，但在大时代的风云突变面前便显得庸碌无

---

① 《欧阳修全集》卷四十四，《送曾巩秀才序》，第 625 页。
② 《欧阳修全集》卷一百四十九，《与梅圣俞四十六通》其十二，第 2450 页。

为。更重要的是，吕夷简已经老了，这个曾经翻手为云覆手为雨的政坛强人也不得不向岁月低头，平生做事谨慎的他甚至在一次朝会中连基本的礼仪都忘记了，所有人都看得出，这位三次拜相的宰相已经力不从心。

庆历二年冬天，吕夷简"感风眩"，不能正常上朝，便多次上疏求罢。仁宗没有答应，而是宽慰优待，让他三五日去一次中书处理事务即可，听说胡须能入药治病，还立刻剪了一些赐给他。这样的情况持续到庆历三年正月，吕夷简又一次求罢未果后，陕西转运使孙沔上疏痛斥景祐以来朝廷风纪败坏，罪魁祸首就是吕夷简，甚至把吕夷简比作李林甫，他指出朝廷要尽快"振纪纲，修废坠，选贤任能，节用养兵"，否则恐怕就要"土崩瓦解，不可复救"[1]。这一次，吕夷简没有将孙沔视为眼中钉，而是平静地接受了批评，甚至说："元规（孙沔字）药石之言，但恨闻此迟十年尔。"他明白，属于自己的时代已经结束，该为身后事打算了。

三月，吕夷简再一次请求辞位，仁宗郑重其事地在延和殿召见他，允许他骑马到殿门，给予了这位老臣最后的荣耀。随后，仁宗同意了吕夷简罢相，但还是保留了他与中书门下、枢密院同议军国大事的权力。

吕夷简罢相后，朝廷核心领导班子的构成也有一定调整：两位宰相章得象和晏殊都兼枢密使，方便参与军事决策；其余宰辅的官阶也都有提升，以示优待。据说吕夷简请辞时曾推荐富弼等几人作为宰辅，而富弼也确实因为出使辽朝的功劳颇得人望，于是被任命为枢密副使，但他坚决推辞不接受。

面对朝廷内外的诸多问题，仁宗感觉到必须要打开言路，广泛听取意见，于是便增加了谏官的员额，并且着意拔擢此前以正直敢言而出名的官员来担任谏官。就这样，在晏殊的推荐下，一向敢言的余靖和欧阳修被任命为谏官，并且欧阳修还同王素一起知谏院，也就是谏院的负责人。

在滑州当通判不到半年的欧阳修再次启程前往京城。这一次，他终于站在了自己极为看重的谏官的位置上，能够用笔墨和言语改变朝廷的风气，创

---

[1]　《续资治通鉴长编》卷一百三十九，庆历三年正月丙申条，第3347页。

造一个理想中的社会。欧阳修很清楚，当今天下多事，自己职在言责，就必须毫无保留，不顾惜自身利益，找出国家的疾患所在。

当上谏官后，欧阳修提出的第一条建议是关于整顿吏治的。他提出，天下官吏数量极多，朝廷很难一一掌握他们的情况，因此基层有大量老病、无能、贪暴的官吏，"因循积弊，官滥者多，使天下州县不治者十有八九"①，于是他建议，每一路设立一名按察使，在中央官员中选拔能干且贤明清廉的担任，定期下到各州县察访官吏情况，然后上报朝廷，这样朝廷就能全面掌握天下官吏贤愚善恶，并根据他们的情况别议处置之法。欧阳修所反映的这些情况，其实是他长期在地方基层做官观察得来的，从夷陵县到滑州，基层的吏治混乱给他留下了太深的印象，地方基层官员是国家的基石，要想让国家气象一新，基层的吏治必须整顿。

这条建议提出后，并没有立即被采纳，因为特遣按察使意味着需要专门抽调一部分能干的官员，那么整个朝廷的工作安排需要进行大的调整，牵涉方面比较多，但基层吏治确实是个不容忽视的问题，所以最终朝廷决定让各路原本负责财政的转运使兼任按察使，考察地方官吏是否称职，每年定期上报。

仁宗此时也决心有所变革，除欧阳修等人外，更有意提拔在边地表现出色的韩琦、范仲淹等人。吕夷简罢相后，仁宗特意派心腹宦官去边地向韩琦、范仲淹、庞籍等人传达信息："等边境安定后，要任用卿等担任宰辅，这是朕自己的意思，并不是臣僚的荐举。"但韩琦等人考虑到元昊虽然又声称要讲和，但真伪还不能确认，所以都表示要在边地坚守，纷纷推辞。五月，韩琦和范仲淹被任命为枢密副使。

原本这份委任名单上应该还有一个人——夏竦。夏竦在宝元元年战事初起之时就被派往陕西，担任边防大帅，却一直没有什么出色表现，再加上他本人一直意在回朝担任宰辅，本就对边防事务不感冒，庆历元年十月便罢去了陕西边防大帅的重任，此时的他正在判蔡州。夏竦是仁宗幼时的老师，深

---

① 《续资治通鉴长编》卷一百四十一，庆历三年五月戊寅条，第 3375 页。

受皇帝敬重，再加上在边地多年，没有功劳也有苦劳，因此吕夷简罢相后，仁宗首先便考虑让夏竦来担任枢密使。

没想到任命下达后，引来了台谏官的一致反对。台谏官们的理由主要集中在两个方面：第一，夏竦在陕西之时，畏懦苟且，不肯尽力。每次论边事时，不过是把众人的意见都列上交给朝廷罢了；每次巡查边境的时候，都在军帐中带着侍妾，差点引发兵变；西夏还曾经在边境张榜：得夏竦首级者予钱三千（宋朝此前曾张榜悬赏，得元昊首级者赏钱五百万贯[1]，一贯为一千钱），可见被敌人轻视到了何种地步。如果这种人都能升任枢密使的话，无疑会让边关将士的心都懈怠了。第二，夏竦为人狡诈，用心险恶，此前与吕夷简不和，就连吕夷简都畏惧夏竦的为人，不肯与之同列。现在吕夷简退居二线却推荐夏竦，只是想纾解宿怨罢了，陛下现在正致力于更新朝中气象，怎么能重用这种狡诈不忠之臣？

欧阳修等台谏官们反对此事的章疏，一连上了十八道。

夏竦收到任命，就急忙从蔡州赶往京城，当时已经到达京城城门了。台谏官们更加激烈地表达反对意见，请求皇帝不要让夏竦入宫。一向耿直的谏官余靖说："夏竦之前屡次上表称病，听说被召用之后，却日夜兼程赶来。如果不早做决断的话，他肯定会坚持请求面见皇上，在您面前流泪追溯往事，再加上左右的人为他解释，陛下肯定就会心软了。"御史中丞王拱辰言辞更加激烈："夏竦在西北无功而返，如果这样的人都能入主二府[2]的话，朝廷以后怎么激励世人呢？"仁宗听得不耐烦，想要起身离开，不料王拱辰竟上前抓着仁宗的衣裾，请求皇帝采纳。

无奈之下，仁宗只能追回了任夏竦为枢密使的命令，改任杜衍为枢密使。夏竦风尘仆仆赶来京城，欢天喜地地准备入主枢密院，没想到等来的却是皇帝收回成命，让他打道回府的消息。明明是四月里的天气，夏竦的心却如坠

---

[1]　孔平仲撰，杨倩描、徐立群点校《孔氏谈苑》卷一，《丁晋公谈录（外之种）》，北京：中华书局，2012 年版，第 196 页。

[2]　宋人将宰相机构中书门下和最高军事机构枢密院合称为"二府"。

冰窖，他从此牢牢记住了这些台谏官的名字。

对台谏官们来说，这是一次巨大的成功。从景祐元年以来，台谏官一直被宰相压制、朝中缄默无言的局面终于突破了，台谏官终于不必屈从于任何权力，具备了左右时局的能力。这种局面让锐意改革、好发议论的同道士人们欢欣鼓舞，曾写下《四贤一不肖》诗的蔡襄此时又以诗相贺："御笔新除三谏官，喧嚷朝野竞相欢。昔时流落丹心在，自古忠贤得路难。必有谟猷裨帝右，直须风采动朝端。世间万事等尘土，留取功名久远看。"① 王素、余靖、欧阳修三人又将蔡襄的这首诗献给仁宗看，并在仁宗面前推荐蔡襄，不久，蔡襄也被任命为谏官。

志同道合又都正直敢言的四人给朝廷带来了全新的气象，他们充满活力、充满理想，他们知无不言、言无不尽。四人中以王素年纪最长，他的父亲王旦是真宗时期的著名宰相。这四位谏官也常常聚在一起开玩笑，欧阳修、余靖、蔡襄曾调侃王素："您是宰相之子，而且家里有钱，即使说错了话，朝廷怪罪下来，肯定也不会将您发配到岭外，就算发配到偏远地方对您来说也无所谓；我们这些人都是普通家庭，而且家里贫穷，所以以后表达意见的时候，应该由您在前面先说话。"玩笑归玩笑，真正论事之时，他们谁也不甘心落在后面，都奋不顾身，毫无保留。但是，从这个半真半假的玩笑中，我们也能感受到，他们不是不知道畅所欲言所带来的风险。

对台谏官而言，畅所欲言最大的风险是什么呢？是得罪人。无论是欧阳修提倡整顿史治还是台谏官们阻止夏竦任枢密使，这些出于公心的意见都或多或少触动了一些人的利益，越是切直发言就越有可能得罪人，越是要兴利除弊就越有可能触动他人的利益，一个称职的台谏官是不可能做到明哲保身的。

担任谏官短短几个月，欧阳修已经因为论事切直而被一些人视之如仇，此时的他并不在意，他相信"儒者报国，以言为先"，相信邪不胜正。这些小人的仇视与嫉恨也暂时影响不到欧阳修，因为此时的他拥有皇帝的信任。仁

---

① 《涑水记闻》卷四，第 66 页。

宗为了嘉奖他的正直敢言，特意当面赏赐他五品官服，还笑着对侍臣们说："像欧阳修这样好的谏官，到哪里去找呢？"[1]

可是，皇帝的信任是长久的吗？

（二）谏官渐强

庆历三年七月，京城久久没有下雨，干旱的异象让许多人都焦躁不安。翰林学士苏绅便请求向皇帝上奏。当着仁宗的面，苏绅先掉了个书袋，他引用《洪范》中的句子："言之不从，是谓不乂。厥咎僭，厥罚常旸。"为什么会干旱少雨呢？按照《洪范》的说法，是因为"刑赏妄加，群阴不附，则阳气胜，故其罚常旸"。苏绅怕仁宗没有明白，又补充道："现在朝廷有号令不一的隐患，有逾越本分凌驾于上级的官员，有滥用刑罚的现象，有阴谋僭上的小人……如果不去考虑这些，即使向大大小小的神祇拼命祈祷，恐怕也是没有领会上天警示的真正含义啊。"

听了苏绅的话，在场的官员基本已经心知肚明。是谁造成了朝廷号令不一？又是谁逾越本分凌驾于上级？他话里的矛头分明对准了最近在政坛大放异彩的台谏官。

如果要问近几个月朝廷的风云人物，一定非王素、欧阳修、余靖和蔡襄莫属。因为他们的言论切中时弊，批评起同僚丝毫不留情面，好事者给他们中年纪最大的王素起了个外号——"独打鹘"，而给其他三位起名为"一棚鹘"。

除了阻止夏竦担任枢密使以外，这些"鹘"一般的谏官还做了哪些事呢？

西北战事打响，国家财政吃紧，淮南转运使吕绍宁刚到任，便把地方财政盈余约十万贯钱献给朝廷。谏官欧阳修却以这些钱"国家得之所益至微，外处取之为害不细"的理由，请求朝廷拒而不受，并请求朝廷选派官员调查吕绍宁的钱究竟从何处得来，如果有欺瞒枉法的行为，应严加惩处，以彰显朝廷关怀地方百姓、防止官吏刻剥之意。

五月，虎翼军卒王伦在京东路起事，谏官欧阳修立刻针对此事向朝廷进

---

[1] 《宋史》卷七十八，《欧阳修传》，第 10377 页。

言，提出"夷狄者，皮肤之患，尚可治；盗贼者，腹心之疾，深可忧"[1]，建议朝廷要峻法令、重赏罚，惩治不能捕贼的官吏，尽快把盗贼之事平定。不久之后，朝廷下令，王伦之乱所波及的江淮地区奏报都须保密，不可让其他官员知晓。欧阳修认为，之所以有这项命令出台，是因为最近上疏讨论王伦之乱的人太多，"朝廷欲人不知，以塞言路耳"[2]。而对于以献言为本职的台谏官来说，若无法拥有稳定的信息来源，便无法在事情发展之初便给出建议，如果等到朝廷命令已经下达之时，台谏官再想献言挽回，往往就已经来不及了。欧阳修除了建议朝廷应允许台谏官知晓江淮军情外，更借此事进一步提出两条建议：第一，谏院和御史台同为台谏机构，应享有同等的获取信息的权利，凡有外方奏事及朝廷诏令除改之事，朝廷应该派专门的进奏官在两日内报给谏院；第二，凡有朝廷大事、非常之事或谏官"风闻"但未确定实情之事，应允许谏官前往中书门下、枢密院询问具体情况。

庆历时期的谏官，以非常积极主动的姿态参与到国家的各项事务中，欧阳修正是其中的领军人物，他通过向朝廷争取扩大谏官的信息渠道这一方式，让谏官能够更大程度地介入朝廷的重要事宜，让谏官的言论更大程度地发挥作用。可以说，此时的欧阳修凭借着士林声望和谏官的身份，已隐隐有了左右一时政局之势。从朝廷用人到西北用兵，从百姓生计到国家财政，各个领域都可见到欧阳修等人切直而热忱的意见，这些意见无论是仁宗还是宰相机构都是无法忽视的。

此时台谏官言论力量确实在与日俱增，在宰执甚至皇帝面前都显得非常强势。从这个角度看，翰林学士苏绅奏对指责他们造成了朝廷号令不一、以下凌上，确实也并非空穴来风。

苏绅奏对后，欧阳修等谏官很快对他进行反击。

前不久，苏绅曾推荐太常博士马端担任监察御史。这位马端的个人经历

---

① 《续资治通鉴长编》卷一百四十一，庆历三年六月癸丑条，第3388页。
② 《欧阳修全集》卷九十八，《论谏院宜知外事札子》，第1515页。

有个明显的污点：他曾经检举揭发自己的母亲，使母亲遭受脊杖之刑。在古代的儒家思想中，"亲亲相隐"是一项重要的原则，马端身为人子，不仅没有防备约束母亲犯罪，也没有为母亲容隐，是应当被指责的。欧阳修不仅把这件事抖搂出来，还提出，像马端这样的人，理应终身被排斥在官场之外，怎么还能担任天子法官？欧阳修在奏疏中的言语非常激烈，甚至说"臣不知朝廷何故如此用人，纵使天下全无好人，亦当虚此一位，不可使端居之，况刚明方正之士不少"①，进而把责任归结到举荐马端的苏绅身上，说道："苏绅奸邪，乃天下人所共恶，他视正人君子为仇雠，反而与小人气类相合。马端的丑行，天下人谁不知道呢？苏绅竟然敢欺瞒陛下！这件事尚且敢欺惑人主，其余谗毁忠良、以是为非的事，又不知还有多少。"

在欧阳修的攻击下，苏绅被免去翰林学士之职，翰林学士在宋代是极为清要的职务，往往被视为宰辅的预备人选。但这场翰林学士与谏官的较量，以谏官的大获全胜而告终，当时谏官的强势可见一斑。

强势的意见领袖们接下来又找到了新的批评目标——参知政事王举正。王举正是太宗时的参知政事王化基之子、前任宰相陈尧佐之婿，虽出身显贵，但并无骄纵的习气，从小醉心学术，是个厚重寡言之人。这样一个人为什么会成为谏官们的批评目标呢？

王举正的连襟李徽之前不久刚升为御史，他与王举正关系不睦，便借着御史的身份弹劾："王举正的妻子非常蛮横，他根本约束不了；连家事都处理不好，何谈国事呢？"本来借着家事弹劾副宰相，已经是欲加之罪何患无辞，没想到欧阳修等谏官很快也加入了攻击的行列。欧阳修认为王举正"最号不才，久居柄用，柔懦不能晓事，缄默无所建明"②，余靖、蔡襄也纷纷上章要求罢免王举正。在这样的压力之下，王举正只好上章求去，仁宗顺水推舟，同意了他的申请，将他降为礼部侍郎、知许州。

---

① 《欧阳修全集》卷九十八，《论苏绅奸邪不宜侍从札子》，第 1513 页。
② 《欧阳修全集》卷九十八，《论王举正范仲淹等札子》，第 1510 页。

强势的谏官们再一次以自身意见左右了时局。在攻击王举正的同时，欧阳修还提出，可以让范仲淹来担任参知政事。范仲淹此时正担任枢密副使，欧阳修认为，枢密院只是掌管军事的机构，中书门下才是总管天下万事的最重要的机构，应该让范仲淹入主中书门下，参预大政，充分发挥他的才能。

仁宗再一次采纳了欧阳修等人的建议，在王举正被罢的第二天，范仲淹被任命为参知政事，而富弼则被任命为枢密副使。可是，出乎意料的是，范仲淹坚决推辞这一任命，他的理由很简单："执政可由谏官而得乎？"执政，指的就是参知政事。在制度设计中，宰执、台谏官、皇帝三者是相互制衡的关系，为了让这种相互制约的作用充分发挥，宋代围绕着台谏官和宰执设计了一套较为完善的回避措施，例如，现任宰执的门生故吏不得担任台谏官；台谏官不能兼任宰相的属官；台谏官非公事不得与宰执往来等等。

从这个角度考虑，身为谏官的欧阳修推荐范仲淹担任参知政事，确实违背了职事回避的原则。范仲淹的拒绝很大程度上是出于维护政治传统的考虑。但从这一事件中，我们可以进一步看出，当时身为谏官的欧阳修在政坛的话语权和影响力。

尽管范仲淹坚决推辞，但范仲淹等人在边地的出色表现和在士林中的突出影响力，已经让仁宗下决心任用他们来开创一片新的天地。庆历三年八月丁未，范仲淹正式被任命为参知政事，当时的中央核心班子组成也随之变动：宰相章得象、晏殊，枢密使杜衍，枢密副使韩琦、富弼、王贻永，参知政事贾昌朝、范仲淹。

一个新的时代，似乎正在到来。

（三）天章对策

庆历三年，仁宗三十四岁，这已是他亲政的第十个年头。

时光的流逝让他常常有时不我待之感，国家的内忧外患更让他迫切地想要改革弊政。他常下诏要求臣僚们直言，日常朝会也总是向大臣们询问御边方略。对于始终以锐意改革形象屹立于士林的范仲淹、富弼等人，仁宗更是抱有极高期待，每次见他们，都要向他们访求治理天下的好方法，多次让他们逐条上奏对于当世时务的意见。他迫切地希望范仲淹等人将改革计划提上日程。

面对如此急迫的皇帝，范仲淹内心是清醒的。他对同僚说："皇上的确极为重用我，但做事总要循序渐进，况且国家承平日久，想要改革弊政，更不可能在一朝一夕内完成。"不久，仁宗再次亲自写下手诏督促范仲淹等人："近期破格提拔你们，实在是众望所归。如今韩琦暂时前往陕西镇守，范仲淹和富弼应该与宰相章得象尽心国事，不要有什么顾忌或者回避，只要是与国家急务相关的建设性意见，都详细地向我陈述。"

九月，仁宗开天章阁。天章阁是真宗在位期间所建，最初用于收藏书籍以及皇帝御制文字、御集等，后来也成为君臣交流、问政的重要场所。九月丁卯，仁宗带着宰辅以及知杂御史以上八位高级官员，在天章阁拜谒了太祖、太宗的御容。随后，仁宗给大臣们赐座，每个人面前都准备好了纸笔。他对大臣们说："治理天下有哪些重要的方面？现在应该先做哪些事？诸位爱卿请现在就写下来。"皇帝的突然问策让在场的八位大臣都惶恐不已，纷纷离开座位，伏地顿首，嘴里都说着"此非愚臣所能及，惟陛下所欲为，则天下幸甚"。

范仲淹和富弼认为时机已经成熟，决定将多年来对国家社会的思考都付诸实践。于是在天章阁问策后，他们二人写了一份详尽的改革计划，洋洋洒洒万余字，这就是后来被视为庆历新政纲领性文件的《答手诏条陈十事疏》。

范仲淹和富弼的改革计划共分为十个方面：

第一，明黜陟，也就是明确官员考绩升迁标准。宋代官员考核称为磨勘，磨勘一般需要综合考虑年资和政绩，但在实际操作中，官员升迁主要依靠资历，文资三年一迁，武资五年一迁，"不限内外，不问劳逸，贤不肖并进"[①]。这样一来，官员往往选择"躺平"，不愿节外生枝，尸位素餐照样可以坐等升迁。即使有贤明的官员想要在任期内兴利去害、有所作为，往往会招来其他官员的嘲笑、非议，稍有差池还会被排挤陷害，反而还不如平庸无为的官员。久

---

① 《续资治通鉴长编》卷一百四十三，庆历三年九月丁卯条，第3431页。

而久之，官场便形成了因循守旧的风气，官员们失去了"救生民之病，去政事之弊"的动力。范仲淹则强调对官员政绩的考核，提出如有政绩突出的官员，可以不被三年磨勘的规定所局限，应根据他的政绩予以提拔；同时范仲淹还希望借此堵住一些官员徇私的漏洞，提出如果是官员主动陈乞在京城中书门下、审官院等处任职，应在职五年方许磨勘，这样便可以使"权势子弟肯就外任，各知艰难；亦有俊明之人，因此树立，可以进用"。

第二，抑侥幸，也就是减少官员恩荫的特权。宋代对大臣有很高的恩遇，中高级官员每次南郊或圣节都可以荫补子侄充任京官。久而久之，由恩荫入仕的官员越来越多，形成了冗官的局面，又造成"子弟充塞铨曹，与孤寒争路，轻忽郡县，使生民受弊"[①]。范仲淹建议，应当严格限制恩荫的条件和范围，减少恩荫子弟的数量，同时不允许两府、两省高级官员子弟亲戚通过恩荫担任馆职。

第三，精贡举，也就是改革教育和科举制度。范仲淹建议要重振各地学校，选拔通经有道之士去学校教授学生。科举考试改革方面，范仲淹指出，解试作为"乡举里选"的考试，一定要严格考查考生的道德和行为表现；在解试、省试后，考生实际上已经尽其所能，经过了严格的筛选，若在殿试中还因为声病、音韵等问题被淘汰的话，偶然性就太强了，不利于选拔真正的有才之士，进士科应更重视策论而不是诗赋，诸科应更重视通晓经义而不是死记硬背的墨义。

第四，择官长，即重视地方官的选拔。地方官直接面对着一个地区的老百姓，与该地区的发展、民生息息相关，然而宋朝此前并不重视地方官的选拔，往往是"不问贤愚，不较能否"，完全凭借积累资历升为一地长官。范仲淹建议，应由中书门下、枢密院来推举适合担任转运使、提点刑狱、大州知州的人选，由三司、御史台、开封府等机构的高级官员来推举适合担任知州的人选，由转运使、提点刑狱、知州、通判来推荐适合担任知县、县令的人选。审官院、

---

① 《续资治通鉴长编》卷一百四十三，庆历三年九月丁卯条，第3434页。

流内铨以后派遣知州、知县、县令时，除了将历任功过进行登记外，还应写明推举该名官员的人数，送至中书门下详细审定，审定通过后方能面见皇帝，最后再去上任。

第五，均公田。公田又称职田，是古代朝廷给官员的一种补贴，按官位等级给予一定田亩。宋真宗时恢复了前代的职田制度，给予地方官员一定的土地，避免官员贪赃枉法或从事商业、与民争利，达到高薪养廉的目的。但是地方州县的职田往往分配不均，因此这项制度争议很大，屡屡有人请求废除。范仲淹认为，职田不可废，而应审慎处理，"有不均者均之，有未给者给之"，这样才有利于地方官保持廉洁，有利于吸引有才能的人去担任地方官，既能造福地方百姓，也能培养大量熟悉地方民情的人才。

第六，厚农桑，也就是要重视农业发展。范仲淹建议每年秋天，让州军吏民"各言农桑可兴之利、可去之害"，由转运司收集汇报到中央；如有开河渠、修堤坝、挖陂塘之类的农业公共工程，应由本州官员定下计划，每年二月开工，半月后完成，不耽误农时。应选派熟悉农业的官员，从古人的农业经验中取简约易从之术编订成册，颁发给各路转运使。地方知州、知县、县令上任前，也应给他们当面赏赐一本，要求他们到地方后劝课农桑，大兴农业。

第七，修武备。宋朝采用的是募兵制，士兵都是招募来的职业兵，一旦入伍，生老病死都由国家来负担，因此养兵之费成为国家的一项巨大开支。在军队部署方面，宋朝吸取唐朝尾大不掉的教训，采取"守内虚外""强干弱枝"的部署方式，把绝大部分精锐部队聚集在京师。西北战事打响后，京师周围的部队许多都被抽调到西北边地。面对这样的形势，范仲淹建议可以效仿唐朝前期的府兵制，在京城周边的州府招募五万人充当卫士，一年中三季务农，农闲时进行军事训练，这样一来就能节省大量养兵之费。在京畿试行成功后，还可以逐步向地方推广。

第八，减徭役。宋代的徭役指的主要是差役，即百姓要按户等定期供官府驱使、无偿为官府服务，如押送漕粮、送纳钱物、主典库务等，通常任务繁杂，而且耽误农时，是百姓的一项沉重负担。针对这个问题，范仲淹的解决方案是合并地方的行政机构，如把西京诸邑合并为十县，将防御、团练以下级别的州和使这两套行政班子合并为一套，这样一来就能节省大量差役人数，防止频繁扰民；同时，地方基层官府中的吏员如有愿意离开的，都可以让他们回归农业。

第九，覃恩信，也就是要让朝廷的恩泽切实惠及广大百姓。宋朝三年一次郊祀大礼，每次都会发布大赦的命令，但很难真正执行下去，往往一两个月后就一切如旧，"宽赋敛、减徭役、存恤孤寡、振举滞淹之事，未尝施行"①。范仲淹建议，仁宗应下诏声明，今后赦书中的恩泽如不能真正贯彻执行，就要严惩相关的官员；同时，每次南郊大赦后，朝廷应选拔可靠的大臣前往地方，考察官吏是否称职、询问民间疾苦、监督赦书中的内容顺利施行。

第十，重命令。当时朝廷比较严重的一个问题就是命令条文繁多，同时朝令夕改，极不稳定，造成"上失其威，下受其弊"，朝廷的命令在百姓心中逐渐失去威信，即使触犯，也都当作无心之失小惩大诫。范仲淹提出，以后如果有官员提出建设性意见，不能立即向百姓发布，而要让中书门下、枢密院详细讨论、审定，确定可以经得起时间的考验，才能向下发布施行。对于已经发布的命令，如有人故意违反，就要严惩不贷，以树立朝廷的威信。

范仲淹等人提出的这十条改革措施涉及吏治、财政、军事、民生、文化等诸多方面，而又以整顿吏治为核心。仁宗此时对改革派官员非常信任和倚重，这十条改革意见提出之后，除"修武备"恢复府兵这一条经辅臣讨论后认为不可行外，其余各条均以诏书的形式迅速下发实施。从庆历三年十月开始，新政在各个领域全面开展，整个政坛一派令人振奋的新气象。

十月推行"择官长"新法后，范仲淹等人亲自审定地方监司②人选，他拿着官员名册，看到认为不称职的监司官员，就直接拿笔勾掉，表示不再用此人。富弼看到范仲淹的做法，觉得不太合适，说道："一笔勾掉很容易，可

---

① 《续资治通鉴长编》卷一百四十三，庆历三年九月丁卯条，第3442页。
② 监司，指转运使司、提点刑狱司、提举常平司。

是你一笔下去，背后就是一家人要哭泣啊！"范仲淹说道："官员一家哭，总比一路的百姓哭要好！"最终还是执意把这些官员都罢免了。

可以说，范仲淹等人是下了极大的决心来推行改革的，但正如他此前所判断的那样，改革并非一朝一夕就能见到成效。从他提出的十大措施来看，基本都是着眼于长远的目标，进行深层的、彻底的却也相对温和的改革，却并不能立竿见影解决朝廷当前最迫切的问题。打一个通俗的比方，宋朝日积月累形成病症，庆历新政开出的是一张意在调养根治，但很难立刻见效的药方，相对于大刀阔斧、剜肉放血式的治疗方法，新政所带来的阵痛要轻一些。但是，新政首先是从官员群体内部开刀，即便温和，也注定会触动一部分人的利益，注定会引起反对的声音。

在这场轰轰烈烈的新政中，欧阳修扮演着一个什么样的角色呢？

在范仲淹等人向仁宗提出十大改革措施后，欧阳修立刻写了一份札子请求将改革措施裁择施行。欧阳修首先提笔写道："自古帝王致治，须待同心协力之人，而君臣相得，谓之千载一遇之难。"[1] 在他看来，范仲淹等人与仁宗正是千载难逢君臣相得的典范，他将仁宗任用范仲淹、富弼和开天章阁、亲赐手诏访求大臣称为天下人翘首企盼的两大盛事。

欧阳修也敏感地觉察到新政最大的隐患所在，他指出，"仲淹等所言，必须先绝侥幸因循姑息之事，方能救数世之积弊"，可是要彻底根除长久因循的积弊谈何容易，新政必然会遭到奸邪小人的非议和阻挠。新政最初推行之时，也会是阻力最大之时，"当此事初，尤须上下协力"，范仲淹等人要能够经受住非议和责难，坚持改革不动摇，而仁宗也一定要力拒谗言，等到一段时间后，政策逐渐稳定下来，才能逐渐看到成效。

在新政推行的前后，欧阳修扮演的是一个鼓吹者的角色，一方面劝谏仁宗要充分信任改革派领袖，一方面以手中的言论为武器，为新政的推行扫清障碍。而在欧阳修心中，新政的最大障碍莫过于因循守旧、阻挠新政的大臣，

---

[1] 《欧阳修全集》卷一百一，《论乞主张范仲淹富弼等行事札子》，第1553页。

他们被欧阳修统统视为奸邪小人。

首先要扫除的就是守旧派的重要领袖吕夷简。虽然庆历三年三月吕夷简就已经罢相，但他依然拥有与宰相机构同议军国大事的权力，作为三次拜相的政坛老手，他在朝廷仍有很大的影响力，他的存在无疑是新政推行的重要障碍。吕夷简罢相后，他的两位仆人还凭借朝廷恩典获得三班奉职的头衔，而就在三四个月前，朝廷刚发布命令禁止大臣的仆人求取恩幸。欧阳修立刻指出这是"为无功之臣私宠仆奴而乱国法"[①]，接下来他连续上奏弹劾，指责"吕夷简为陛下宰相，而致四郊多垒，百姓内困，贤愚倒置，纪纲大隳，二十余年间，坏乱天下"[②]，请求朝廷在吕夷简致仕后，不要给予其子弟过分优厚的恩典。吕夷简退居二线后，还经常通过御药院秘密向内廷传递信息，企图干预朝政，这种游离在制度之外的行为也引起了欧阳修的警惕，他立刻上奏，请求仁宗下令禁止。

已故的参知政事李若谷之子李淑为人奸邪，向来和吕夷简走得很近，吕夷简致仕后，他升任翰林学士。欧阳修得知这个消息后，立即当面弹劾，指出李淑恶名远扬，被归于"三尸""五鬼"之列，如果担任禁中亲近之职，一定会谮毁好人，破坏朝中的政治风气。退朝后，欧阳修多次上疏，请求将李淑调离中央，仁宗采纳了他的意见，让宰相机构中书门下将李淑罢免，调任寿州知州。

可是，中书门下接到仁宗命令后，却没有立即执行，想等李淑自己上疏请求外任，再降下将他调任寿州的命令。

欧阳修再次上疏，指出中书门下之所以如此迂回，实际上就是不想得罪人。他请求仁宗在两府官员奏事之时，直接降下圣旨将李淑外贬，以表明除去奸邪秽恶之人的决心。欧阳修之所以多次上疏攻击李淑，除了为新政扫除障碍外，其实也希望借此树立仁宗"辨别忠邪，黜去小人"的形象，彰显皇

---

① 《续资治通鉴长编》卷一百四十三，庆历三年九月戊辰条，第3445页。
② 《续资治通鉴长编》卷一百四十三，庆历三年九月戊辰条，第3445页。

帝的宸衷独断。

（四）何为朋党

当初，欧阳修等人极力阻止夏竦担任枢密使，使得夏竦一直对此怀恨在心，再加上欧阳修担任谏官期间言事无所顾忌，引发了不少人的忌恨。正当新政如火如荼实施之时，夏竦及其他敌对者找到了攻击欧阳修等人的绝佳武器——朋党之说。

他们搜罗了欧阳修的只言片语，加以曲解，又指使宦官蓝元震在仁宗面前翻出了当年"四贤一不肖"的旧事，提起范仲淹、余靖、尹洙、欧阳修被贬在外不久就回到京城，这"四贤"获得重用后，便引荐蔡襄为同列——无疑是以国家爵禄为私惠，来报答蔡襄当年的歌咏之德。蓝元震略带夸张地在仁宗面前挑拨："如今他们每个人的私党，最少也有十来个人，那五个人的门下朋党总数也就超过五六十人了。如果这五六十人再互相提携，要不了两三年，他们就会掌控整个朝廷。到时候他们就算误国误民，谁又敢站出来说话呢？他们泄私愤、报旧怨，又有什么不敢做的呢？陛下身在九重深宫，日理万机，只怕是很难察觉他们的行迹啊！"

仁宗并没有轻信蓝元震的话，但他心里关于朋党的疑虑又重新泛起。他忍不住向宰辅大臣询问："从前听说小人很多都结为朋党，君子也结党吗？"范仲淹的回答很直率："臣从前在西北边地时，见到主战的人结为一党，怯战的人也都结为一党。就朝廷而言，正邪之党也是一样的道理，他们因各自的主张而各为一党，关键是陛下要用心体察，区别正邪。如果结党是为了做好事，那对国家又有什么危害呢？"

为了打消仁宗的疑虑，欧阳修写下一篇《朋党论》，表明自己对朋党一事的看法。和范仲淹的看法不同，欧阳修认为"小人无朋，惟君子则有之"[①]。他指出，小人追求的是利禄财货，他们会因为共同利益暂时结为朋党，但这只是一种假象；等到他们的利益有了冲突或是利益已尽，他们就会互相残害，

---

① 《欧阳修全集》卷十七，《朋党论》，第 297 页。

即使是兄弟亲戚也会反目成仇。君子就不一样了，他们守道义、行忠信、惜名节，他们是因为共同的追求结为朋党，同心共济、始终如一。

欧阳修用历史上尧、舜、商纣王、周武王、唐朝末年的例子向仁宗证明，朋党并不是洪水猛兽，君子结为朋党能够齐心协力治理天下，"为人君者，但当退小人之伪朋，用君子之真朋"①。

客观地说，欧阳修的这篇《朋党论》其实是一时急切之言，其中"君子有朋党，小人无朋党"的说法未必是他对朋党问题的真实看法。只是他们屡次被攻击为朋党，范仲淹也承认君子有党，欧阳修只好用这篇文章来辩护。前人学者已经指出，"（欧阳修）明知理论上君子不应有朋党，实际上他和范仲淹等人也根本无党。所谓朋党只是政敌用来作为破坏庆历改革的利器"②。

那么，范仲淹、欧阳修等人究竟有没有结为朋党呢？庆历三年发生的一件事恰好为我们探讨这个问题提供了一个视角。

庆历三年九月，陕西经略安抚招讨使郑戬揭发庆州知州滕宗谅此前在泾州任官时"枉费公用钱十六万缗"③，紧接着监察御史梁坚也着力弹劾他在边地种种行为不当之处。滕宗谅字子京，家喻户晓的《岳阳楼记》里提到重建岳阳楼的"滕子京"就是他。滕宗谅和范仲淹是同年进士，两人关系亲密、志同道合。范仲淹曾多次举荐滕宗谅，两人庆历年间还在西北共事，相互扶持。因此，在外界看来，滕宗谅是范仲淹一党的重要成员，弹劾滕宗谅很大程度上也是以此为契机反对新政。

郑戬提到的"公钱"即"公用钱"，是宋代朝廷拨给各级机构的日常办公费用，按照地域和官员等级的不同有数量上的差别，沿边州郡的公用钱主要用来接待使者以及犒赏将士、蕃部等。庆历三年西北战事尚未平定，政府财政正吃紧，仁宗多次下令裁减各项开支，大臣们纷纷出主意开源节流，朝廷恨不得一文钱掰成两半花，在这个节骨眼上，郑戬检举滕宗谅"枉费公用

---

① 《欧阳修全集》卷十七，《朋党论》，第 297 页。

② 刘子健：《欧阳修的治学与从政》，台北：新文丰出版公司，1984 年版，第 192 页。

③ 《续资治通鉴长编》卷一百四十三，庆历三年九月

钱十六万缗"，也就是使用公用钱超出了正常的限度，滥用公款，无疑正撞在枪口上。仁宗知晓此事后，天威震怒，立刻派太常博士燕度前往邠州调查。

滕宗谅为人豪爽、洒脱不羁，又乐善好施，一直到去世时，家中都并无余财。从他的性情和一贯表现来看，很难让人相信他会贪污公用钱。根据朝廷派往边地的使者探查，这些公用钱基本都是滕宗谅刚到泾州时，按照惯例犒赏边地内附的少数民族部落，以及馈赠游士故人所花费的。滕宗谅得知朝廷派人来调查，担心会牵连这些人，竟自作主张将公用钱的账簿烧毁了。这一行为无疑加重了事态的严重程度。

究竟该怎样处置滕宗谅一案？朝廷出现了许多不同的声音。

范仲淹竭力为滕宗谅辩护，他首先一一分辨了台官弹劾滕宗谅的几项罪名：在泾州期间贱买百姓牛驴，犒赏军士，虽然确有不妥，但在紧急情况下，也是情有可原；根据使者探查的情况，所谓"枉费公用钱十六万缗"，其中的十五万贯是泾州诸军所用，怎么能把这些钱也算在滕宗谅头上？

接着，范仲淹又详细分析了不可重罚滕宗谅的原因：第一，作为边境主帅，本就需要借助朝廷的信任来树立威势，这样才能弹压将佐军民，指挥将士们捍卫强敌。如果滕宗谅像小吏一样被轻易贬斥，以后的边防主帅又怎么敢便宜从事呢？第二，战事未平，如果滕宗谅作为主帅没有大的罪过就被罢免，一旦敌人入侵将难以应对，一时之间也难以找到合适的人来替代。更重要的是，如果严惩滕宗谅，会让所有的边臣都惴惴不安，谁还敢为朝廷做事？第三，滕宗谅在边境表现优异，能够独当一面，只是做事不拘小节，才会招致非议。

范仲淹指出，台谏官对滕宗谅的指责只是"风闻"，也就是听信传言，没有真凭实据，而自己却实实在在与滕宗谅共事过，眼见为实。范仲淹甚至表示，如果经过查证，滕宗谅真的有贪赃枉法的重大过错，他愿意与其一同被贬黜。

原本仁宗采纳了范仲淹的意见，对滕宗谅从轻发落，只是本官降一级，调任虢州知州。可是这个结果显然引发了另一部分官员的不满。欧阳修的连襟、权御史中丞王拱辰认为，滕宗谅销毁账簿的行为非常恶劣，应予以严惩，否则恐怕以后会有人效仿，朝廷法度难以维持。王拱辰建议，要将他贬到一个小州，以示惩戒。监察御史里行李京则建议，应剥夺滕宗谅天章阁待制这一馆职头衔。

王拱辰虽然是欧阳修的同年兼连襟，两人此前的关系也不错，但他在政治上相对保守，并不支持新政，因此，他主张严惩滕宗谅实乃意料中事。

除了王拱辰外，还有一个人也坚持要严惩，那就是枢密使杜衍。杜衍和范仲淹、欧阳修等人过从甚密，具有共同的政治理想，是庆历新政的重要支持者，但在滕宗谅一事上，他与范仲淹的观点有较大分歧，他"欲深罪滕宗谅"[①]。

欧阳修在滕宗谅一案中的意见则值得玩味。

最初滕宗谅事发之时，欧阳修是主张严惩的，他在札子中分析了朝廷当前经济困难的形势，痛斥贪污公款的行为，建议"滕宗谅、王克庸，若事状分明，亦望早赐勘鞫，正行国典"[②]。

但是，在听了范仲淹的辩解、了解了事态的全貌后，欧阳修的态度有了一百八十度的大转弯，他连上两札，声明自己此前的建议有误，请求朝廷不要苛责滕宗谅。欧阳修还指责朝廷派去查案的燕度随意抓捕拷问无罪之人、在边地动摇人心。听说燕度还写文牒劾问枢密副使韩琦，企图把案件扩大，欧阳修便更加警惕，立刻上书弹劾燕度节外生枝、侵凌大臣，要求朝廷另外派人迅速将滕宗谅一案了结，并让有关部门治燕度之罪。

为什么欧阳修前后态度变化如此之大？很重要的一点就是他从王拱辰、燕度等人的行动中看出他们要以此事为导火线，大做文章、破坏新政的企图，也了解到范仲淹的苦心。因此，对欧阳修来说，这件事就不仅仅是身为谏官要发表个人意见，更要尽量维持朝局的稳定，维持新政团体的利益，最重要

---

① 《续资治通鉴长编》卷一百五十五，庆历五年三月丙戌条，第 3764 页。
② 《欧阳修全集》卷九十七，《论葛宗古等不当减法札子》，第 1495 页。

的是，维护范仲淹作为新政领导者的光辉形象。对比此前欧阳修攻击其他官员的言论，在这件事上，他确实是有所偏袒的。对其他人极尽苛刻，对自己人非常宽容，这就难免引发朋党的嫌疑，将把柄暴露在政敌眼前。

滕宗谅一事引发的风波提示我们，庆历时期的改革派士人究竟有无朋党，其实很难断然下结论。现实政治是非常复杂的，往往是政治理想、原则、人情等因素交织在一起。范仲淹及其同仁确实因为共同的政治追求而关系亲近，为了共同的理想相互扶持，并不是因为谋取私利而相互勾结。在具体的问题上，改革派士人内部也会存在分歧，例如，在辽国趁火打劫之时，范仲淹认为辽国一定会入侵河东，极力请求修筑防御工事，而富弼则认为辽国并不会真正入侵，不必修筑；在是否要修筑水洛城一事上，范仲淹和韩琦的观点就完全不同，诸如此类的事件其实屡见不鲜，所谓君子"和而不同"正是如此。

当然，滕宗谅一事正是无数事件的缩影，我们很难断定范仲淹和欧阳修对他的辩护没有夹杂私情，也很难说王拱辰坚持弹劾就是为了阻挠新政。后来的人在描述庆历时的改革派和保守派时，总是习惯以"君子""小人"二元对立的模式去分析，实际是把问题简单化了。欧阳修在鼓吹新政、攻击政敌时，确实有意将范仲淹等人塑造为儒家理想中的君子，而将对立阵营斥责为奸邪小人，但如果我们全盘接受他的说法不去分析实际情况，就会落入话语的陷阱。政治归根结底是由鲜活的人来参与的，任何人在决策时都很难保证完全理性、公正，任何一次论争都很难排除意气的因素，吕夷简、王拱辰等保守派如此，范仲淹、欧阳修等改革派亦然。

这个故事的结局并不残酷，在王拱辰等人的不断弹劾下，滕宗谅由虢州改任更为偏远的岳州，有赖于范仲淹的极力辩解，他保住了自己馆职的头衔。当然，我们可以明显看出，在这件事上，仁宗的心中的天平明显倒向了范仲淹、欧阳修的对立面——御史中丞王拱辰因为坚持弹劾滕宗谅而受到仁宗的表彰，仁宗鼓励他"自今有当言者，宜力陈无避"。

七、新政流产

（一）石介之死

进入庆历四年（1044），宋廷的政治空气似乎弥漫着隐隐的硝烟味。

新政已经推行了一段时间，效果如何呢？正如前面我们所分析的，范仲淹等人提出的举措其实需要较长时间才能见效，实际推行过程又是困难重重：朝廷整顿吏治，派按察使在各地检举弹劾，官员们都惴惴不安；削减任子之恩、严密官员考核制度，让混日子的官员无所遁形。这些改革措施确实抓住了宋朝最主要的问题，但却触动了太多人的利益；范仲淹、欧阳修等改革派官员确实也不够老练，容易授人以柄。于是，随着改革的推进，潮水般的非议与毁谤向他们袭来，其中杀伤力最大、讨论最多的，还是关于朋党的非议，当时"朋党之论，滋不可解"。

恰在此时，一个意外的事件让新政的前景急转直下，本次事件的核心人物又是石介。

石介我们在前文曾经介绍过，欧阳修曾批评过他孤高自许的为人，也批评过他险怪的文风，却也为他向杜衍据理力争过。此后，石介始终与杜衍、欧阳修等人保持着亲密的关系，也始终密切关注着国家大事。

庆历三年，仁宗锐意改革，任用范仲淹、富弼为宰执，欧阳修、余靖、蔡襄等谏官在政坛大放异彩。面对这样的局面，石介欣喜若狂，想用自己的笔来歌颂这一时盛事，于是便写下一组长诗，名为《庆历圣德颂》。在诗中，石介极力赞颂范仲淹、杜衍、韩琦、富弼、欧阳修、余靖等改革派士人，其中还有"大奸之去，如距斯脱"之句，指的就是欧阳修等人逐斥夏竦之事。这组褒贬大臣、区分正邪的诗流传很广，当时年纪尚幼、还在家乡读书的苏轼读到后，对欧阳修便十分敬慕。

然而，新政的领导者们对石介的行为并不赞同，范仲淹看到此诗后，向韩琦叹息道："为此怪鬼辈坏了事也！"韩琦也说："天下事不可如此，如此必坏。"① 范、韩二人毕竟是经验更为丰富的政治家，他们明白做大事绝不能沉迷于意气之争，在意欲更张之时更要避免引发不必要的矛盾和阻力。

王素、欧阳修、余靖、蔡襄四位谏官曾经力荐石介担任谏官，范仲淹却坚决反对，他指出："石介的刚正确实天下闻名，但他的性格太过追求标新立异、特立独行。如果让他来当谏官，肯定会劝谏皇上做很多难行之事，稍稍不如他的意，他肯定就引裾折槛，叩头流血，无所不为。如今皇上虽然年轻，却没有失德的行为，朝廷政事也都处理得当，哪里用得着这样的谏官！"

事实证明，范仲淹识人的眼光是非常精准的，石介的狂放不羁、特立独行确实为新政埋下了巨大的隐患。

新政开始实施后，石介曾给富弼写了一封信，信中鼓励改革派大臣"行伊、周之事"②，也就是效仿伊尹和周公，辅佐君王成就一番事业。被台谏官驱逐，又被石介写诗讽刺的夏竦一直对改革派士人们都怀恨在心，他得知此事后，便买通富弼家的一名女奴，让她暗中学习模仿石介的字迹，学得八九不离十后，便偷偷把信中的"伊、周"改为"伊、霍"。尽管只有一字之差，含义已截然不同，霍乃是西汉权臣霍光，他曾废黜昌邑王刘贺而改立汉宣帝刘询，伊尹也曾流放君王太甲，因此"伊霍之事"指的是权臣废立皇帝。夏竦正是以此来陷害石介和富弼，有废立皇帝的野心，为了让这件事看起来更真实，他还伪造了一份所谓石介帮富弼撰写的废立皇帝的诏书草稿。

此事爆出之后，举世哗然，物议沸腾，流言蜚语很快就传到了仁宗的耳朵里。尽管仁宗宽厚，能够明辨，并不相信此事。但毕竟人言可畏，朝廷内外的种种非议让范仲淹、富弼等人"恐惧，不敢自安于朝"，接连请求离开朝廷按察西北边境，仁宗没有答应他们的请求。恰在此时，传来军情称契丹正发动兵马准备讨伐西夏部落，元昊也在边境屯聚兵马，范仲淹便趁此机会再次上奏请求巡视边境。六月二十二日，范仲淹被任命为陕西、河东路宣抚使，

---

① 陈均：《皇朝编年纲目备要》卷十二，北京：中华书局，2006 年版，第 260 页。
② 《续资治通鉴长编》卷一百五十，庆历四年六月条，第 3637 页。

离开朝廷去巡视陕西、河东边境防备情况。外出宣抚只是一个临时的差遣，正常情况下，巡视完毕即可回朝。但事实上，范仲淹此次离开朝廷，其实就已经预示着新政的夭折。

此前，献上《朋党论》后不久，欧阳修就被派遣出使河东，与转运司一道视察沿边粮草情况。其实这项调动背后的意图之一就是将他暂时调离舆论漩涡，等到石介一事被暴出后，他并不在朝，很难凭借谏官身份左右朝议。七月底，完成河东的巡查工作回朝后，欧阳修还没来得及将河东所见整理成意见一一上报，八月中旬又被任命为龙图阁直学士、河北都转运按察使，又要离开朝廷到河北赴任。命令一下，谏官们纷纷上奏，认为应留欧阳修在朝中，不应外派。谏官蔡襄提出："朝廷安危之论关系天下，比河北地区财政更加重要。欧阳修的长处是善于议论，现在将他外派到河北，离开朝廷，不能充分发挥他的长处，也无法让他为更重要的朝廷大事贡献力量，是舍本逐末。"然而宰相晏殊还是坚持将欧阳修外派。

陛辞之时，仁宗告诉欧阳修："不久还会让你再还朝的，你不用担心会在外太久，如果有什么大事，尽管向朝廷上奏即可。"欧阳修心里有所顾虑，认为在朝中凭借谏官身份可以畅所欲言无所顾忌，可要是在外任官再积极讨论朝中之事的话，难免有越职言事的嫌疑。仁宗安慰他说："如果是该上奏的事，你不用考虑朝内朝外。"[①] 话虽这么说，但客观来说，离开了朝廷，就很难再引领士论，也难以第一时间得到重要的信息。况且，如果真如仁宗所说，不久还会再让欧阳修还朝的话，应当像范仲淹一样，保留现职，可如今欧阳修失去了谏院的头衔，一时半会儿根本回不了朝廷，许多事也不方便开口。

到了八月，富弼被任命为河北宣抚使，也离开了中央朝廷。至此，新政的两大核心人物以及最重要的鼓吹手全都离开了中央，朝廷的舆论已很难被改革派所掌控，此前范仲淹、欧阳修等人在士人中一呼百应的局面不复存在，新政实际上已很难维持。

---

① 《续资治通鉴长编》卷一百五十一，庆历四年八月癸卯条，第3684页。

　　范仲淹、富弼等人离开中央后，关于朋党的议论和毁谤并没有停息，反而愈演愈烈。留在京城的石介无论走到哪里都被人指指点点，内心惶恐不安，于是自请外任，于十月调任濮州通判。

　　得到外任的命令后，石介就先归家等待，也许是突如其来的非议让他承受了太大的精神压力，不久他就病倒了。这个狂放不羁却又热情率真的士大夫于庆历五年（1045）七月，在惴惴不安中走到了人生的终点。

　　石介虽死，风波未平。当时徐州有一个狂人名为孔直温，他煽动军士企图谋反，事情败露后，在他家中竟然搜出了与石介往来的书信。夏竦本就对石介恨之入骨，立刻抓住此事大做文章，到处散布消息称石介其实没有死，而是被富弼派往契丹，两人勾结契丹人密谋起兵，富弼在边境可做内应。这骇人听闻的消息被传得人尽皆知，很快也被报告给了仁宗。于是庆历五年十一月，仁宗亲自下诏命令提点京东路刑狱司务必认真探查，弄清楚石介到底是死是活。

　　除了京东路外，兖州也收到了核查石介是否已死的命令，恰好杜衍当时正被贬为兖州知州，他便召集官属商议此事。也许是考虑到杜衍和石介的故旧关系，也许是对朝廷的态度有所顾虑，竟没有一个人敢发表看法。沉默了良久之后，只有泰宁节度掌书记龚鼎臣开口说道："石介平生正直真诚，怎么可能有这样的事？我愿以全族性命担保，他一定是真的去世了。"杜衍看着眼前这个年轻人，惊异而又动容，缓缓从怀中拿出一份奏稿给他看，并说道："老夫已经替石介担保了。你如此年少，却能见义勇为，前途不可限量！"

　　庆历五年时，范仲淹、富弼等人都已解除宰执职务，调离中央。然而这场风波分明就是冲着他们来的，针对他们的谗言还尚未平息。不久，朝廷就以"边事宁息，盗贼衰止"为由，取消了富弼和范仲淹安抚使的头衔，也就是取消了他们调动军队的权力，范仲淹也主动要求调离边地，以免瓜田李下。

　　（二）进奏院狱

　　每年秋天，宋朝京师的各个部门都会凑钱办赛神会，同僚们往往趁着这个机会欢饮长谈，通宵达旦。在众多赛神会中，庆历四年秋天进奏院的这一场注定最不寻常。

进奏院是宋朝负责上传下达、传递文书的机构，当时的长官是苏舜钦。为了办好这次赛神会，苏舜钦在自己出的俸钱之外，又卖了进奏院的公文废纸，凑了四五十贯钱，摆下宴席，请来乐伎，邀请进奏院官吏和馆阁同僚一同痛快吃喝。

本来赛神会宴请同僚已是惯例，没什么稀奇，但问题就出在席间集贤校理王益柔写了一首《傲歌》，其中有"醉卧北极遣帝扶，周公孔子驱为奴"之句，被认为是放肆狂言、谤讪圣人，御史中丞王拱辰得知此事后，指使下属鱼周询、刘元瑜等人发动猛烈的弹劾，并将矛头对准了苏舜钦。

御史台官员为什么要揪住此事大做文章呢？

苏舜钦是宋初名臣苏易简之孙，杜衍之婿，他与范仲淹、欧阳修等人志同道合、关系亲密，也是新政的重要支持者。苏舜钦获得集贤校理、监进奏院的头衔，最初正是因为范仲淹的推荐，同样曾获得范仲淹大力推荐的，还有醉中写下《傲歌》的王益柔。自从范仲淹等人推行新政以来，与王拱辰等相对保守的官员有较大的分歧，因此，大家普遍认为攻击苏舜钦真正的目的是动摇杜衍的地位，进而阻挠新政的实施。

仁宗对这一案件也非常重视，在他的亲自过问下，苏舜钦因"监主自盗"之罪被直接除名，也就是剥夺所有的官爵，贬为庶民，这一惩罚可谓前所未有的严厉。其实，御史台官员的攻击未免言过其实，在京机构利用祀神大摆宴席乃是惯例，比进奏院此次宴会规模、花费更大的比比皆是。祠祭宴会上花费的也并非公款，大部分都是官员自己的俸禄钱，苏舜钦卖进奏院废纸也已经上报，所得的钱原本就可以供本部门便宜支取。而最终定下的"监主自盗"罪名以及除名的处罚，几乎是将其与贪官污吏一视同仁了，着实惩罚太过。

除此之外，还有十余名参与宴席的名士都被贬斥：直龙图阁兼天章阁侍讲王洙被贬濠州，集贤校理刁约被贬海州；集贤校理江休复降为监蔡州税，集贤校理王益柔降为监复州税，他们都丢掉了馆职头衔；太常博士周延隽降为秘书丞，集贤校理章岷被贬通判江州，直集贤院吕溱被贬知楚州，殿中丞周延让被贬监宿州税，校馆阁校勘宋敏求贬为签书集庆军节度判官事，将作监丞徐绶贬为监汝州叶县税。

此案所涉及的基本都是当朝名士，他们贬官之后，当时的馆阁人才基本被打击殆尽。此案一出，世人议论纷纷，都认为朝廷未免太小题大做，惩罚有点过于严厉。而王拱辰等人则非常高兴，得意洋洋地宣称："吾一举网尽矣！"

为什么此案惩罚如此之重，牵连如此之广呢？

苏舜钦、王益柔，也包括与他们交好的蔡襄、孙甫、尹源等人，他们身上有着典型的庆历时期士大夫的气质。他们才华出众，锐意进取，喜论天下事，却也放荡不羁，在私生活中保留着率性的名士风流，常常在杯酒戏谑之间谈论朝政，他们言行上的不谨慎、不检点往往容易招致非议。这些士大夫是新政的有力支持者，甚至政治观点比范仲淹、欧阳修等人更加激进。正如研究者所指出的，"在庆历士大夫看来，犯错、越界有时要比无过、循常更值得提倡"①，这与宋代传统士大夫那种厚重自持、谨守法度的特点形成了鲜明的对比。西北战事突如其来，让宋朝积累的问题突然暴露，也使得这些积极进取的新一代士大夫走上前台，为新政的推行创造了良好的环境。但从实际政治运转的角度看，庆历时期的士风确实也存在一定的问题，例如重空谈而轻实务、面对政见不同者往往直接针锋相对猛烈攻击，缺乏以柔克刚的政治智慧。后来范仲淹、富弼、欧阳修等人都不约而同地对庆历士风进行反思。

苏舜钦的悲剧固然有保守派士大夫党同伐异、阻挠新政的因素存在，可归根结底背后的决定因素只能是皇帝的选择。在西北战事的巨大压力下，仁宗迫切需要通过改革来解决迫在眉睫的问题，改革派士人身上的许多瑕疵都可以暂时得到宽容。但是新政推行后，非议重重，取得的效果却不甚明显，仁宗的信任和耐心在逐步被消耗，以欧阳修按察河东为标志，改革派已经在

---

① 王启玮：《被惩戒的"醉歌"——北宋诗学与政治交错中的奏邸狱》，《华南师范大学学报》（社会科学版），2020 年第 1 期，第 57 页。

朝中失势。与此同时，仁宗也逐步注意到庆历士大夫对政坛风气的影响，严惩苏舜钦等人无疑是在宣告扭转士风、禁止轻浮放荡风气的一种姿态。

仁宗震怒之下，无人敢为涉案的士人发声，苏舜钦满腔冤屈与悲愤无处可诉。此时，他想到了身在河北的欧阳修，两人年纪相当，志趣相投，可称知己，如今自己的愤懑不平恐怕也只有他能理解。苏舜钦拿起笔来，将内心的块垒统统向远方的欧阳修倾诉。他告诉欧阳修自己不过是"群公日相攻谤"的牺牲品，感慨自己"无人哀矜，名辱身冤，为仇者所快"。欧阳修读到信后，良久无言，他似乎应该做点什么，却又好像什么都做不了，只能叹息着拿起笔来，在苏舜钦的来信后批注了一行字："子美可哀！吾恨不能为之言！"

欧阳修"不能言"不仅仅是因为离开了谏院，不方便议论朝中之事，更是因为在当时的环境下，仁宗已经对朋党问题非常敏感，对改革派士人逐渐失去信任，如果贸然营救，不但于事无补，更有可能引发更大的问题。

在处置了苏舜钦等人仅仅五天之后，仁宗就下了一份诏书，开篇写道：

> 朕闻至治之世，元、凯共朝，不为朋党，君明臣哲，垂荣无极，何其德之盛也。

这无疑就是在直接批判此前欧阳修《朋党论》中"君子有朋，小人无朋"的说法，接下来，仁宗又在诏书中命令中书门下、御史台访查上报三类有朋党嫌疑的行为：一、追名逐利、沽名钓誉，名为推荐贤才，实则暗中勾结；二、罗织罪状、党同伐异；三、破坏纲纪、诋毁圣人、放肆异言。虽然没有直接点名，我们却能看出这份诏书针对的正是改革派士人，这三类行为正是此前反对派对改革派的攻击之词。这份诏书为接下来驱逐改革派士人定下了基调。

尹洙是个实心肠，目睹了一连串的事件后，他深感仁宗的态度已经发生巨大变化。虽然远在潞州，他还是冒着风险上疏为欧阳修鸣不平，他以唐代诤臣魏徵死后未能保全名节的事例，指出欧阳修身为谏官，难免招致毁谤之言，这一切在他生前就已经爆发。尹洙分析，公论还是朋党往往取决于皇帝的意思，与忠邪无关，"臣爱修等之贤，故惜其去朝廷而不尽其才。如陛下待修等未易于初，则臣有称道贤者之美，如其恩遇已移，则臣负朋党之责矣"①。

新政的各项举措接连遇到障碍，接连发生的事件和漫天的流言蜚语让外出宣抚的范仲淹更加不安，他上表请求罢任参知政事，仁宗其实希望顺水推舟同意他的请求，但宰相章得象却不忘落井下石，他和仁宗说道："仲淹素有虚名，如今如果他一请罢就同意的话，恐怕天下人要议论陛下轻黜贤臣，不如先不允许他请辞，如果接下来他不继续请辞而是上谢表的话，就说明他并不是真心请辞，是以此要挟皇上罢了，正好可以把他罢免。"仁宗听从了章得象的话，下诏不允许他辞职，范仲淹果真上了一份谢表感谢皇帝的信任，正好坐实了章得象"挟诈要君"的构陷，仁宗便对范仲淹等人更加不信任了。

不久，富弼结束了在河北的宣抚任务，即将回朝。谏官钱明逸为了迎合章得象，便上言弹劾富弼"更张纲纪，纷扰国经，凡所推荐，多挟朋党，心所爱者尽意主张，不附己者力加排斥，倾朝共畏"②。又提及范仲淹，说道："范仲淹去年受命宣抚河东、陕西，听说皇上下诏诫励朋党，便内心恐惧，称疾乞医，又上表乞罢参知政事、知邠州，想要通过这样的方式巩固自己的地位，消弭人言，他欺诈之迹已经非常分明。希望早日将他废黜，以安天下之心，使奸诈不敢效尤，忠实得以自立！"

钱明逸的话到底还是说动了仁宗。

庆历五年正月，诏令下达：右谏议大夫、参知政事范仲淹罢为资政殿学士、知邠州、兼陕西四路缘边安抚使，枢密副使、右谏议大夫富弼罢为资政殿学士、京东西路安抚使、知郓州。两位核心领导者离开了宰辅之位，新政已到了风流云散之时。

（三）风流云散

有学者用"自然流产"来表述庆历新政的失败③。与庆历三年新政激动人

---

① 《续资治通鉴长编》卷一百五十三，庆历四年十一月己巳条，第3719页。

② 《续资治通鉴长编》卷一百五十三，庆历五年正月乙酉条，第3740页。

③ 赵冬梅：《司马光和他的时代》第十二章《庆历庆历》，北京：生活·读书·新知三联书店，2014年版。

心、轰轰烈烈的开始相比，它的结束非常平淡，悄无声息，令人唏嘘。

首先是中央领导班子的再次调整。调离范仲淹和富弼的诏令下达仅一天之后，新政的另一重要支持者杜衍也被罢免宰相之职，调任兖州知州。三月，韩琦上疏为范仲淹、富弼辩白无果后，自请外任，于是罢枢密副使之职，出知扬州。此后朝中贾昌朝任宰相兼枢密使，王贻永任枢密使，宋庠担任参知政事，吴育、庞籍担任枢密副使，这些官员都与新政比较疏离。此前余靖、蔡襄等人也已被调往外地。新政的领导人和支持者已由原来的一团火散作满天星。

接下来，改革措施被一项项取消。二月，首先罢免的是磨勘保任之法，随后荫补新法也被废除。曾经承载着巨大希望、以雷霆万钧之势下发实施的新法，原来一夕之间就可废除。

新政为什么会夭折？新政的亲历者有过反思，从宋朝到现代的学者也从未停止过讨论，我们可以总结出许许多多的理由。例如，庆历新政以吏治为中心，相当于拿整个官僚群体首先开刀，多数官僚都是持反对态度，受到的阻力过大；新政的缘起是西北战事这一特殊情况，宋朝彼时积弊并未完全暴露，战事平息后，改革的动力不足；改革派官员自身也有诸多性格缺陷和决策失误……

不可否认的是，庆历时期的政治风气也有许多值得称道的地方：政治斗争中，除了石介一案外，并没有其他单纯的攻击与构陷；改革虽然失败，改革派官员却并未受到残酷的政治迫害和打击报复，曲终人散之际，他们都保有了应得的体面。当然，这不过是我们在回顾这段历史时的后见之明，身处其中的人感受到的也许正与此相反，理想的破灭、未知的恐惧、流言的纷扰，未置身其中的人无法感同身受。

面对新政的夭折，范仲淹和富弼也许早已明白，大势已去，无可挽回，风口浪尖上的二人只能保持缄默。新政的鼓吹手欧阳修却依然坚信"士不忘身，不为忠信；言不逆耳，不为谏净"，他想保住的，首先是"人"，于是冒着愈发尖锐的关于朋党的指责，依然坚持上疏为范仲淹、杜衍、富弼、韩琦辩护。

在欧阳修看来，"杜衍为人清审而谨守规矩，仲淹则恢廓自信而不疑，韩琦则纯正而质直，富弼则明敏而果锐"[1]，四人的性情各不相同，在政事上也常常观点各异，平日闲居时彼此欣赏相互称赞，但为国议事时却不顾私情、各抒己见，不惜争得脸红脖子粗，完全称得上古人所说的"忠臣有不和之节"。因此，小人指责他们为朋党，完全是没有根据的诬告。与之前的《朋党论》相比，此时的上疏或许更能体现他对朋党问题的真实看法。欧阳修总结，自古奸邪小人"欲广陷良善，则不过指为朋党，欲摇动大臣，则必须诬以专权"[2]，只有凭借朋党的罪名，才能将良善之人一网打尽，而专权的罪名是人君最敏感最忌讳的，借此便可离间君臣，动摇深受信任的大臣的地位。范仲淹、富弼等人便是因此蒙受毁谤与冤屈。欧阳修竭力辩解，希望仁宗对待他们能够"委信不疑，使尽其所为"，即使在他们离开朝廷后，也能"恩礼各优"。

面对同僚们的遭遇，欧阳修请求仁宗"保全忠正之士，进退之际，各有恩意"，对于自己担任谏官期间所背负的指责，他却一言不发，只能请求皇帝黜罚，以消弭可畏的人言。

两年前的欧阳修引领士论，可谓一时风云人物，如今的他仿佛孤独的战士，在战友们纷纷解甲归田时依然固执地握紧手中的武器，可是只要他仍然站在那里，就必须面对潮水般袭来的明枪与暗箭。此时的欧阳修甚至有点怀念在夷陵的时光，那时候虽然卑微，却坦然而充满希望。而现在无休止的斗争让他感觉有点疲惫，像一只飞得太久的鸟儿，想找到一个可以栖息的巢穴。

国事令人忧心，家事同样让人牵挂。正当欧阳修想方设法为范仲淹等人辩护、挽留新政最后成果之时，家书传来，年迈的母亲旧疾复发，长女也身染重病。

庆历四年，夭折的不仅仅是新政，还有欧阳修的长女欧阳师。这是他第

---

① 《续资治通鉴长编》卷一百五十五，庆历五年三月丙戌条，第3764页。
② 《续资治通鉴长编》卷一百五十五，庆历五年三月丙戌条，第3764页。

三次遭遇儿女夭折的折磨，痛彻心扉。他明明还清楚记得每天晚上归家时女儿在门口笑盈盈迎接的样子，记得早上出门时女儿依依不舍牵着衣角的感觉，明明她仿佛还在自己怀里嬉戏，明明她的身影依然还在眼前。他却只能在梦中、在醉时再见她一回。孤忠一许国，家事岂复恤？这些年在政坛冲锋陷阵、一往无前的欧阳修，也许唯独对家庭亏欠太多，他只能对年纪永远定格在八岁的女儿写道："于汝有顷刻之爱兮，使我有终身之悲。"①

到这年才三十九，怕见新花羞白发。

理想破灭、亲人离世让欧阳修备受打击，转运使任期将满一年之时，他上了一封自劾状，认为自己"绝无绩效，考其常课，已合黜幽，又以不才，失其本职"②，请求朝廷罢免自己的转运使之职，改授一小州差遣。在他的计划中，去地方小州便能远离朝中纷扰，能用俸禄养活一家老小，也能安心读书著书。那样平静而充实的生活，是他所向往的。

然而，欧阳修的生活却没能迎来平静，一场更大的风波正在等待着他。

---

① 《欧阳修全集》卷五十八，《哭女师》，第 840 页。
② 《欧阳修全集》卷一百一十八，《自劾乞罢转运使》，第 1825 页。

十年困风波

一、张甥案始末

想要在精神上打倒一个人，用什么办法最快？答案恐怕是，用此人最在乎的东西来攻击他。

在庆历时期的改革派中，树敌最多的恐怕就是欧阳修。担任谏官期间，他攻击政敌、扫清障碍，奋不顾身、畅所欲言；在新政失败后，他不遗余力地为范仲淹、富弼等人辩白，为保留新政措施而奔走。欧阳修既是新政的鼓吹手，或许又是新政的最后一位捍卫者，只有打倒他，才能彻底拔除革新派的力量。

欧阳修担任河北都转运使期间，本职工作处理得井井有条，政敌们绞尽脑汁也未能找到可以中伤构陷的地方。想要打倒他，只能从别的地方下手。恰在此时，一场案件将欧阳修牵连了进来。

庆历五年（1045）八月，开封府审理了一件不寻常的案件。案件的当事人张氏与丈夫的仆人私通，奸情被撞破后，张氏被送到开封府右军巡院关押审理。本来这只是一场普通得不能再普通的通奸案，在宋代社会常常出现，没什么稀奇。

没想到，在审理过程中，张氏为了给自己脱罪，竟又主动揭发了自己做过的其他的事。她的嘴里说出了一个石破天惊的名字——欧阳修，正是那个从谏官升任知制诰，最近又外出担任河北路都转运使的欧阳修！

原来，这张氏是欧阳修的外甥女。当年，欧阳修的妹妹嫁给了张龟正，没几年，张龟正就去世了。因为无法维持生计，也没有亲生儿子，妹妹只能带着张龟正前妻所生的女儿来投奔欧阳修，这名女儿便是张氏，当时年纪不过四岁。欧阳修为寡妹和外甥女另辟出一间院落，精心照料，尽心帮扶，总算将张氏抚养到及笄之年。他又作主将张氏嫁给了自己族兄之子欧阳晟，亲上加亲，希望寡妹和外甥女从此再无忧虑。没想到，一手抚养长大的外甥女竟会做出私通的丑事。

更骇人听闻的是，张氏为了减轻刑罚，说出了许多未出嫁时与欧阳修之间的私事。怎么去理解张氏的这些话，全在审案者的一念之间。

对欧阳修恨之入骨的政敌们当然不会放过这次绝佳的机会。权知开封府杨日严与欧阳修有过不小的过节，当年他在益州任官之时，欧阳修曾弹劾过他贪恣，于是，此次杨日严便暗中派狱吏从张氏的供词中罗织欧阳修的罪名。谏官钱明逸也上章弹劾欧阳修与张氏有私情，并且私吞了张氏的财产。一时之间，"大喧群口"，这则名臣的桃色新闻成为人们街谈巷议的内容，那些曾被欧阳修攻击过的人、将改革派官员视为眼中钉的人，都趁机添油加醋，恨不得坐实了欧阳修与外甥女乱伦私通的罪名。

对于一向视名节重于生命的士大夫而言，"乱伦"是个太可怕的罪名，一旦坐实，恐怕一生都会被钉在耻辱柱上，为天下人不齿，再难在朝廷有所作为。

仁宗听说此事后，怒不可遏，下令尽快审理案件、查清真相。面对皇帝的震怒，大多数官员都不想惹祸上身，竟几乎无人发声。只有一名官员为欧阳修进行辩护，他就是赵概。赵概曾与欧阳修同在史馆共事，也同修起居注，只不过他性格稳重，少言寡语，和好发议论、嬉笑怒骂溢于言表的欧阳修不是一路人，欧阳修此前甚至有点不太看得上他。可此时，却唯有赵概顶着压力站出来上疏："欧阳修凭借文学才能担任天子近臣，不能轻易用闺房暧昧之事对其加以污蔑。他这罪名分明是仇家蓄意中伤，朝廷不能用天下法来为人报私怨啊！臣和欧阳修素来没什么交情，他待臣也并不亲厚，此番上疏只是为朝廷大体感到惋惜罢了！"看了赵概的上疏，仁宗很不高兴，旁人都为他捏一把汗，但赵概依然淡然如平日。

宰相贾昌朝、陈执中也忌恨欧阳修，希望借此机会中伤，最好是彻底打倒他，于是特意安排了与欧阳修有嫌隙的户部判官苏安世以及宦官王昭明来一同审理此案。然而这两人在审案的过程中，并未因为一己之私而蓄意陷害，他们没有发现任何欧阳修与张氏有私情的证据，苏安世最终向仁宗报告："欧阳修无罪，是他人诬告罢了。"

这一结果显然让铆足了劲儿想要打倒欧阳修的政敌们非常失望，苏安世、王昭明后来纷纷因此而降职。虽然没法找到欧阳修乱伦私通的证据，但总还有其他的蛛丝马迹，在刻意搜寻之下，终于发现他有几份来源不明的田契，于是认定他用张氏的嫁妆买了田并据为己有。以此为罪名，欧阳修由河北都转运按察使被贬为滁州知州，也失去了龙图阁直学士的头衔。

此次事件对欧阳修来说可以称得上是无妄之灾。比起被贬外任，对欧阳修打击更大的其实是声誉和精神上的伤害，面对充满恶意的攻击陷害，他并不能为自己分辩一二。唯有当一切尘埃落定，远离朝廷纷争，到达贬所滁州后，他在到任的谢表中才能吐露自己的心声。

他无奈地感慨道，当年寡妹前来投奔之时，张氏年仅七岁，自己出于亲情和道义，只能尽心抚养，又哪里会未卜先知，预见到张氏长大后行为不端呢？张氏出嫁后，自己"耳目不能接，思虑不能知"，又哪里能想到会卷入这场是非中呢？欧阳修很清楚，这场灾祸源于自己当年担任谏官时"论议多及于贵权，指目不胜于怨怒"[1]，自己若不被贬黜，攻击者是不会罢休的。如今被贬滁州，也许便能"脱风波而远去"，避免更多的构陷与谗害。

然而流言蜚语却不会随着主人公被罢黜就逐渐消失，一旦士大夫的品行受到质疑，哪怕事后证明纯属诬陷，也会引发更多的猜疑和毁谤，成为极易

---

[1] 《欧阳修全集》卷九十，《滁州谢上表》，第1320页。

受人攻击的软肋。在宋代士大夫狎妓、写艳词本是常事，而欧阳修本身性格就比较豪爽，不拘小节。经历了这场风波后，他年轻时放荡不羁的名士风流便被解读为"帷薄不修"、私德有亏，甚至在游戏、宴饮中写下的词作也被有心之人借题发挥。宋人笔记《钱氏私志》中记载欧阳修曾作《望江南》一词：

> 江南柳，叶小未成阴。人为丝轻那忍折，莺怜枝嫩不胜吟，留取待春深。

> 十四五，闲抱琵琶寻，堂上簸钱堂下走，恁时相见已留心，何况到如今。

这首词因写到一个惹人怜爱的小女孩形象，又有"恁时相见已留心，何况到如今"等暧昧之语，便被解读为欧阳修专为外甥张氏所作。后辈钱勰看到欧阳修在《滁州谢上表》里提到张氏投奔欧阳家时年方七岁，便笑称"年方七岁，正是学簸钱时也"，可见流言纷纷，人言可畏。

客观来说，欧阳修此番遭难确实与担任谏官期间好攻击他人有关，就连他的盟友韩琦也不得不承认"欧（阳修）性素褊"，即使与亲密好友讨论问题也往往"厉声相攻不可解"。当年欧阳修担任谏官，引领士论，左右政局，却也开了一个非常不好的头——以揭发他人隐私的方式来攻击政敌。庆历三年（1043），他揭发权判大理寺杜曾与父妾通奸并生子，导致杜曾被贬曹州、在惶恐中自缢而死；他还曾以家事攻击参知政事王举正，导致王举正被罢；庆历三年五月，宰执晏殊、夏竦、吕夷简分别推荐凌景阳、魏廷坚、夏有章三人参加馆阁考试，而欧阳修等人则揭发凌景阳娶富人女为妻、魏廷坚曾收受财物、夏有章私生活不检点，导致三人都失去了参加馆阁考试的机会。

以往我们在看待这些事例时，总会不自觉地站在欧阳修的立场，认为这是尽职尽责、大公无私的表现，但如果从整个时代的政治风气着眼的话，我们又不得不承认，没有人的私生活能够完全经得起公众的审查，如果发人隐私的行为得到肯定，必然会一发不可收拾，让政治空气越来越不正常，最终败坏的将是一个时代的人心与风气。说得严苛一点，欧阳修此次其实是尝到了自己种下的苦果。

欧阳修的被贬，可看作是新政的最后一点余波，一个充满希望、奋然昂扬的时代终究还是落下了帷幕。

二、滁州醉翁

（一）滁州山水　庆历旧友

滁州（今安徽省滁州市）位于江、淮之间，四面皆山，地理位置险要，在乱世乃是兵家必争之地，当年宋太祖赵匡胤还是后周大将时，曾在这里大破南唐的军队。入宋以后，四海升平，滁州因交通不便，"舟车商贾、四方宾客之所不至"[①]，生活在这里的百姓与外界接触较少，形成了淳朴、安定的民风，"安于畎亩衣食，以乐生送死"。对希望逃离宦海风波的欧阳修来说，这里正像桃花源一般，没有纷扰的外界俗务，给人以内心的安宁。他来到滁州后，"乐其地僻而事简，又爱其俗之安闲"。

在为政方面，欧阳修做到了"无事"。这种"无事"并不是指完全无所作为，滁州虽是小州，但身为一州之长，民生、行政等工作也依然千头万绪，他能做到让一州的百姓平安无事，是非常不容易的。"无事"也许在外人看来，意味着没有值得大书特书的政绩，意味着为官没有交口称赞的声誉，但这恰恰是欧阳修当地方官的一种坚持——不以扰民为代价换取自己的政绩，不搞"形象工程"，而是真正从百姓的角度出发，尽量宽简便民。曾有人问过欧阳修："看您为政追求'宽简'，那如何能保证事务不因此废弛呢？"欧阳修回答说："如果把放纵不管当作'宽'，把无所作为当作'简'，那么政事肯定会废弛；我所说的'宽'，是指不行急政、苛政，'简'，是指管理百姓不过于繁碎。"

这样的工作与生活让欧阳修感受到了难得的惬意，在给好友梅尧臣的信中他这样写道："某居此久，日渐有趣。郡斋静如僧舍，读书倦即饮射，酒味甲于淮南，而州僚亦雅。亲老一二年多病，今岁夏秋已来安乐，饮食充悦。

---

① 《欧阳修全集》卷三十九，《丰乐亭记》，第 575 页。

省自洛阳别后，始有今日之乐。"①的确，自从离开洛阳后，好久没有如此安闲自在的生活了。对爱书、爱酒、爱山水、爱交友的欧阳修而言，滁州是个好地方。

滁州的山水、古迹，无一不让他醉心。初到滁州时，喜爱古迹的他就探访了该州西南琅琊山，山上有唐朝李阳冰的石篆《庶子泉铭》。当初欧阳修初入馆阁的时候，就见过李阳冰《庶子泉铭》的拓本，喜爱篆书的人都说："李阳冰的真迹很多，但都比不上这篇铭。"欧阳修很早就想求得一张拓本，却始终未能如愿，十年后在滁州终于得偿所愿。在琅琊山一名僧人惠觉的指引下，他在《庶子泉铭》刻石的旁边又看到了另外十几个李阳冰的篆字，比铭文的书体更加奇妙。相比于天下闻名、前人之述备矣的《庶子泉铭》，这些篆字并没什么人提起过，欧阳修觉得很可惜，于是便专门写了一首诗来记述，同时还将拓片寄给好友梅尧臣、苏舜钦一同鉴赏。他还邀请两位好友写诗寄来，想将他们的诗一同刻在篆字旁边。

庆历六年（1046）夏，欧阳修在滁州南丰山幽谷中发现了一处甘泉，他非常喜爱，于是疏泉凿石，在发现泉水的地方盖了一处亭子。此后便常常和滁州百姓来这里"仰而望山，俯而听泉"，春天有山花、夏天有树荫，秋冬风霜冰雪也别有一番风味。欧阳修取"丰年之乐"之意，将此亭命名为"丰乐亭"，希望百姓能"知所以安此丰年之乐者，幸生无事之时"。

千古名篇《醉翁亭记》也是创作于滁州，此时的欧阳修年纪不过四十，却自号"醉翁"，常常与友人畅饮于山水之间。无论是《丰乐亭记》还是《醉翁亭记》，都透露出欧阳修担任地方官时的一个重要追求——与民同乐。欧阳修并没有将自己排除在百姓之外，在他的笔下"负者歌于途，行者休于树，前者呼，后者应，伛偻提携"，滁州百姓往来不绝，而自己也有泉香酒洌、山肴野蔌的宴会，觥筹交错，众宾欢乐。这一幕总让人想到儒家所推崇的"暮春者，春服既成，冠者五六人，童子六七人，浴乎沂，风乎舞雩，咏而归"。

① 《欧阳修全集》卷一百九十四，《与梅圣俞四十六通》其十八，第 2453 页。

生性豪爽、热爱交游的欧阳修在滁州也没忘记老友们，尤其是一同经历过新政风雨的友人。庆历五年，被贬岳州的滕宗谅寄信来，请求他为即将修筑的偃虹堤写一篇记。这封信将欧阳修的思绪拉回到过去，他想到十年前被贬夷陵时，曾与滕宗谅在江宁府匆匆一见，后来各自经历宦海沉浮，在新政中并肩作战，而此时又各自被贬一方，"音尘靡接，会遇无期"。他在回信中感慨："人事之多端，劳生之自困，可为叹息，何所胜言！"

面对滕宗谅的请求，欧阳修并没有贸然答应，毕竟在他心中，不扰民是重要的为政原则，这样大型的工程究竟是否要高调地宣扬？他很犹豫，于是询问滕宗谅派来的人，修筑此堤究竟有什么用处？对方回答说："洞庭湖是天下至险，而岳州又处在荆、潭、黔、蜀四地交会的要冲。在洞庭湖上往来的船只众多，却没有合适的停靠之地，只能都停泊在南边的渡口，如果从那边去州城办事，路途遥远辛苦，又常有风浪翻船的隐患。如今如果建成偃虹堤，来岳州的船只都可以直接停泊在堤下，去州城办事就非常方便了。"听到修建堤坝是为了便民，欧阳修的心放下了一些，但又担心修建的过程是否会过度损耗民力，于是又问堤坝的规模、用工情况，听到用工共一万五千五百人，约一季就能完成后，他便稍稍放心。但还有一个问题，这样的大型工程是由知州滕宗谅一人拍板决定的吗？有没有报告中央，有没有经过层层审核呢？对方向他介绍："州里有了这项计划后首先上报给转运使，转运使派了能干的吏人来视察是否可行，多次审核调查后，又上报给朝廷，由三司来拍板决定，最终获得了批准。在层层审查的过程中，都没有改变我们滕侯最初的方案。"

听了这些介绍后，欧阳修决定为滕宗谅主持修建的偃虹堤写一篇记。在这篇著名的《偃虹堤记》中，他写下了自己答应作记的三点原因：第一，滕宗谅开展此项工程经过了深思熟虑、审慎考察，耗费民力不多，却能对百姓有大利，这种做事的方法值得后来人效仿；第二，滕宗谅主持此项工程并非为自己的一时之誉，而是希望能长久造福百姓，欧阳修希望通过写这篇记，使得之后的继任者也不要将此项工程荒废；第三，岳州的百姓和往来于洞庭湖上的人都希望为滕子京作记，他是顺从民意。这篇记表面上看是好友嘱托的"命题作文"，实际上也包含着欧阳修为官从政一以贯之的主张：凡事讲求实用，不好大喜功，不扰民。

遗憾的是，记虽已写成，偃虹堤却还尚未来得及施工，滕宗谅就于冬末春初离开了岳州，改任苏州，不久后在苏州病逝。

值得一提的是，滕宗谅在岳阳为官时，组织的大型工程不仅仅有修筑偃虹堤，还有重修岳阳楼、重修岳州学宫等。而岳阳楼和学宫的工程完成后，他也写信向范仲淹和尹洙分别求记。千古传诵的《岳阳楼记》正是受滕宗谅请托而作。同样是"命题作文"，范仲淹的《岳阳楼记》和欧阳修的《偃虹堤记》出发点有鲜明的差别：范仲淹更多的是从士大夫自身出发，探讨自身心境与外物之间的关系，高屋建瓴地提出士大夫应当"不以物喜，不以己悲""先天下之忧而忧，后天下之乐而乐"，也流露出"微斯人，吾谁与归"的无奈；欧阳修则是从为官治民的角度出发，反复强调大型工程要深思熟虑，为百姓考虑，不能成为一时的政绩工程，而应长久发挥利民的效用。与范仲淹相比，此时的欧阳修身上的理想主义色彩正在渐渐淡去，他更加讲求实效，也许是地方官的特殊身份使然，此时的他正从"仰望星空"转化为"脚踏实地"。

（二）树欲静而风不止

滁州也并非与世隔绝的桃花源，朝廷的风波总会传到这里。欧阳修在此任官期间，石介事件再起波澜。

对改革派怀恨在心的夏竦曾一手炮制了石介假死通敌的谣言，到了庆历七年（1047），这个谣言仍未完全散去，终于如愿以偿当上枢密使的夏竦又继续散布谣言，称石介游说辽人不成，如今又被富弼派往登州、莱州等地，纠集了数万人图谋作乱。夏竦建议朝廷挖开石介的坟墓、打开棺木检查究竟。这种无稽传闻和掘墓发棺的残忍建议还真的被仁宗采纳了，朝廷下令让京东路的监司来办。

传达消息的使者带着诏书到了奉符县，京东路提点刑狱吕居简和使者说道："如今我们去挖开石介的墓，打开棺材，倘若发现石介确实是死了，那这件事要如何收场呢？丧葬并非死者一家独力能办，肯定有很多人参与，咱们不妨把参与石介丧葬的人都找来问一问，如果他们的说法一致，便可让他们立下文书来担保，这样您也好向朝廷交差。"精明的使者想了一想，确实如此，便答应了。等到他带着调查结果回京后，仁宗才总算放下心来，决定不再追究。不久，朝廷下令将原本看管在其他州的石介的妻儿释放，让他们回到故乡。至此，这桩完全莫须有的石介假死案终于尘埃落定。顺便一提，使得石介免于被发棺的关键人物吕居简，正是吕夷简的堂弟。

虽然石介死后的最后一点尊严总算被保住了，但好友差点儿被掘墓发棺的消息还是让欧阳修悲愤不已。远在滁州的他很难再为好友做些什么，只好翻开石介的文集，一遍遍品读，脑海中浮现出与石介共同经历过的一幕幕，感慨万千，于是他写道：

> 我欲哭石子，夜开《徂徕》编。开编未及读，涕泗已涟涟。勉尽三四章，收泪辄欣欢。切切善恶戒，丁宁仁义言。如闻子谈论，疑子立我前。乃知长在世，谁谓已沉泉。①

被贬滁州后，欧阳修在文坛的影响力并未受到影响，他也非常乐意和后辈交流，常有学子慕名前来登门拜访。书信往来最频繁的后辈要数他颇为欣赏的曾巩，当初庆历二年（1042）京城一别，他和曾巩一直保持着密切的联系。庆历六年，欧阳修被贬的消息刚刚传开之时，曾巩就难掩不平之气，给他和蔡襄寄信写道：

> 二公相次出，两府亦更改。而怨忌毁骂谤构之患，一日俱发，翕翕万状。至于乘女子之隙，造非常之谤，而欲加之天下之大贤，不顾四方人议论，不畏天地鬼神之临己，公然欺诬，骇天下之耳目，令人感愤痛切，废食与寝，不知所为。②

① 《欧阳修全集》卷三，《重读徂徕集》，第 46 页。
② 曾巩撰，陈杏珍、晁继周点校《曾巩集》，北京：中华书局，1984 年版，卷五十二《上欧蔡书》，第 707 页。后引此书皆此版本。

同样在这一年，曾巩在临川卧病，错过了科举考试，欧阳修向他致书劝勉，鼓励他"畜德养志，愈期远到"。不久曾巩又请欧阳修为自己的祖父撰写了神道碑文，欧阳修的长子欧阳发还去拜访过曾巩，两家关系非常亲近。曾巩和欧阳修称得上是忘年知己，他对欧阳修的理想追求非常了解，正如曾巩在受邀为欧阳修撰写的《醒心亭记》中所写：

> 公之乐，吾能言之。吾君优游而无为于上，吾民给足而无憾于下，天下学者皆为材且良，夷狄鸟兽草木之生者，皆得其宜，公乐也。①

欧阳修所追求的理想状态，就是可以让君主优游无为，让百姓安居乐业，让天下学者都成为栋梁之材。因此，提携奖掖后进一直是他非常重视的方面，是他实现政治理想的重要途径。

庆历七年八月，曾巩奉父进京途中，特意去滁州拜访了欧阳修，在欧阳家住了近二十日。在此期间，他和欧阳修一道游览滁州的山水名胜，写下了大量唱和之作。曾巩离开滁州之时，欧阳修特意给杜衍写了封信推荐这位年轻人。在欧阳修眼中，曾巩"好古，为文知道理，不类乡间少年举子所为"，在后进学者中是数一数二的，他值得拥有更好的机会来实现自己的理想抱负。

曾巩在欧阳家期间，还想邀请一位年轻人来一同拜访欧阳修，这位年轻人便是王安石。王安石是抚州临川人，他于庆历二年（1042），也就是曾巩落榜的那一年考中进士。曾、王二人结识于庆历元年（1041），此后便相互欣赏，结下了深厚的友谊。庆历四年（1044），曾巩就曾向欧阳修写信介绍过王安石："巩之友王安石，文甚古，行甚称文，虽已得科名，居今知安石者尚少也。"②曾巩和欧阳修提到，王安石颇为自重，不愿在他人那里博取名声，却曾说："非（欧阳）先生无足知我也"，可见对欧阳修仰慕已久，早就引为知己。当时曾巩随信还附上了王安石的文章，认为"如此人古今不常有"，希望欧阳修能够

---

① 《曾巩集》卷十七，《醒心亭记》，第 276 页。
② 《曾巩集》卷十五，《上欧阳舍人书》，第 237 页。

向朝廷推荐王安石，造福天下人。

这次曾巩来滁州，和欧阳修谈起王安石的文章，欧阳修对王安石的文章颇为欣赏，"爱叹诵写，不胜其勤"，但也十分中肯地表达了自己的建议。他认为，孟子、韩愈的文章固然好，但不必刻意去模仿，文章还是贵在自然。因此，欧阳修请曾巩转告王安石，希望他拓展一下文章的境界，不要生造用语，也不要完全模仿前人。曾巩和欧阳修在滁州还谈论了许多人和事，两人都非常希望王安石能来滁州一趟，觉得"胸中事万万，非面不可道"。于是，曾巩便向王安石发出邀请。遗憾的是，王安石当时刚刚调任鄞县知县，正忙于"起堤堰，决陂塘"，分身乏术，无暇赴约。

尽管王安石未能来滁州，但他与欧阳修之间已经建立起较为密切的联系。后来，在阅读了大量欧阳修在滁州期间所写的诗文后，王安石还写作了《幽谷引》来与之唱和。未来，他们还将有更多的交集。

当时有很多后进学生经常向欧阳修寄去诗文，凡是其中有可取之处者，他都会悉心收录，编成一本书，名为《文林》。王安石和曾巩及他们的好友王回、王向等人的文章都多有编入。作为已经名满天下的前辈，对后进的作品能如此郑重其事、认真对待，欧阳修实在是爱才、惜才之人。

三、宽简治维扬

庆历八年（1048）正月，欧阳修在滁州任满，调任扬州知州。

扬州从隋唐时期开始便是繁华的大都会，交通便利、经济发达，许多名臣都曾治理过这里，留下了许多佳话。扬州与滁州那样的偏僻小州可以说有着天渊之别，调任此地可看作是对他前一阶段工作的极大肯定，也是仁宗对他态度转变的一个标志。欧阳修在到任后的谢表中写道，自己官阶获得升迁、调任扬州，"有以见圣君之意，未尝忘言事之臣"，足以安慰激励那些忠善之士，也可以使那些想进谗言的奸邪小人打消这份念头。

二十年前，欧阳修随胥偃进京之时，曾路过扬州，当时扬州的知州是杜衍。欧阳修在扬州"但见郡人称颂太守之政，爱之如父母"，那时他便暗暗下定决心，也要成为这样令百姓爱戴的官员。只是当时的他还不知道，究竟杜衍为什么能获得百姓如此爱戴，也并不清楚倘若有一天自己处于相同的位置时，能否做得一样好。一晃二十年过去了，如今他又来到前辈曾奋斗过的地方，成为这片土地的父母官。到任后不久，他便给杜衍写了一封信，告诉他自己将竭尽所能，继承爱民之政，"以偿夙昔叹慕之心"。

在欧阳修之前的前一任扬州知州恰好是韩琦，欧阳修到任后不久，也致书韩琦，表示自己将"遵范遗政，谨守而已""其余廨舍城池，数世之利，无复增修"。他在扬州期间萧规曹随，表面上看，似乎各方面都无所增益，实际上正体现了他"宽简、不扰民"的为政主张。尤其是当时蝗灾、淫雨接连破坏农业，民间百姓生活极为不易，他的宽简为政给了百姓休养生息的机会。

在历史的长河中，我们似乎常能看到两种风格不同的官员：第一种官员风风火火，总以各种方式彰显自己有所作为，仿佛不折腾点动静出来就不算合格的官员，他们很清楚该如何把事儿做得"漂亮"，成为自己履历上可以大书特书的一笔，至于这些事对百姓有多大意义、能否持续推行，他们考虑得并不多；第二种官员则是看上去似乎是平庸之辈，但细细观察才会发现，他们是默默干实事的人，做事之前总是思考再三，对百姓无太多益处的事尽量不做，避免扰民，他们更在意事该不该做、如何做好，而不是怎样做看起来漂亮，因此谈论功绩之时，往往显得乏善可陈。我们不得不遗憾地承认，会做漂亮事、说漂亮话的官员似乎总是脱颖而出，受到关注；但如果站在普通百姓的立场上来考虑，百姓会更愿意成为哪种官员治下的子民呢？我想应当还是后者。

此时的欧阳修正是典型的第二类官员。如果要总结他外任期间的政绩，我们似乎很难找到典型的事例。无论是滁州这样的小州还是扬州这样的大州，他在任期间似乎都是在做减法而不是加法，"三五日间，事以十减五六"。当然，欧阳修所推崇的为政宽简并不意味着粗疏、大而化之、无所作为，而是越是在纷繁复杂的事务中，越要集中力量解决关键问题，正如他自己所总结的，"理繁而得其要则简，简则易行而不违，惟简与易，然后其力不劳而有余"。

欧阳修将为官治民和医生治病进行类比，他说了一个生动的例子：有富贵之医到人家里，骑着高头大马、带着仆从，衣饰华丽，进退有礼，为人诊脉之时，严格参照医书的描述来叙述病症，口齿伶俐，说话好听，但是生病的人吃了他的药，却没有任何效果；也有贫穷的医生，出行没有鲜衣怒马的阵仗，举止看起来也有点生疏，替人诊脉的时候，笨嘴拙舌难以对答如流，但是生病的人吃了他的药，病就好起来了。这两种医生，哪一种算得上是好医生呢？在欧阳修看来，应当是后者。同样的道理也适用于为官从政，他认为，"凡治人者，不问吏材能否，施设何如，但民称便，即是良吏"①。只要让百姓过得好，就能称得上是好官。

这种"宽简为政"的为官风格似乎和此前欧阳修在朝廷任官时那种锐意进取、积极有为、坚决改革，甚至略显激进的风格大相径庭。有学者指出，"扬州之政强调'镇静为本'，即是其对'庆历新政'反思的结果"②。新政的失败让欧阳修意识到，无论是为官从政还是推行改革，绝不是仅凭一腔热血在短时间内就能做好的，踏实稳健、长久坚持，或许才是更好的选择。

在扬州期间，欧阳修组织了三项工程：修建平山堂、美泉亭和无双亭。其中最为知名的就是平山堂。

平山堂位于扬州城西北五里之外的大明寺旁边。欧阳修治理扬州之余，闲暇时与僚属、友人去大明寺游览访古，发现寺庭的一隅有若干废屋，便拆除破旧房屋，新修一堂于此。此堂高居蜀冈之上，能将江南诸山尽收眼底，因而欧阳修将其命名为"平山堂"。从平山堂远远望去，视野开阔，"真、润、金陵三州，隐隐若可见"，"壮丽为淮南第一"。

平山堂建成后，欧阳修在堂前亲自种下一棵柳树，被后人称为"欧公柳"。他还经常凌晨带着友人来到平山堂，取荷花千朵，放置于盆中。宴饮之时，取一朵花让客人们传递，每人依次摘一片花瓣，摘到最后一片的人便饮酒。

---

① 朱熹：《三朝名臣言行录》卷二。
② 崔铭：《扬州之政：欧阳修的反思与坚持》，《东华理工大学学报》（社会科学版），2020年2月，第34页。

这样的游戏让他们乐此不疲，往往玩到夜晚才载月而归。

欧阳修在文坛的巨大影响力让平山堂成为扬州名胜，此后无数文人雅士慕名前来，留下了大量诗文佳篇。到了嘉祐元年（1056），欧阳修离开扬州七年后，他的好友刘敞出知扬州，他写下了著名的《朝中措》来怀念曾在扬州平山堂度过的时光：

> 平山阑槛倚晴空，山色有无中。手种堂前垂柳，别来几度春风。
> 文章太守，挥毫万字，一饮千钟。行乐直须年少，尊前看取衰翁。

从此扬州平山堂这一意象便和"文章太守"欧阳修牢牢绑定在一起，后来的人们来到平山堂，想起的都是欧阳修"挥毫万字，一饮千钟"的潇洒模样。可以说，欧阳修建平山堂不仅仅是出于自己热爱山水、亲近自然的需要，也为扬州这座经济繁荣、市井文化浓厚的城市增添了来自士大夫阶层的雅文化气息[①]。

庆历八年十二月，苏舜钦卒于苏州，年仅四十一。消息传来，欧阳修既震惊又哀痛，只能拿起笔为阴阳两隔的好友写下祭文。他写道，苏舜钦的早逝是"小人之幸，君子之嗟"，他为好友遭受"掩抑毁伤"而悲叹，也相信好友的文章、人品足以照耀后世。

在写下这篇祭文时，欧阳修或许也有兔死狐悲之感，他想到了自己这些年的遭遇。离朝后的这几年，他不过四十多岁，便鬓须皆白，庆历八年冬天又患上了眼疾。在和朋友的信中，他提到自己"不惟书字艰难，遇物亦不能正视，但恐由此遂为废人"[②]。

不久，欧阳修便以眼疾为由，自请移知小州。皇祐元年（1049）正月十三日，朝廷下达命令，欧阳修移知颍州，他在扬州的时间，满打满算不过十一个月。欧阳修后来解释过，之所以自请移知小州，除了身体原因外，更关键的原因

---

① 参见崔铭《雅兴、豪情与生命的喟叹——平山堂之于扬州的意义》，《扬州大学学报》（人文社会科学版），2012年1月。

② 《欧阳修全集》卷一百四十七，《与王文恪公》其一，第2401页。

还是在于"难当之众怒",要退避谗言。当初被谗言所诬的经历给他带来的创伤并未完全愈合。

四、心归颍州

（一）故人新友

皇祐元年二月，欧阳修来到颍州（今安徽省阜阳市）上任。

也许是因为人和地域之间存在着奇妙的气场，欧阳修一到颍州，便深深爱上了这里。他曾用几个词概括过颍州的特点：民淳、讼简、物产美，土厚、水甘、风气和[1]。

颍州西湖是风景胜地，欧阳修多次与友人同游西湖，留下大量佳句，如初次游西湖时，他写道："菡萏香清画舸浮，使君宁复忆扬州。都将二十四桥月，换得西湖十顷秋。"[2]西湖对欧阳修来说绝不仅仅是游乐之地，他还在西湖南岸建西湖书院以教化州人，颍州由此学风大振，他还筑陂堰引湖水以灌溉民田，造福当地百姓。

在这里，他还结交了一位新的好友——颍州通判吕公著。

诸州通判是宋代才开始设置的官职，虽然往往被视为一州的二把手，但实际上"既非副贰，又非属官"，与知州一同签署文书，对知州起着监督的作用。因此常常出现通判与知州争权的情况，二者的关系极难处理。

知州和通判能处理好关系、成为好友的现象本就不多见，再考虑到吕公著的身份，欧、吕两人的友谊就显得更为难得了。吕公著是故相吕夷简之子，当年欧阳修与吕夷简势同水火，甚至直接斥之为奸邪，朝廷中的许多风波都因此而生，如今他却对其子吕公著颇为欣赏，认为公著学识、人品俱佳，是"贤者"。除了与吕公著一起处理公务，他还常常与其讲学、游玩，写诗文唱和，结成了讲学之友。甚至有人认为，和吕公著的亲密关系使得欧阳修对吕夷简

---

[1] 《欧阳修全集》卷四十二，《思颍诗后序》，第600—601页。

[2] 《欧阳修全集》卷十二，《西湖戏作示同游者》，第192页。

也有所改观。

（二）尹洙墓志铭之争

在颍州期间，一位不速之客前来拜访——新科进士孔嗣宗。孔嗣宗和欧阳修此前并无交往，此行专程为了一个目的——请欧阳修改写尹洙的墓志。

尹洙与欧阳修结识于西京洛阳，在彼此还是初出茅庐的少年时便结下了深厚的友谊，此后的十余年里，两人无论是在学术上还是政治上，始终都身处同一阵营，一同经历了宦海沉浮、人生风雨。尹洙也曾是新政的主要参与者和坚定的支持者，在同道飘零、毁谤四起的后新政时代，他也受到极大打击，接连被弹劾、贬官。

庆历七年，尹洙被贬监均州酒税，在任上身染重病。或许是预感到自己将不久于人世，他拖着重病的身体去邓州投奔范仲淹。在他弥留之际，范仲淹宽慰他："足下平生节行用心，待与韩公、欧阳公各做文字，垂于不朽。"听到这番话，尹洙"举手叩头"，对这番安排非常满意。的确，作为和尹洙并肩作战多年、互相引为知己的好友兼同僚，由韩琦和欧阳修来书写他的一生再合适不过了。

有学者指出，新政失败后，新政士人渐次逝去，"一方面庆历士大夫多主动承当记录知交生平以垂不朽的任务"[1]，另一方面，生者也借助为逝者书写墓志、行状等行为再度密切联系。两年前，也就是庆历五年，尹洙的哥哥尹源去世后，欧阳修便向尹洙写信说道："修于子渐（即尹源）不可无文字，墓志或师鲁（尹洙）自作则已，若不自作，则须修与君谟（蔡襄）当作，盖他平生相知深者，吾二人与李之才尔。纵不作墓志，则行状或他文字须作一篇也。"[2] 如今尹洙去世，他的身后事于情于理欧阳修都义不容辞。

尹洙去世后，范仲淹很快对各项事务进行了分工：请与尹洙相知最久、了解其事最详尽的孙甫先将他的事迹写成行状，行状写成后寄给欧阳修，请

---

① 王启玮：《尹洙之死：唐宋思想变迁中的死亡及其书写》，《国学学刊》，2021年第4期，第103—104页。

② 《欧阳修全集》卷六十九，《与尹师鲁第五书》，第1002页。

欧阳修在此基础上写成墓志，同时又将众好友的祭文挽诗寄给韩琦，请韩琦作墓表，他自己则负责整理尹洙的文集并为之作序。

行状、墓志等私人传记性质的文体是非常特殊的，首先关系到对死者的评价，死者的美德和功绩往往需要通过这些文字流传至后世，同时这些文字也是死者家人、好友用以怀念故人、团结家族的重要方式，一些重要人物的行状、墓志还会广泛传播，修官方正史时这些问题也会被当作重要的参考材料，其社会影响力是不容忽视的。因此，写行状、墓志的人下笔需格外审慎。

孙甫将尹洙行状写好后，由范仲淹寄去给韩琦，托他转交给欧阳修。韩琦看完行状后，给范仲淹回信称有些地方不妥，需要修改，并随信附上了尹洙之侄尹材的批评意见。范仲淹认为，这些问题是孙甫"思之未精，笔力未至"所致，立刻去信要求他"必更尽心"，对初稿进行修改，同时也将尹材的意见随信寄给韩、欧二人，请他们在写作时参考，自行增删。

尹洙之死让欧阳修非常悲痛，收到范仲淹的请求后，他便着手写作墓志，于庆历八年完成，分别寄给了韩琦和范仲淹。范仲淹读后，认为欧阳修词意高妙，足以传于后世，但是在事迹的书写方面还不尽如人意。于是他便给韩琦去信，希望能由韩琦向欧阳修指出这一问题。但是范仲淹也很清楚，欧阳修对自己的文字有一套自己的看法和坚持，未必肯轻易改动，于是又请韩琦在写作墓表时将墓志中的未尽之事写得更详细些，做到"不遗其美"，同时他也嘱咐韩琦也不可将尹洙吹捧得过高，免得节外生枝，引来他人的攻击非议，反而有损尹洙的名声。

两人的审阅意见很快就寄到了欧阳修这里，也正如范仲淹所料，他并不肯做出修改。

那么这篇墓志铭究竟是什么样的呢？为了方便理解，不妨将其全文录于此：

尹师鲁墓志铭

师鲁，河南人，姓尹氏，讳洙。然天下之士识与不识皆称之曰师鲁，盖其名重当世。而世之知师鲁者，或推其文学，或高其议论，或多其材能。至其忠义之节，处穷达，临祸福，无愧于古君子，则天下之称师鲁者未必尽知之。

师鲁为文章，简而有法。博学强记，通知今古，长于《春秋》。其与人言，是是非非，务穷尽道理乃已，不为苟止而妄随，而人亦罕能过也。遇事无难易，而勇于敢为，其所以见称于世者，亦所以取嫉于人，故其卒穷以死。

师鲁少举进士及第，为绛州正平县主簿、河南府户曹参军、邵武军判官。举书判拔萃，迁山南东道掌书记、知伊阳县。王文康公荐其才，召试，充馆阁校勘，迁太子中允。天章阁待制范公贬饶州，谏官、御史不肯言。师鲁上书，言仲淹臣之师友，愿得俱贬。贬监郢州酒税，又徙唐州。遭父丧，服除，复得太子中允、知河南县。赵元昊反，陕西用兵，大将葛怀敏奏起为经略判官。师鲁虽用怀敏辟，而尤为经略使韩公所深知。其后诸将败于好水，韩公降知秦州，师鲁亦徙通判濠州。久之，韩公奏，得通判秦州。迁知泾州，又知渭州，兼泾原路经略部署。坐城水洛与边臣异议，徙知晋州。又知潞州，为政有惠爱，潞州人至今思之。累迁官至起居舍人，直龙图阁。

师鲁当天下无事时独喜论兵，为《叙燕》《息戍》二篇行于世。自西兵起，凡五六岁，未尝不在其间，故其论议益精密，而于西事尤习其详。其为兵制之说，述战守胜败之要，尽当今之利害。又欲训土兵代戍卒，以减边用，为御戎长久之策，皆未及施为。而元昊臣，西兵解严，师鲁亦去而得罪矣。然则天下之称师鲁者，于其材能，亦未必尽知之也。

初，师鲁在渭州，将吏有违其节度者，欲按军法斩之而不果。其后吏至京师，上书讼师鲁以公使钱贷部将，贬崇信军节度副使，徙监均州酒税。得疾，无医药，舁至南阳求医。疾革，隐几而坐，顾稚子在前，无甚怜之色，与宾客言，终不及其私。享年四十有六以卒。

师鲁娶张氏，某县君。有兄源，字子渐，亦以文学知名，前一岁卒。

师鲁凡十年间三贬官，丧其父，又丧其兄。有子四人，连丧其三。女一适人，亦卒。而其身终以贬死。一子三岁，四女未嫁，家无余资，客其丧于南阳不能归。平生故人无远迩皆往赙之，然后妻子得以其枢归河南，以某年某月某日葬于先茔之次。

余与师鲁兄弟交，尝铭其父之墓矣，故不复次其世家焉。

铭曰：

藏之深，固之密。石可朽，铭不灭。

墓志写成之后，尹洙的家人也并不满意，认为最大的问题就是太过简略。面对好友和死者家人的指摘，欧阳修于皇祐元年在颍州写了一篇《论尹师鲁墓志》，专门阐述了自己创作墓志的想法，针对他人的指摘，一一作出回应。

尹洙家人和门人认为，尹洙在复兴古文方面做出很大贡献，他在文学方面的成就不应该一笔带过。欧阳修则指出，墓志从文学、议论、才干三个方面记录了尹洙的成就，其中他的文章风格，以"简而有法"来概括，这句话最初是用来评价孔子著《春秋》的，其他的儒家经典都很难当得起这句话，因此用来评价尹洙的文学，已经是非常高的赞誉了。世人只知指责文字过少，却不考虑用语之轻重，实在是无知。欧阳修用"通知古今"来概括尹洙的学术成就，能担当起这句话的，实际上也就是孔子、孟子这样的圣人而已。在议论政见方面，欧阳修认为尹洙发表政见时"务尽其道理，不苟止而妄随"，这原本也是在孟子身上的话。谈及尹洙的才干时，墓志重点记述了他在陕西带兵的事迹。总之，这三方面都已是君子之极美，但欧阳修认为，这些在尹洙身上还只能算末节，他的大节体现在"笃于仁义""穷达祸福，无愧古人"，但因为能体现这一点的事迹太多，不可能一一列举，只能写一两件重要的事来印证，例如当年范仲淹被贬饶州时他上疏请求一同被贬，再如他临死前都始终没有留下一句谈论自己私事的话。

欧阳修所写的墓志中，除了提及尹洙的文章、学术、议论、才干、忠义等方面，还写到了他被仇人借机弹劾被贬，最终死于贬所，以及他死后妻子孩子穷困不堪的状态。为什么要写这些内容呢？欧阳修解释说，就是为了让后世知道有尹洙这样的君子，却因为仇人被贬而前途尽毁甚至身死，以至于妻儿都如此穷困，让后世的人在为死者感到哀痛惋惜的同时，也引发人们的反思：为什么会让这样的君子遭受如此不堪的命运。

至于墓志最后的铭文"藏之深，固之密，石可朽，铭不灭"，也有人提出非议，认为不应该不提及尹洙的美德，不应该不为他的无罪被贬而辩解。欧阳修则解释，他所写的铭文含义是：尹洙的所作所为没什么可以向世人解释的，只需将铭文刻石深藏地下，后世的人一定有能理解他的。欧阳修是效仿《春秋》微言大义，"痛之益至则其辞益深，责之愈切则其言愈缓"，不一定非得哭天抢地、喊冤叫屈才能彰显尹洙的冤屈。

还有尹洙的门人提出批评意见，认为欧阳修没有提到尹洙振兴古文的功绩。欧阳修则认为，如果说"作古文自师鲁（尹洙）始"，其实并不符合事实，在尹洙之前至少还有穆修、郑条等前辈致力于振兴古文。更何况在欧阳修看来骈文也并不是一无是处，不应该"是此而非彼"。如果要提尹洙对近年来古文发展的贡献，那么范仲淹的祭文当中实际上已经说过了，可以二者互见，不必重复。

也有人指出，墓志中"师鲁当天下无事时独喜论兵"一句不妥，似乎是在非议死者。欧阳修则解释，谈论军事并非儒者本业，但是说"喜好谈论军事"也没什么不妥，君子当然有自己所喜爱的东西。孔子也曾说过颜回好学，难道是在批评颜回吗？

欧阳修最后写道，他很仰慕韩愈，韩愈当年与孟郊联句之时，便模仿孟郊的诗歌风格来写；为樊宗师写墓志时，便模仿樊宗师的文风来写。他也想效仿韩愈的做法，于是为尹洙写墓志时便有意模仿尹洙"用意特深而语简"的风格。

写到这里，欧阳修的眼前也许浮现起了一个个难忘的片段：在洛阳时，尹洙仅仅用三百余字便完成了《临辕馆记》，让人赞叹不已；自己向尹洙请教写文章的秘诀，尹洙毫无保留地叮嘱切忌"格弱字冗"，务必要行文简洁；自己生平写的文章，只要拿给尹洙看，他一定会展卷疾读，很快便能领悟核心内容。

如果死者有知，他一定会欣然接受这篇墓志。欧阳修想到这里，赌气似的在文章结尾处添上了一笔，这篇墓志"所以慰吾亡友尔，岂恤小子辈哉！"

看到欧阳修对自己的文字如此坚持，范仲淹等好友也不好再多说些什么。只是不久之后，在给韩琦的信中，范仲淹还是忍不住吐槽他："宁作数千字，纭纷不肯辄改也。呵呵！"

尹洙的门人孔嗣宗此次专程去颍州也正是为墓志的事，此前他曾给欧阳修写信，要求修改尹洙墓志，欧阳修此前则多次回信与他交流。孔嗣宗提出，应在墓志中提到尹洙的"倡道之功"。欧阳修则认为，东方的学生受石介的影响较大，石介以教学为己任，为培养东方学子做出了很大贡献，而石介和尹洙是同一时期的人，也是身负毁谤而死。如果要强调尹洙的"倡道之功"的话，言外之意就是在全天下都有较大的影响力，这样一来石介的功劳就被掩盖了，不合乎情理；如果以地域区分，分别来谈他们的贡献，也不合适。

欧阳修认为自己对尹洙已经毫无保留，不需要"待门生、亲友勤勤然以书之"。但是信里的三言两语好像还不能真正让孔嗣宗信服，于是欧阳修便邀请他合适的时候来相见，当面进行交流。没想到，孔嗣宗真的来到了颍州，并且在颍州逗留了半个月，软磨硬泡要求欧阳修进行修改。欧阳修拗不过他，只能在个别地方进行了添改。

五、宦游与丁忧

（一）繁巨南京任

皇祐二年（1050）七月，欧阳修改知应天府（今河南商丘）。在颍州任官仅一年半，欧阳修便要挥手作别，重新踏上宦游之路。刚过界沟，放眼望去，"地土卑薄，桑柘萧条"，心底不由得生出对颍州这片乐土的无限眷恋。孩子们远远望见邻州的万寿塔，指着还以为是颍州的台头寺，听到孩子们叽叽喳喳的话，欧阳修不禁内心怆然。

应天府即唐朝时的宋州，设于此地的节度军额名为"归德军"，宋太祖赵匡胤在黄袍加身前曾任归德军节度使。这里在宋真宗大中祥符七年（1014）因"王命之初基"的地位，被建为南京，因此知应天府也就自然身兼知南京留守司事。

和滁州、颍州相比，南京应天府的事务更加繁巨，欧阳修刚刚到任，便被各项杂务牵绊，甚至无暇与亲朋好友及时通信。南京向来以交通要地著称，来来往往的宾客不断，公务应酬之事极多，这就对知府的待人接物能力提出了极高要求，必须各方面做得滴水不漏才行，如果稍有差错，便会议论蜂起。欧阳修在南京任官时，无论是普通小官还是炙手可热的权贵，他都同等对待，这就让习惯了超高规格待遇的权贵们颇为不满，他们因此编排了不少欧阳修的坏话，久而久之便传到了朝廷。

当时陈升之正担任京东路安抚使，朝廷便下令要求他访查此事。陈升之暗暗在民间打听，这位欧阳知府究竟怎么样呢？他从老百姓嘴里听到了一句俗语，说欧阳公是"照天蜡烛"。可见欧阳修任官期间在百姓心目中树立起了极高的威信，谣言便也不攻自破。

在南京任官期间，母亲郑老夫人已经卧病，病势渐沉，欧阳修忙于求医问药；而公务方面更是让人焦头烂额，当时京东路盗贼横行，朝廷严令追查，可谓多事之秋。公私事务让他恨不能分身。鉴于这种状况，欧阳修萌生了向朝廷上疏，请求去一个偏僻地方任官的想法，以便更好侍奉母亲。可是偏僻地方往往衣食粗陋、医药不足，难以满足奉养的需要，而南京侧近的其他地方又基本都是宰辅退居二线后作为优待的清要居所，他不敢有所陈请。此时的他，无比怀念颍州。他给吕公著写信说道："西湖宛然，再来之计不难图，而与贤者共乐，知其不可得也。"① 颍州西湖依旧风景迷人，也许还有机会再去，但在颍州时那种轻松愉悦、与贤者共乐的心情，却很难再有了。此时好友梅尧臣也仕途不顺，生活窘困，欧阳修给他寄诗写道：

① 《欧阳修全集》卷一百四十五，《与吕正献公》其一，第 2357 页。

……古来磊落材与知，穷达有命理莫齐。悠悠百年一瞬息，俯仰天地身醯鸡。其间得失何足校，况与兔鹜争稗稊。忆在洛阳年各少，对花把酒倾玻璃。二十年间几人在，在者忧患多乖暌。我今三载病不饮，眼眵不辨骊与骓。壮心销尽忆闲处，生计易足才蔬畦。优游琴酒逐渔钓，上下林壑相攀踦。及身强健始为乐，莫待衰病须扶携。行当买田清颍上，与子相伴把锄犁。

洛阳那段年少轻狂、恣意随性的时光永远逝去了，二十年的时光让白发都悄悄爬上了少年们的头，也让知己好友纷纷离散、阴阳永隔。宦海的沉浮、官场的纷争确实让人心力交瘁、消磨心智，他无比向往诗酒相伴、弹琴垂钓的悠游自在生活，想和好友一道买田颍上，终老于颍州。然而欧阳修真的"壮心销尽"了吗？答案无疑是否定的。

一向爱才、惜才的欧阳修在南京挖掘了一位可造之才——时任南京留守推官的苏颂。

庆历二年，欧阳修曾主持当年科举考试的"别头试"。"别头试"是宋代科举制度中为了保证公平公正而诞生的一项特殊安排，凡是当年贡举考官的子弟、亲戚、门客，皆需回避，另选考官单开考场进行考试。这一年恰好苏颂的父亲苏绅是省试主考官，他便只能参加"别头试"，并在考试中脱颖而出。

虽然苏颂是欧阳修亲手选拔出的人才，但他的父亲苏绅却与欧阳修有过很深的过节。庆历三年，正是欧阳修知谏院并带领谏官群体积极建言参政之时，时任翰林学士的苏绅借着天灾的由头上疏批评谏官群体，而欧阳修等人则予以猛烈回击，抓住苏绅荐人不当的问题，言辞激烈地指责苏绅，称"绅之奸邪，天下共恶"。苏绅因此被罢翰林学士，被贬外任。

尽管与苏绅有极深的矛盾，欧阳修却从未带着成见看待苏颂，反而对其极为欣赏。欧阳修常与这位年轻人推心置腹地发表对政事的看法，同时也将政事放心地交给他处理，递给朝廷的章奏也都请他来写，甚至家中私事也常与苏颂讨论询问。

庆历年间，欧阳修曾写《为君难》一文，其中写道："夫用人之术，任之必专，信之必笃，然后能尽其材，而可共成事。"[1] 在他看来，用人的前提是对人才有充分的了解，尽最大可能发挥人才的专长，并且要对其有足够的信任，然后才能真正尽其才，与之成就一番事业。欧阳修认为苏颂"处事精审"，能够放心地将政事交托给他。欧阳修曾和苏颂说："我很欣赏你的'至诚之心'，很高兴能与你共事，因此我将很多事都托付与你，相信你一定不会觉得厌烦。"苏颂也果真没有辜负欧阳修的信任，将南京及衙门内部的事务管理得井井有条。

皇祐三年（1051），苏颂任南京留守推官期满，欧阳修对这位年轻人怀有着极高的期待，认为他才识、文章俱佳，处事能力很强，一定能成为朝廷的栋梁之材。欧阳修郑重地在苏颂的考牒上写下这样的评语："才可适时，识能虑远。珪璋粹美，是为邦国之珍；文学纯深，当备朝廷之用。"苏颂回朝后，便顺利通过馆阁考试，跻身于清要的馆阁之列。此后，在老一辈风云人物都逐渐淡出政坛之时，苏颂成为大宋的中流砥柱，跻身于名臣之列。不由得让人再一次佩服欧阳修的识人之明、提携之功。

（二）与母亲诀别

皇祐四年（1052）三月，卧床久病的郑老夫人离开了人世，享年七十二岁。对幼年丧父的欧阳修来说，母亲是人世间最大的挂念，是他与世间最紧密的连接，母亲去世后，他"攀号冤叫，五内分崩"，精神上受到极大打击，在人间顿生孤苦之感。

在中国古代，凡父母去世，官员都需离职回乡守丧，称为"丁忧"。欧阳修生于绵州、长于随州，籍贯是吉州，祖坟也在吉州，在前半生的宦游生活中他基本踏遍了大江南北。在给好友韩琦的信中，他写道："昨大祸仓卒，不知所归，遽来居颍，苟存残喘。"在天地之间似乎找不到归处之时，颍州是一个温暖而包容的家园，尽管在那里生活的时间不长，却有强烈的归属感，

---

[1] 《欧阳修全集》卷十七，《为君难》，第293页。

因此，他选择回到颍州丁忧居丧。

宋代官员为父母守丧的期限一般是二十七个月，但在实际政务运转中，有一些身居要职的官员守丧期不满即被朝廷召回任职，这一现象被称为"起复"。郑老夫人去世仅仅一个月后，朝廷便下诏起复欧阳修，官复原职，但他坚决推辞了。

对欧阳修而言，当前最重要的就是处理好母亲的身后事。怀着哀痛的心情为母亲寻找葬地，实在是"茫然未有涯"，经过了大量的考察后，他选定了颍州以西四十里的一片地方，"土厚水深，略依山水向背"。但是将母亲葬在颍州，就意味着要将其与父亲分离，兄弟子侄也并不方便时时帮忙照管。种种考虑之下，最终欧阳修还是选择扶护母亲的灵柩南下家乡吉州归葬。

七月，踏上了南下归葬的路途。经过了一个月的艰难跋涉，他护送着母亲的灵柩回到了阔别已久的故乡，准备将母亲与父亲合葬于吉州吉水县沙溪镇泷冈。早逝的胥、杨两位夫人也将同时祔葬于泷冈。

回到故乡后，阴雨连绵，弥月不绝，眼看就要耽误下葬之期，欧阳修日夜为此事忧心。同乡父老给他出了个主意："本乡有一位沙山之神，原本是吾郡太守，乡人为他设庙祭祀。但凡遇到水旱之灾，向他祈祷特别灵验。您何不去求求这位神明？"欧阳修于是便写下一篇《祭沙山太守祈晴文》：

> 修谨告祭于沙山太守之神：修扶护母丧，归祔先域，大事有日，阴云屡兴。修不孝罪逆，赖天地鬼神哀怜，行四千里之江，得无风波之恐。今即事矣，幸神宽之，假三日之不雨，则始终之赐，报德何穷！尚飨！

或许是他的孝心真的感动了上苍，祭祀沙山太守后，天真的放晴了，母亲的下葬仪式得以顺利举行。

在故乡期间，欧阳修终于有机会近距离感受父亲成长、生活的环境，让那个记忆中很模糊的父亲形象逐渐在心中鲜活起来。借着父母合葬的机会，他为父亲写下了墓表，将父亲、母亲的事迹记录下来。在墓表的最后，他写道：

而耕而田，岁取百千。而耘而学，久而不获。田何取之？囷仓峨峨。学而取之，簪笏盈家。量功较收，所得孰多？先君之学，获不及时，匪于其躬，而利其后？疾迟几何，善无不报。先君之贻，子修不肖。矧有才子，于何不有？矧我欧阳，世家惟旧？自始氏封，乌程之亭，在北有闻，或冀或青。中显弥长，或吉或衡。势大必分，枝叶婆娑。惟吉旧居，子孙今多。木久而林，有乔有秀。矧我欧阳，扶疏并茂。先君之德，吾母知隆，子修不肖，以俟其宗，以勉同乡，敢及他人！

从欧阳家族在吉州定居算起，到欧阳修这一代，已经有十五代人了。吉州虽然是他的故乡，但因幼年丧父，加之长期宦游四方，在此之前很难有机会真正了解故乡、了解家族，更遑论与故乡和家族建立起深厚的情感。此次回到故乡，他终于有机会与家族中的兄弟子侄有了更亲近的交流，对家族的过去和现在也有了更深切的了解。他迫切地希望振兴家族、勉励后辈子侄，让自己与故乡和家族间建立起一条血脉亲情的纽带。从这个角度看，梳理家族的历史便是一项亟待完成的工作。在故乡期间，欧阳修常向族人访求欧阳家的家谱，得到了他们所珍藏的若干个版本，接下来利用居丧的时间，欧阳修悉心地考证异同，将家族世系整理清楚，编成了《欧阳氏谱图》。

郑老夫人下葬时，欧阳修指着泷冈最中间的一座山峰说道："此处他日当葬老夫。"他已想好了自己最终的归处，在他的计划中，总有一天他将回到故乡，与父辈们长眠于此。遗憾的是，皇祐五年（1053）冬，欧阳修离开故乡返回颍州守制，此后，终其一生再未回到故乡。

六、范吕解仇否？

（一）文字的力量

皇祐四年，欧阳修失去的不只是母亲，还有一生的同道与好友——范仲淹。

范仲淹于庆历五年罢参知政事后，先是被派往边境知邠州，后来因身体原因调离边地，历任邓州、杭州和青州。尽管庆历新政失败了，但范仲淹在地方任职期间依然坚守理想，为百姓做了不少实事，他依然是庆历士大夫精神的象征。皇祐四年五月，病情加重的范仲淹请求改知颍州，获得了朝廷的允许。颍州是欧阳修心心念念、甘愿终老于此的地方，当时他也正在那里为母亲守丧，如果范仲淹能顺利到颍州做官，两位阔别已久的同道老友一定有许多话可说，在人生的低谷，他们或许能够给彼此以莫大的慰藉。

然而遗憾的是，范仲淹从青州南下后病情恶化，行至徐州后便离开了人世。六十三年前，范仲淹正是在徐州出生，现在人生也结束于此，或许是冥冥之中自有天意，生命的起点与终点交汇在一起，未尝不是一种圆满。范仲淹临终前留下了一篇遗表，回顾了自己的生平，更再一次总结了庆历新政失败的原因："久弊则人惮于更张，功未验则俗称于迂阔。以进贤援能为树党，以敦本抑末为近名。"在生命的最后时刻，他仍没有忘记自己为之奋斗一生的理想，他依然嘱托仁宗应当"明慎刑赏，而使之必当；精审号令，而期于必行。尊崇贤良，裁抑侥幸。制治于未乱，纳民于大中"。

范仲淹的离世，让庆历时期的士大夫们失去了精神上的领袖。消息传来，欧阳修第一时间就为他写下了祭文，其中的很大篇幅还是在为庆历新政的失败表达不平之意：

> 公曰彼恶，谓公好讦；公曰彼善，谓公树朋。公所勇为，谓公躁进；公有退让，谓公近名。谗人之言，其何可听！先事而斥，群议众排。有事而思，虽仇谓材。毁不吾伤，誉不吾喜。进退有仪，夷行险止。[1]

欧阳修不仅仅是在祭奠范仲淹个人，更是在祭奠夭折的新政，祭奠逝去的青春与破灭的理想。本来几个月前母亲的离世就已让他沉浸在哀苦的心绪中，无暇顾及其他；如今同道盟友的离开更是再一次宣告着理想的破灭，让他本就灰暗的心绪再添一重阴霾。

范仲淹这样的名臣离世后，身后事受到了极大的关注，尤其是行状、墓

---

① 《欧阳修全集》卷五十，《祭资政范文公》，第697页。

志铭、神道碑铭等盖棺定论形式的文字，更是需要委托范仲淹生前熟悉、并有一定名望的人来尽快完成。不久，欧阳修便收到了范仲淹之子范纯仁等人的请求，希望由他来负责撰写范仲淹的神道碑铭。作为范仲淹的好友兼政治上的追随者，作为新政的坚定支持者，欧阳修负责撰写神道碑是最合适不过的选择。另外，范纯仁等人还请孙沔、富弼分别撰写范仲淹的行状和墓志铭。

从前几年尹洙墓志铭引发的风波就可看出，撰写墓志铭、神道碑铭等盖棺定论性质的文字并不是一件简单的事，更何况，记录范仲淹的一生就意味着要对此前的党争、新政诸事进行梳理和评价。欧阳修给孙沔写信说道："要记录和彰显范公的才与德，并不是一件容易的事啊！尤其是在记述时要辨谗谤、判忠邪，上不损朝廷事体，下不避怨仇侧目，实在是艰难！我平生孤拙，受范公的知遇和奖掖最多，在这样哀痛的时刻，我也无法出什么力，只能尽自己所能写好神道碑铭。也需要和诸位一起商量，才能更加稳妥。"

虽然将神道碑铭一事答应了下来，但欧阳修却迟迟没有动笔。一年多过去，范家有些着急了，又不好意思直接寄信催促，只好辗转托了相熟的人来帮忙询问。欧阳修在给好友的回信中详细解释了自己迟迟不动笔的原因："我为希文写神道碑，心中有千万事端要细细展开来写。只是我平生性格不好，比较刚直，受不了别人说闲话。现在正是居丧期间，如果替人写神道碑便是触犯礼制，这是名教最为看重的一点。我在平时的小事闲事上都不喜欢被人议论，更何况这样的事呢？我也并不是不替他写，只不过要迟十五个月罢了。希望写好这篇神道碑文后，任他奸邪谤议，近我不得。要想做到挺然自立，那么从一开始就要守着规矩，甚至是别人看来守规矩都有些过度了，到这个程度才行。杜公（杜衍）爱贤乐善，急着想要彰显范公的事迹，您如果有机会见到他，请替我解释一下，就说我之所以迟迟没动笔，是要考虑周全，不给人话柄，以备仇家来挑理儿。"

虽然对外宣称的理由是居丧期间不宜替人写神道碑，免得给人话柄，但实际上，欧阳修迟迟不写还有一个重要的原因——范仲淹的影响力太大了，这篇神道碑铭面对的绝不仅仅是范家人，而且包括了整个宋代士人群体甚至更多的人；范仲淹的一生又是如此波澜壮阔，在很多关键问题上，如何记录、如何评价，都必须考虑周全，下笔慎之又慎。只有在给多年好友韩琦的信中，欧阳修才吐露了写此文的艰难："范文正公去世，天下叹息。前不久他家人将神道碑铭一事交托与我，虽然我正在居丧，但义不容辞。然而这篇神道碑确实极难为文啊！"

（二）一篇墓志铭的不同样貌

到了至和元年（1054），欧阳修服丧期满，才将范仲淹神道碑完成。写成后，他先是将草稿寄给了韩琦过目。毕竟，韩琦也是新政的重要领导者，与范仲淹相知甚深，更重要的是，他具有超凡的眼光和胸襟。随碑文草稿附上的，还有一封信："我最近从范纯仁处看到了您为范仲淹《奏议集》所写的序，不胜荣幸。范文正公的遗稿能够从此流传，后人能从中感受到他的精神，也是一种劝善之道。我也受其子所托，为文正公作神道碑文，难以推辞。然而，范公高远的理想、杰出的才能，并非拙辞所能完全展现。富公所写的墓志铭直笔不隐，记录得已经非常详细，诸位贤达又都有纪念性的文章，我实难措手于其间。最近从服除之后，虽然勉强作了一篇，但实在是挂一漏万。现在寄去请您过目，您和范文正公志同道合、情谊深厚，又与他一同为国家鞠躬尽瘁。我担心自己记录的事有不详尽或是有差错之处，恳请您指正。之所以敢劳烦您，是因为这篇文章关系到国家天下的公议。"

这便是欧阳修对范仲淹神道碑文的真实看法，在他看来，此文不仅仅是记录缅怀范仲淹而已，更关系到天下的公议，这是在写作时他自己就已经感受到的无形压力。韩琦很快就回了信，指出神道碑文中存在两处史实细节问题，还应结合范仲淹的奏议等资料来进行订正。收到回信后，欧阳修都一一遵从韩琦的建议进行了订正。可以看得出，欧、韩二人对神道碑文都采取了非常审慎的态度。而韩琦仅对个别具体史实提出了建议，也从侧面证明他对欧阳修所写碑文的整体风格、立场等大方向是予以认可和支持的。

然而，这篇神道碑文寄到范家后，却引起了范仲淹家人尤其是其子范纯仁的强烈不满，最重要的原因就是欧阳修记录了康定年间范仲淹与吕夷简的和解一事。欧阳修在碑文中写道：

> 自公坐吕公贬，群士大夫各持二公曲直，吕公患之，凡直公者，皆指为党，或坐窜逐。及吕公复相，公亦再起被用，于是二公欢然相约，勠力平贼。天下之士皆以此多二公，然朋党之论遂起而不能止。[①]

范纯仁看到碑文后说："没这回事，我父亲从没有和吕夷简和解。"以此为理由要求欧阳修重新修改碑文。欧阳修很不高兴，说道："这是我亲眼所见，你们当时都还只是不谙世事的少年，又哪里会知道呢？"

眼看说服不了欧阳修，范纯仁便自作主张，在将神道碑铭刻于石碑上时，删去了"及吕公复相，公亦再起被用，于是二公欢然相约，勠力平贼。天下之士皆以此多二公"一句。等到范家将刻好的碑文拓片送去给欧阳修时，他直接拒绝，说道："这不是我的文章！"一场争论许久的"范吕解仇"公案就此形成。

那么，范仲淹和吕夷简到底有没有和解呢？

同时代的司马光的《涑水记闻》中曾记录：

> 吕公自大名复入相，言于仁宗曰："范仲淹贤者，朝廷将用之。岂可但除旧职耶？"除龙图阁直学士，陕西经略安抚使。上以许公（指吕夷简）为长者，天下皆以许公为不念旧恶。文正面谢曰："向以公事忤犯相公，不意相公乃尔奖拔。"许公曰："夷简岂敢以旧事为念耶！"

南宋李焘《续资治通鉴长编》中也有类似的记载：

> 初，仲淹与吕夷简有隙，及议加职，夷简请超迁之。上悦，以夷简为长者。既而仲淹入谢，帝谕仲淹令释前憾，仲淹顿首曰："臣向所论盖国事，于夷简何憾也！"

[①] 《欧阳修全集》卷二十一，《资政殿学士户部侍郎文正范公神道碑铭》，第 335 页。

从这两段记载来看，范仲淹和吕夷简的矛盾始终在"公事"层面，这与范仲淹反复强调的士大夫"公罪不可无，私罪不可有"的精神是一致的。在当时的政治环境下，朝廷迫切需要团结安定、一致对外，范、吕二人作为政坛领袖，做出和解的姿态极为重要。后来范仲淹还亲自写了一篇《上吕相公书》，将自己和吕夷简比为唐朝的郭子仪和李光弼，写道："昔郭汾阳与李临淮有隙，不交一言，及讨禄山之乱，则执手泣别，勉以忠义，终平剧盗，实二公之力。"更彰显了他希望摒弃前嫌，与吕夷简一道为朝廷安定而努力的决心。

然而，"事实"与对"事实"的叙述之间总是存在着偏差，即使是亲历者，在叙述一段历史的时候也会受立场、心态的影响。范纯仁始终坚持"我父至死未尝解仇"，不仅在神道碑刻石时删去关于范吕解仇的叙述，还在编订范仲淹文集时将《上吕相公书》也删去。后来，欧阳修给杜衍之子杜诉的信中写道："范公家神刻，为其子擅自增损，不免更作文字发明，欲后世以家集为信，续得录呈。尹氏子卒，请韩太尉别为墓表。以此见朋友、门生、故吏，与孝子用心常异"[①]，他对范纯仁的行为表示理解，明白从不同的身份出发所考虑的问题是不同的，但他依然感到遗憾，叹息说："我与吕夷简也有矛盾，但取信于后世的文字一定要公正客观啊！我曾听说，范公生前自己说平生从未怨恨任何一人，再加上他和吕夷简冰释前嫌的那封信就在文集中。哪里有父亲自己说无怨恶于一人而儿子却在其死后也不解仇的呢？父子二人的性情竟相差如此之远！"

同为亲历者的富弼也不认同范吕解仇的说法，向欧阳修去信进行责难，他说道："君子为小人所胜所抑者，不过禄位耳。惟有三四寸竹管子，向口角头褒善贬恶，使善人贵，恶人贱，善人生，恶人死，须是由我始得，不可更有所畏怯而噤默，受不快活也。"[②]富弼认为，欧阳修对吕夷简有曲笔回护之嫌。

面对曾经的同道如此指责，欧阳修非常委屈，他向弟子徐无党写信说道：

① 《欧阳修全集》卷七十，《与杜诉论祁公墓志书》其一，第 1020 页。
② 邵博撰，刘德权、李剑雄点校《邵氏闻见后录》卷二十一，北京：中华书局，1983 年版，第 164 页。

《范文正公神道碑》的基本内容，是当年我们几个在颍州时就已经商量确定的，当时大家都认为这样写较为妥当。谈及吕夷简之事时，重点表现范公的德行、度量、忠义，以国事为先；从吕夷简的角度出发，叙述诸事时也应实事求是，这样才能取信于后世。双方不要写得像仇家相互争辩一样，各自都言过其实，让后人以为都是偏颇之辞。我写的神道碑文不带太多感情色彩，较为平淡；而富公所写的墓志，更多体现的是嫉恶之心。后世之人看到我们两篇文章，虽然会发现不同，但从这个角度去理解，也就不足为怪了。……请将这些话替我转告富公，如果一定要我修改的话，不如就请别人来写好了！"

从欧阳修的表述来看，范仲淹神道碑的大方向实际上是与有共同经历的友人商量后的结果，也包含着他自己的诸多考虑。最初他就已经预料到，对范仲淹的盖棺定论关乎天下之公议，在这篇神道碑文中，既有欧阳修对景祐、庆历时期党争的反思，也有他企图消弭愈演愈烈的党争的尝试。经历了多年宦海风波，他深刻意识到意气之争已经让政治风气变了味，对于国家而言百害而无一利，这样的风气应该停止了。在文中叙述了范吕和解之后，他加上了一句"朋党论遂起而不能止"，事实上正是对当年他们那种过于激烈、过于非黑即白的做法的反思。正如学者所指出的，"欧阳修这样的写法，应当说是基于他的亲身经历以及对历史经验教训的深刻总结……如此写作范仲淹神道碑铭，欧阳修有着深远的警示后世的意念"[①]。

也正是因为这个原因，后来欧阳修在编订自己文集的时候，原封不动地将这篇神道碑文收录在其中。

然而令人遗憾的是，后来的人并没能领会欧阳修的深意，反倒因此引起许多对欧阳修的非议和指责。苏辙《龙川别志》记载：

> 范文正初排吕许公，勇于立事，自越州还朝出镇西事，恐许公不为之地，无以成功，乃为书自咎，解仇而去。其后以参知政事安抚陕西，

---

① 王瑞来：《范吕解仇公案再探讨》，载《历史研究》，2013年第1期，第64页。

许公已老居郑，相遇于途。文正身历中书，知事之难，惟有悔过之语。许公欣然相与语终日。许公问："何为亟去朝廷？"文正言："欲经制西事。"许公曰："经制西事莫若在朝廷之便。"文正为之愕然。故欧公神道碑言："二公晚年欢然相得。"由此故也。后生不知，皆咎欧阳公，予见张公安道（方平）言之乃信。

对于政治经验欠缺的年轻人来说，快意恩仇、是非分明、君子小人截然对立的叙事永远比妥协、和解来得激动人心，激烈变革永远比缓慢渐进更吸引人。就连跟随欧阳修多年的苏辙起初都不懂得他的深意，更何况其他年轻人。然而此时的他们并不知道，就在欧阳修离世后不久，未来的大宋将陷入更残酷更激烈的党争中，妥协与和解将成为最珍贵却又遥不可及的东西。

世事多虞嗟力薄

一、回朝议政

（一）冗官几时休

宋仁宗至和元年（1054），欧阳修服丧期满，应诏回京。从庆历五年（1045）被贬滁州至今，岁月倥偬一晃已经过了十年。他的官职还是龙图阁直学士，却已不复"朝行绿槐听流水，夜饮翠幕张红灯"的意气风发，只剩下了"鬓发萧索垂霜冰""旧事欲说无人应"的颓唐落寞[①]。

六月一日，欧阳修入见仁宗。仁宗见他鬓发苍白，又是惊讶又是悲伤，连声询问"在外几年""今年几何"。欧阳修恭敬地回答着，内心并没有变得温暖。他早已明白，诚恳的慰劳只会存在于此刻，莫测的风波却时刻潜伏在庙堂。趁着差遣尚未确定，他主动请求外任。

刚刚回朝就想离开，仁宗有些意外。回想起欧阳修昔日在朝堂上纵横议论，直言极谏的样子，他诚恳地说："如卿，且未要去。"仁宗阅人无数，他知道做小官的大多畅所欲言，居高位后却总是顾虑重重，朝廷缺的正是欧阳修这样不顾名利、敢于直言的大臣。他只希望，即使两度被贬，看惯沧桑，欧阳修也还是当年那个欧阳修。

---

① 《欧阳修全集》卷五，《送徐生之渑池》，第85页。

七月十三日，欧阳修权判流内铨。这是一个掌管幕职州县官选任、考核与升迁的官职。甫一就职，他便上了一份札子，把矛头指向了那些以权谋私的权贵子弟。

在这份《论权贵子弟冲移选人札子》中，欧阳修首先描述事实：近年来，候选官员非常多，空缺职位却很少。许多出身贫寒的候选官员长年居京，苦苦盼望。好不容易有了职位，却总有权贵横插一杠，替自己的子弟亲属乞求过去。于是那些贫寒官员要么重新等待，要么调换官职。权贵们替子弟亲属乞官的理由，却不过是诸如"离家乡近""方便照料祖坟"之类的借口，可谓"只就权贵勾当家私，不问孤寒便与不便"。

对此，欧阳修提出了自己的建议：臣僚为子弟乞求差遣，在某些紧急情况下是可以理解的，比如守卫边疆不许搬家、致仕、分司、丁忧、病患等；除此之外，就必须经过流内铨审核。已有人选的，不得改变；已经到任的，不得调换；并且乞求的差遣最多一任。

这些建议既切中时弊，维护了贫寒官员的权利，又兼顾人情，没有将乞官行为简单粗暴地"一刀切"。仁宗不仅听取了他的建议，还要求掌管京官的审官院和掌管武官的三班院都参照执行。

吏治是范仲淹、欧阳修等人向来重视的问题。在庆历新政所举"十事"中，就有五条与吏治相关。欧阳修甫任新职，便上疏论奏，廓清积弊，显然不是临时起意，而是早有打算。可以说，欧阳修果然还是当年那个欧阳修。

然而朝堂也还是当年那个朝堂。欧阳修被重新起用，令一部分人坐立不安。京城里忽然传出另一份署名欧阳修的札子，请求裁汰宦官。它显然是伪造的，相比上文所提及的欧阳修的札子，这一主张既缺少事由，又并非他所执掌。在欧阳修刚刚回京、立足未稳的敏感时期，这样一份札子除了哗众取宠，招惹怨怼外没有任何作用。然而这不正是小人期待的吗？一时间"家家有本，中外喧传"①，宦官们对欧阳修"人人切齿"②。

就在这众声纷扰之中，宦官杨永德援引胡宗尧改官一事，毁谤欧阳修徇私枉法。

原来，胡宗尧依例应当改任京官，但他做常州推官时，曾经因为知州私自外借官船而连坐，因此仁宗批旨不允许他改任，只能按照年资逐级提升。欧阳修反对这一决定，他认为胡宗尧一来罪行轻微，二来已被赦免，改官符合规定。

但在杨永德眼里，事情就变了样子。胡宗尧是谁？是翰林学士胡宿的儿子！欧阳修为权贵子弟开脱，就是特意庇护；不惜阻挠旨意，就是"夺人主权"。结党营私，对抗皇帝，这样的人，怎么能留在朝中？

于是，刚刚抨击过权贵的欧阳修就因为庇护权贵而被免职，出知同州。这是七月二十七日，距他上任只有十四天，离仁宗那句"如卿，且未要去"也才不到两个月。

幸运的是，这时的朝堂并不只有一种声音，许多大臣为欧阳修辩白。

首先上疏的是吴充。他当时判吏部南曹，负责审验候选官员的履历，发放登记功过的簿册，辅助流内铨的工作。他是胡宗尧改官一事的相关方，也比较了解欧阳修的职务行为。他说："欧阳修难道不是因为'忠直'才被提拔的吗？怎么谗言说他徇私，他就要被放逐呢？如果认为他徇私，那么我愿与他一同被贬。"吴充的进言没有受到重视，他自己也被免除了吏部的职务，改同知太常礼院。

接着是知谏院范镇。他从流内铨的职责入手，说："接到批旨，有疑则奏，这就是流内铨的职责。如果对旨意有不同意见就是'挠权'，那谁还敢直言是非呢？说出这种话的人应该判罪，欧阳修等人应该官复原职。"范镇两次进言，仁宗虽然没有明示，心里却已经明白他是对的。

① 《欧阳修全集》卷一百一十九，《辨蔡襄异议》，第 1834 页。
② 吴充：《欧阳公行状》，收入洪本健编《欧阳修资料汇编》，北京：中华书局，1995 年版，第 52 页。

适逢宰相刘沆上了一份札子，乞求督促宋祁编定《唐书》。宋祁编书进度较慢，其他人却又难以胜任。仁宗轻描淡写地暗示说："欧阳修知同州，有大臣上疏，请求把他留下。"刘沆当即赞同，并建议："明天就是欧阳修上殿辞行的日子，不妨当面挽留，展现陛下的恩德。"仁宗听从了他的建议。就这样，欧阳修在离开京城的前一刻，以修《唐书》的名义被留了下来。

不久，知制诰兼史馆修撰、翰林学士、判三班院曾公亮改任翰林侍读学士，出知郑州。这时，欧阳修还没有差遣，刘沆顺势上奏，请求任命他判三班院。仁宗允诺，随即问道："翰林学士有人选了吗？"刘沆说："还在商量。"仁宗就接着说："欧阳修不仅是个好的差遣官，也是个好的翰林学士，就让他代替曾公亮吧。"欧阳修就此被提拔为翰林学士兼史馆修撰，勾当三班院。

如本书第二章所说，翰林学士极为清要，往往被视作宰辅的预备人选；而三班院掌管着低级武官的选拔、任用与考核，从事务性质上说与欧阳修此前任职的流内铨相似。无论是从升迁结果看，还是从"好差遣""好翰林学士"的评语看，谗言中伤带来的阴霾似乎一扫而空了。从杨永德进谗，到吴充、范镇等人进谏，再到仁宗回心转意，欧阳修升迁，事情仿佛也有了一个圆满的结局。

然而，如果追溯事情的根源，就很难回避一个根本问题：胡宗尧究竟该不该改官？

经此一番波折，他势必不能成功改任。那么，曾经犯法但经过赦免，究竟该不该影响官员的迁转呢？这一制度问题被彻底掩盖在人品与职责的争论之下了。在胡宗尧外甥朱彧的《萍洲可谈》里有这样一段记述："舅氏胡宗尧，嘉祐初引见改官，举将十七员，仁宗问其家世，彧奏枢密使胡宿之子，即有旨'更候一任回改官'。"[①] 它已经记错了时间、简化了情节，抹平了关于具体问题的讨论，变成了一则纯粹的坊间逸闻。

当然，这只是一件小事，不值得大书特书。但它未尝不是当时许多朝政

---

① 朱彧撰，李伟国点校《萍洲可谈》卷一，北京：中华书局，2007年版，第109页。

大事的缩影：开始于具体事务的讨论，上升到观念与品格的攻讦，又结束于旨在安抚和勉励的奖惩。士大夫们虽然得意于"论议争煌煌"的表面热闹，却难免忽视和遗忘已经沉降到底层的具体事务。由此，我们或许更能理解北宋积弊的过程和与日俱增的改革需求。

欧阳修的新职在三班院，这里同样宿弊丛生，亟须整顿。三班院管辖的低品武官，在宋初不超过 300 人；到了真宗天禧年间，就超过了 4200 人[1]；再到欧阳修任职时，已经膨胀到 8112 人。欧阳修翻看簿册，发现仅仅此前的四年半时间里，新增的官员就有 2085 人，这令他深深感慨："自古滥官，未有如此之多也！"[2]

面对这一局面，他先后上了《论臣僚奏带指使差遣札子》和《论使臣差遣札子》，不仅把矛头再次指向了"乞官"的权贵，还进一步对准了"滥赏"的朝廷。

至和元年的《论臣僚奏带指使差遣札子》中，欧阳修分析了"奏带指使"行为中"滥官"产生的过程：近年文武臣僚外任，常为随行的指使越级乞求差遣；随行者中还有些从来没有职务的人，也一跃当上了武官。正所谓"一人得道，鸡犬升天"，那些依附在权贵身边的人大有捷径可走，出身贫寒者却只剩下怨恨和嗟叹。欧阳修请求禁止肆意乞奏差遣的行为，以达到"止绝侥幸"的效果。

至和二年（1055）的《论使臣差遣札子》中，他进一步指出了"滥官"产生的根本原因："曲恩滥赏，临时无节。"长此以往，势必导致"四海之广不能容滥官，天下物力不能给俸禄"。欧阳修对此深表忧虑。他一方面承认现在已经授予的官职不宜减少，另一方面又为防范将来的祸患提出了两条策略：一是禁止除郡王以外的皇亲，将任满五年的侍从小官送入三班；二是严格审核百司人吏的职名、年限，禁绝请托、奏带、抽差、滥赏等行为。

---

① 《曾巩集》卷三十一，《再议经费札子》，第 456 页。
② 《欧阳修全集》卷一百零八，《论使臣差遣札子》，第 1638 页。

遗憾的是，这些建议并未得到重视。二十五年后，轮到曾巩判三班院了，他发现所辖官员已经达到 11690 人，却依然"岁岁有增，未见其止"[①]。那时，朝廷的财政已经捉襟见肘，从神宗到臣僚都对此忧心忡忡。曾巩趁机建议，该罢免的官员就要罢免，该减少的官职就得减少。他还为神宗算了一笔账：在当时岁入一亿万的情形下，如果能省去十分之三的开支，那么三十年后就有余财九亿万，"可以为十五年之蓄"[②]。神宗对曾巩的节用理财之道大加赞赏，称"世之言理财者，未有及此也"。

然而，官冗费多的现象，又岂是曾巩首次察觉的呢？只是那时财政状况已经极度恶化，逼得朝廷不得不重视罢了。从欧阳修叹息的"自古滥官，未有如此之多也"，到曾巩畅想的"自古国家之富，未有及此也"，两种场景之间，或许只隔着一场改革。然而历史的长河淘尽了历代有识之士，冗官冗费却依然积弊百年，不能不令人扼腕叹息。

（二）宰相罢或留

言论是欧阳修最有力的武器。至和年间，除了自己管辖的具体事务，欧阳修在国家大事上也屡屡进言，涉及弹劾宰相、修治黄河、京城水灾等。

至和元年十二月，宰相陈执中家死了一名婢女，尸体上有伤痕。京城里传言沸沸扬扬，有人说她是陈执中的爱妾阿张打死的，也有人说是陈执中亲自用棍棒打死的。殿中侍御史赵抃上奏此事，要求罢免陈执中。

陈执中表面上十分恭顺，主动请求置狱彻查，在查案过程中却处处阻挠，所需证人全部扣留不遣，案件的真相也因此迟迟难以查清。不仅如此，主持审案的官员也连换四人。最初是齐廓；后来齐廓患了心风，改派张昇；随即又改崔峄。崔峄经过调查，认为是陈执中因婢女不恭亲自将其打杀，但不久就被任命出知庆州，而且是在原知州任期未满的情况下接任。于是案子又交给了曹观。

① 《曾巩集》卷三十一，《再议经费札子》，第 457 页。
② 《曾巩集》卷三十，《议经费札子》，第 452 页。

案件没有进展，对陈执中的弹劾却越发激烈。至和二年二月，赵抃上疏，列举陈执中"不学无术、措置颠倒、引用邪佞、招延卜祝、私仇嫌隙、排斥良善、狠愎任情、家声狼藉"八项罪责。翰林学士吕溱也上疏，历数陈执中"过恶十余事"。五月，御史中丞孙抃与知杂事郭申锡，侍御史毋湜、范师道，殿中侍御史赵抃一同请求上殿，被阁门拦了下来；次日仁宗降诏，命他们每日轮流入对。

与此同时，赵抃又将矛头对准了担任知谏院的范镇，称他胡乱上疏，妄想"营救"陈执中。但这并非范镇的本意。范镇上疏表达的观点是：陈执中应该罢相，但不是因为家事，而是因为职事；不是因为家中死了一名婢女，而是因为身为首相却行事草率，对国家大事毫无建言。在范镇看来，御史揪住陈执中的家事不放是舍本逐末的行为，国家任免大臣应该着眼于是否恪尽职守，这样才能令后继者"不敢恤其家事，而尽心于陛下职事"。

谏官对"陈执中杀婢"一事并不积极，这导致台谏之间的矛盾一度扩大，"赵抃攻范镇尤力，台官皆助之"。范镇则连上五份奏疏，一面指斥陈执中为政不学无术，事发后阻挠调查；一面依然表示言事官不应该"急人私事而缓其职事"，面对宰相失职，平时不敢进言，观望到婢女事发，才趁机弹劾他不学无术、不知典故等等。他坚持赏罚要取决于是非，而不是浮议，他希望仁宗把自己和御史们的奏疏一并交付宰执，评判是非，但没有得到回应。

自此，朝廷进入了一种略显吊诡的局面：御史台全员出动，持续攻击陈执中，顺便攻击范镇；范镇一面请求朝廷裁决是非，一面申明要遵守公道法律；仁宗觉得他们都不识大体，好言私事，下诏称"尸言责者或失于当"，随即激起了台谏官更激烈的抗议。而至和元年十二月起待罪居家的陈执中，却已经在次年四月二十二日"再入中书，供职如旧"。

在这宛如乱麻的局势中，欧阳修呈递了《论台谏官言事未蒙听允书》，干脆利落地直接批评仁宗。这份奏疏开门见山："臣闻自古有天下者，莫不欲为治君而常至于乱，莫不欲为明主而常至于昏者，其故何哉？患于好疑而自用也。"正因为皇帝"好疑"，所以忠邪不分、是非难断；"好疑"就会"自用"，只相信自己的判断，一门心思与"论理"的忠臣争胜，却导致"顺意"的邪臣乘虚而入。话锋转到当下，陈执中"执政以来，不协人望，累有过恶，招致人言"，为什么却迟迟没被罢黜呢？就是因为陛下"好疑"，总怀疑言事者别有用心，想把宰相赶走；于是"自用"，认为宰相只能由自己罢黜，不能听信言官的判断。言官攻击陈执中越猛，陛下刚愎自用的态度就越坚定，导致了"拒忠言，庇愚相"的结果。

然而这份奏疏也如石沉大海，没了消息。反倒是欧阳修自己觉得"意切言狂"，内心不安，主动请求外任。很快，朝廷改任他为翰林侍读学士，出知蔡州。同日外放的还有知制诰贾黯，改为知荆南府。

对陈执中的弹劾正如火如荼，而这项任命如同火上浇油，激起了官员们更大的不满。赵抃上《乞勿令欧阳修等去职状》，说欧阳修、贾黯都是因为不肯折节侍奉权贵才请求外任的，放任他们离开不是朝廷之福。知制诰刘敞也进言，说这些正直不移、不阿执政、有益当世的人，不应该允许外任，否则就是在告诉天下朝廷重用奸邪，不恤正臣。

七月二日，仁宗收回成命，欧阳修又一次在离京之际留了下来。在此之前，台谏官们继续弹劾抨击陈执中，进则入对，退则上书。御史台的一把手，御史中丞孙抃甚至请求解职外放，以示不能与陈执中的朋党同立于朝。六月十一日，陈执中终于被罢免。

陈执中罢相后出知亳州，制书恰好由欧阳修起草。回想起两人素不友善的交往经历，陈执中认为自己一定"不得好词"——欧阳修从颍州前往南京，路过陈州拜访他，被他拒之门外；等他当上宰相，欧阳修也从不进他的门。但拿到制书后，陈执中喜出望外，因为它的文辞十分华美。尤其是"杜门绝请，善避权势以远嫌；处事执心，不为毁誉而更守"[①]两句，更令陈执中惊叹，即使是对他非常了解的人，恐怕也写不出来。事实上，作为宰相的陈执中的确

---

① 《欧阳修全集》卷八十四，《除授陈执中行尚书左仆射充观文殿大学士依旧判亳州加食邑食实封余如故仍放朝谢制》，第 1235 页。

不学无术，刚愎自用；但他"在中书八年，人莫敢干以私，四方问遗不及门"①，也不是没有可取之处，这两句评价正是由此而来。排除惯有的溢美之词，欧阳修不避嫌怨、秉笔直书的态度令陈执中深感钦佩。他特地把制书亲手抄录了一份，寄给门客李中师看，说："恨不能早一点认识这个人！"

陈执中罢相后，文彦博、富弼同日入相。宣布诏命时，仁宗特意安排了几名小黄门前去窥探，得知士大夫们互相庆贺，认为两人足担大任，这才放心。过了几天，欧阳修上殿奏事，仁宗把士大夫们庆贺的场景详详细细地告诉他，并且说："古代的君王乞求贤相，要靠做梦和占卜。我如今任命了两名宰相，全都是人心所向，岂不是胜过古代的君王吗？""做梦"说的是武丁梦中见到傅说，"占卜"说的是文王卜卦得到吕尚。仁宗用这两位古代明君来凸显自己的识人之明，显然还没忘记欧阳修此前批评他"自用"、好胜而"拒忠言，庇愚相"。此刻，欧阳修只能顿首祝贺。

当时，新任宰相的富弼，复任翰林学士的欧阳修，以及权御史中丞的张昇备受期待，被士大夫们称作"三得人"。然而无论是士大夫的期许，还是洛阳昔年的情谊，似乎都没有使欧阳修与富弼达成默契。在随后的修河之役中，两人的观点产生了明显的分歧。

（三）黄河谁能驯

北宋的黄河水患非常严重。从东汉王景治河以来，黄河一度相对安宁。然而，唐代以后北方农业逐渐恢复并发展，砍伐林木也日渐增多，黄河中游的植被遭到破坏，因此泥沙大量进入黄河，并沉积在流速较缓的下游河段，导致河道淤积。到了宋代，一些州县的河道甚至比民屋还高将近一丈，成为悬在百姓头顶上的威胁。与此同时，许多有分洪作用的河流、湖泊已经逐渐淤废，加之堤防失修、气候多雨，黄河下游屡屡决口。据学者统计，从 7 世纪中叶到 10 世纪初（大致相当于唐代），二三百年中黄河下游共决溢十二次；从 10 世纪初到 11 世纪 40 年代（大致相当于五代和北宋），一百四十年间却

---

① 《宋史》卷二百八十五，《陈执中传》，第 9604 页。

决溢了九十五次①。

宋真宗景德元年（1004）九月，黄河在澶州的横陇埽决口，不久就被堵好。三十年后，宋仁宗景祐元年（1034）七月，这里再次决口，"久不复塞"，黄河由此北流，形成了"横陇河"。但由于泥沙过多，淤积严重，庆历八年（1048）六月，黄河又在横陇埽上游的商胡埽决口，向北流至今天津地区入海。仅仅存在了十四年的横陇河就此废弃，只剩下一片淤满泥沙的高地。横陇决口之前，黄河流经的河道被称作"京东故道"；而横陇河自此时起，也变成了宋人口中的"横陇故道"。

商胡埽决口处宽五百五十七步，朝廷派官员考察统计，堵塞决口需要兵夫十万余人，做工一百日。由于工程浩大，加上寒冬将至，河北路岁饥民疲，最终决定第二年再动工。

谁知，来年尚未开工，黄河再度决口。三月，黄河汇入永济渠，淹了乾宁军；七月，黄河又在下游的郭固决口。要堵塞商胡决口，就不得不先堵上郭固，修河的难度加倍，日程也被迫推迟。堵塞郭固的工程直到皇祐四年（1052）正月才告竣，然而此后"河势犹壅"，并没有取得理想的效果。那么，还要不要按照原计划"塞商胡"呢？此时，又有人提出了"开六塔以披其势"的新策略。

"塞商胡"派的代表人物是判大名府贾昌朝，这一派主张"东复诸道，尽塞诸口"，即堵塞自商胡以东历年决口，使黄河回归京东故道。"开六塔"派的代表人物是勾当河渠司事李仲昌，这一派提议"约水入六塔河，使归横陇旧河"，即将黄河水分流引入六塔河，然后注入横陇故道，来减轻河道压力。

至和二年（1055）年初，听说朝廷正在计算物资，准备秋天"塞商胡"，许多大臣对此质疑。因为这项工程规模巨大，号称"聚三十万人之众，开一千里之长河"，这样匆忙上马未免欠妥。欧阳修也上了《论修河第一状》表示反对。在这份奏疏中，他分析了塞商胡"不可为"的五项原因：一是违背

---

① 参见葛剑雄《黄河与中华文明》，北京：中华书局，2020 年版。

天时，去年发生旱灾，修河区域京东、河北首当其冲，此时兴役不合时宜；二是人力不足，河北人户流亡，京东尚未播种，这两路难以胜任三十万人的劳役，从别路差遣民夫，又远水解不了近渴；三是工程浩大，整个方案包括塞商胡、开横陇、修治故道三项，在富足年代每一项尚且需要数年劳役，何况在灾荒岁月全部实施；四是工程可行性存疑，这项工程违背了水往低处流的规律，想要引导河水流向淤高的故道，事实上"商胡未必可塞，故道未必可回"；五是朝廷有意削减了人工和物资，相比早年统计的结果，如今的数据大大缩水，这势必使开挖的河道更加浅狭，影响工程效果。

在大臣们的质疑下，"塞商胡"方案最终未能实施。李仲昌又趁机进言，可以开凿六塔河来"舒一时之急"，于是在这年九月，朝廷诏令两制以上、台谏官与河渠司共同详定开故道、修六塔的利弊，进行上报。

欧阳修再上《论修河第二状》，认为"塞商胡"与"开六塔"都不可行。他指出"河本泥沙，无不淤之理"，黄河水只要掺杂着泥沙，下游就一定会渐渐淤高。等到下游河道高过上游，就会在上游决口。自真宗天禧年间以来，京东故道先后在天台埽、龙门埽、王楚埽、横陇埽、商胡埽决口，每次决口都在前一次的上游，这就是下游淤高，水往低处流的明证。如今，无论京东故道还是横陇故道，都已经成了"下流淤塞，河水已决之高地"，它们的地势高出现有的河道，因此强行引水回归必不可行。"塞商胡"者不明白黄河决口的原因，认为回归故道就可以安然无恙，欧阳修称他们"未详利害之源"。"开六塔"者不仅不明白这些道理，还明显高估了六塔河的分流能力，如今六塔河下游的滨州、棣州、德州、博州已经不时遭受水患，还想用它那五十步宽的河道分流黄河之水，欧阳修称他们"近乎欺罔之缪"。

在欧阳修看来，治河没有"毕其功于一役"的完美策略。两利相权取其重，两害相较取其轻，他认为真正的智者应该选择"害少"的上策，即"因水所在，增治堤防，疏其下流，浚以入海"，基于黄河当前流经的河道修堤清淤。中策是"利少而害多"的方案，即暂时堵塞决口，纾解一时的祸患，然而上游终将再次决口。下策是"有害而无利"的方案，即未能成功引河回归故道，徒劳无功，甚至平添水患。

但这份奏疏没有受到重视。九月，翰林学士承旨孙抃等奉诏上报：如果通过观察测算，六塔河能够容纳黄河之水，纾解河道压力，那么就希望采取"开六塔"的建议。他们的用词非常保守，体现出对六塔河容量非常谨慎的态度。那么，在事实依据并不充足的情况下，是什么促使他们做出了"开六塔"的判断呢？是宰相们的态度。当初陈执中为相，支持贾昌朝塞商胡；如今文彦博、富弼为相，支持李仲昌修六塔。后来的事情似乎就顺理成章了：十二月，中书奏请开工，令河北、京东两路预先建造堤埽，上报河水将要侵占的农田数量。第二年四月，李仲昌等正式堵塞商胡北流，引黄河水入六塔河。

然而就在这天晚上，黄河从狭窄的六塔河道中决溢而出，肆意奔涌。到处都是随水漂流的枯木野草，数不清的兵夫在洪水中哀号，溺死者"不可胜计"。这场工程，给北宋君臣留下了惨痛的教训。

在这场治河之役中，欧阳修的论断是有正确性、预见性的。事实上，这项工程本来就存在不少疑点：一是人工和物资的削减。河北转运使周沆曾进言："近计塞商胡，用薪苏千六百四十五万，工五百八十三万；今仲昌计塞六塔，用薪苏三百万，工一万。共是一河，所费财力，不容若是之殊。"同一条河，使用的柴草差了五倍多，人工更是差了五百多倍。怎么可能相差这么大？周沆推测是李仲昌刻意为之，以求开六塔河的方案能被采纳。二是备受关注的六塔河容量问题。周沆也曾质疑"今河广二百余，六塔渠才四十余步，必不能容"，与欧阳修的说法完全吻合。六塔河白天引水晚上决口的事实似乎也印证了他们的判断。

问题是，决策者并非昏庸之人，朝廷也认真地组织过讨论，加上这些数据摆在眼前，为什么依然没能阻止最后的悲剧呢？在中书奏请开工后，欧阳修进呈的《论修河第三状》或许能给我们一些启发。

在这份奏疏中，他先做出了事实判断："开修六塔河口，回水入横陇故道，此大事也，中外之臣皆知不便，而未有肯为国家极言其利害者"，大家都知道这件事不妥，但就是没有人极言进谏。为什么呢？

欧阳修给出了三项原因：一是"畏大臣"，执政大臣主张开六塔河，大家只得顺从；二是"畏小人"，李仲昌利口伪言，又有执政撑腰，观点难以改变。从孙抃等人言辞之审慎，可见这两项分析不是空穴来风。决策者与主张者立场一致，排斥异见，的确可能导致决策错误。但在宋代，决策者预设立场绝不是什么罕见的事情，据理力争者也往往不在少数，为什么偏偏这次河议，反对的声音显得微乎其微？欧阳修认为，第三项原因就是"畏奇策"。

反对开六塔河只是上嘴唇碰下嘴唇的事情，说"故道不可复"也很容易，但黄河连年决口，水灾愈演愈烈，这种情况下，你说该怎么办？

看看地势，修修堤防，清清淤泥……你说，你说得出口吗？

水灾肆虐，大家期待的是一举建功的"奇策"，"开六塔"恰恰迎合了这种侥幸心理。执政之臣"用心太过"，希望下猛药治痼疾，自然被李仲昌的"奇策"吸引。而欧阳修认为，"治水本无奇策"，即使是大禹治水，也不过是观察地势，修理堤防，顺着水势疏浚引导。但人心的微妙之处就在于，危难当前，不仅执政大臣希望永无后患，对策官员们也很难将看似"平常"的策略宣之于口。于是许多人虽然心中不安，但又自认为没有拿得出手的策略，只好缄默不言。这就好比平时不努力的学生，在期末考砸后慌了神儿，即使知道"好好打基础"才是对的，他也更愿意相信"提分绝招"之类的诱惑。

欧阳修之所以反对开六塔河，主张"因水所在，增治堤防，疏其下流，浚以入海"这样长期而稳重的策略，一是因为他在庆历年间曾经担任河北都转运按察使，对黄河下游的情况有一定了解；二是源于他崇尚"宽简"的行政理论，不求治绩，只求便民，不求"奇策"，只求易行。然而在渴求事功的大环境下，这种主张显得极不起眼。

从某种意义上说，这次治水又仿佛是北宋朝政的一个隐喻：平日里的"修堤疏浚"不受重视，甚至一度废弛；但当多年积弊集中爆发时，士大夫们又往往急于求成，或者主张"复其故道"，或者渴望"另开新河"，却始终不曾建立起应时而动、渐进改良的常规机制。相比与时俱进不断解决问题，他们更希望一招制胜永绝后患。

开六塔河失败后，还衍生出了一些更可悲的事件。

一天，宦官刘恢秘密禀告仁宗："开六塔河，淹死了成千上万的人！这是因为主持开河的官员们肆无忌惮，犯了禁忌。河口那座山冈明明触犯您的名讳，他们却不管不顾，大肆开挖！"仁宗闻言大怒，一日之内连下七道内降[①]，要求置狱彻查，一时朝野震惊。

幸好负责此案的吴中复又是一名正直的大臣。他没有立即出发，而是请见仁宗，当面交还所有内降，并表示此案恐怕是奸臣诬陷，希望交付宰相处置，不要由皇帝私起诏狱。他随即赶赴六塔河，发现河口根本没有山冈，那里有个村子叫赵征村，也不触犯仁宗的名讳。吴中复处置公正，有礼有节，被当时的人们称作"铁面御史"。

那么，这些无中生有的诬陷从何而来呢？来自"塞商胡"派的贾昌朝。他恨宰相不采纳自己的意见，于是落井下石，想把案件闹大，动摇宰相的地位。诬陷虽然没有奏效，朝廷用来盖棺定论、安抚臣僚的奖惩还是如约而至。李仲昌等人根据情节受到惩处，贾昌朝当上了枢密使，而朝廷"不复治东堤"，暂停了对这部分河道应该如何修治的讨论。

短短五年后，黄河又在大名府魏县决口，从东北流入大海，被称作"二股河"。从此，商胡所决又称"北流"，二股河又称"东流"，滚滚黄河在两条河道之间不时变换，多次决溢，给国家和百姓带来了深重的灾难。朝堂之上，官员们也在北流与东流间争执了七十年，其间自然少不了借题发挥、彼此攻讦，直到北宋灭亡。[②]

（四）狄青去枢府

回到至和三年（1056），这一年可谓多灾多难。正月里仁宗生了一场大病，罢朝七十多天。四月里开六塔河失败，黄河再次决口。随后又是大雨连绵，多地洪灾。从河东、河北、京东、京西到陕西、湖北、两川，各地河流

---

① "内降"也叫"中旨""御批""御笔"等，是指皇帝、皇后或太后未经中书审议，直接交付有司施行的诏令。本章第三节对此有更多的讨论。

② 参见邹逸麟《黄河下游河道变迁及其影响概述》，《复旦学报》（社会科学版），1980 年第 1 期。

纷纷涨溢，有的冲破市镇，大肆涌流，有的荡尽田野，掀起三四丈高的浪头。洪水所至，哀鸿遍野。

京城内外也是一片凄惨景象。城外的坟墓被大水灌注，数不清的棺椁和骸骨随水漂流；城内宛如泽国，淹死的人畜不计其数，破败坍塌的房屋随处可见，就连社稷坛的屋宇墙壁也被大水冲毁了。欧阳修家也被淹没了，他只好带着一家老小，白天在屋下暂避，夜晚上筏子露宿。放眼望去，不知有多少百姓像他一样，扶老携幼，在冰冷的雨水与浩荡的洪流之间，只有一方窄小的木筏可以栖身。

在古人看来，灾难是上天对君王的警示。仁宗下诏，命令官员进言时政得失。欧阳修先后进呈《论水灾疏》和《再论水灾状》，提出立储、罢免狄青、用贤、赈灾四项建议。

仁宗立储是一件大事，不仅迁延日久，而且影响深远，本书将在第五章集中记述。

赈灾一事，欧阳修指出了两处疏漏。一是同遭大水，河北派专人安抚，京东、京西却只是由转运使兼管。后者既给百姓留下了区别对待的印象，又无法专注赈灾，做好安抚工作。因此，希望京东、京西也派专人前往。二是在多地水灾时，两浙却发生大旱，赤地千里。东南是国家粮仓，如果不能及时赈济，势必影响来年的粮食供应。因此，希望将当年两浙地区的一部分漕粮借贷给灾民，赈济东南十三州，等明年米熟再归还官府。

罢免狄青这项建议，在今天看来未免有些荒唐。狄青当时担任枢密使，论功绩，他先是与西夏交战屡立战功，后又征讨邕州平定侬智高叛乱；论才干，他长于治军，赏罚严明，不仅作战勇敢，更有深谋远略；论品行，他不忘根本，显贵后仍保留着作为军人的面涅，也不自大，常常把功劳推让给将佐。这样一位功勋卓著、治军有方、行事谦谨的枢密使，为什么要被罢免？欧阳修在《论水灾疏》外，还专门上了一份《论狄青札子》，坚持罢免狄青，他和狄青究竟有什么过节？

事实上，欧阳修对狄青不仅没有私仇，还多少有过几分肯定。庆历三年，狄青受到张亢侵占公用钱一事的牵连，被拘捕调查，欧阳修专门上了《论乞不勘狄青侵公用钱札子》，请求对狄青法外开恩。在这份札子中，他称"国家兵兴以来，五六年所得边将，惟狄青、种世衡二人而已""其忠勇材武，不可与张亢、滕宗谅一例待之""如青者，无三两人"，字里行间满是对狄青的赞誉。

然而，如今请求罢免狄青的奏疏中却写道，狄青平定侬智高只能说是"薄立劳效"，他相比军士不过"粗有见识"，"如青所为，尚未得古之名将一二"，词句极其刻薄，很难相信与上文出自同一人之手。

是欧阳修变了吗？不，只是狄青的地位变了。

宋代"分文武百官为二涂"，文官与武官不仅在才能上各有所长，在职位上也有相对严格的边界。自宋太宗以来，又采取"守内虚外"的策略，让具备较高文化素养和政策水平的文官居于政治舞台的中央，武官则被边缘化。职位的分野因此渐渐演变成社会地位与心理的高下，形成了"崇文抑武"的风气。庆历二年四月，面对西夏战事带来的边境威胁，朝廷曾任命范仲淹、韩琦、庞籍等人担任各州观察使。但观察使属于武职，范仲淹带头连上三表，称"士大夫宁甘薄禄，而不乐换之者久矣"，并列举换官之后"失朝廷之重势""减议论之风采""取夷狄之轻"等六大后果[1]，最终朝廷不得不将他官复原职。文官对武职轻视乃至鄙夷的态度，从中可见一斑。

而狄青的出身，连"武官"都算不上，只能算一名职业军人[2]。他升任枢密副使时，左司谏贾黯就曾义正词严地说："国初武臣宿将，扶建大业，平定列国，有忠勋者不可胜数；然未有起兵伍登帷幄者。"如果说武选官担任枢密还有先例，像狄青这样由军职进入枢密的则前无古人。贾黯甚至义正词严地列举出狄青不能担任枢密的五项原因：一是使四夷轻视中国，二是使小人人心动摇，三是大臣耻与为伍，四是违背祖宗成规，五是不合治术法律。御史韩贽也持相同看法。仁宗没有听，狄青才得以担任枢密副使，后来又升任枢

---

[1] 《范文正公集》卷十六，《让观察使第一表》。
[2] 参见赵冬梅《文武之间：北宋武选官研究》，北京：北京大学出版社，2010 年版。

密使。

可以说，狄青正是从宋代"鄙视链"的底端，凭借无数伤痕与功绩，一步步登上了同侪难以企及的军权巅峰。但这巅峰之上没有长烟一空，只有千夫所指。

军人不可掌枢密，这在宋代有极深的制度渊源。晚唐五代以来君弱臣强，藩镇割据，遗祸无穷，宋太祖自己又是陈桥兵变代周为帝，深知掌军将领对国家的威胁，因此宋代君王着意分割军权，消除内患。三衙只掌握军队的管理权，"有握兵之重而无发兵之权"，枢密院只掌握军队的调度权，"有发兵之权而无握兵之重"，二者彼此制衡，从根本上减少了将领拥兵自重的可能。一般情况下，武选官即使担任枢密使，也只能调度军马，与底层士兵始终有一层隔膜。但出身行伍的狄青不一样。他身先士卒，与士兵同甘共苦，在军中本就有很强的号召力；执掌枢密后，更令士兵们"闻风倾动，翕然响之"，也就是贾黯所谓的"人心动摇"。在这种情况下，大臣们难免担心他位高权重，对朝廷构成威胁。

在《论狄青札子》中，狄青最大的"罪状"正是"得军情"，即军心所向。欧阳修坦言，狄青在行为上"未见过失"，在品格上"心不为恶"，做官为人都似乎无可指摘。但他深受军士们的爱戴，这就足够萌生祸患。因为他今天"不得已而为人所喜"，明天就可能"不得已而为人所祸"，被小人们推上不属于自己的位置。当形势所迫时，一个人本心如何，已经不重要了。相反，如果罢免狄青，一方面能保全他自己，另一方面又为国家消除隐患，这是两全其美的事。

欧阳修说，唐德宗时朱泚也不想造反，却被哗变的士兵拥立为帝，成为国家大患，这不是前车之鉴吗？他没有说宋太祖黄袍加身的故事，但本朝君臣，谁又想不到呢？

内有出身之别、文武之辨，外有祖宗之法、前车之鉴，从担任枢密使之后，狄青便一直处于风口浪尖。他的传奇经历已经成为京城小民津津乐道的谈资，四年里，他每次出入都引来众人围观，以致道路堵塞，无法通行。来自大臣们的非议也不绝于耳，知制诰刘敞"狄青宜罢以保全之"的观点在士大夫间广为流传，殿中侍御史吕景初则多次向宰相请求罢免狄青。宰相文彦博知道狄青向来忠诚谨慎，并没有理会。然而这一次，先是仁宗大病，又是洪水滔天，连文彦博也心中不安。狄青为了避水搬家到相国寺，百姓们目睹他在大殿上坐立行走，更是催生出了许多谣言。有人说狄青家屡有异光；有人说他家的狗突然长了角，这恰是京房易中"执政失，下将害之"之象；有人说狄青"身应图谶"；还有人想起了刘敞前些年看到日食而写下的三篇《救日论》，说那是"阴侵阳，臣蔽君"之象——当初觉得言过其实，如今莫非真要应验？

众口铄金之下，狄青被罢，出判陈州。一个月后，改元嘉祐，大赦天下，加恩百官。

七个月后，狄青在陈州郁郁而终，时年四十九岁。

《论狄青札子》中有八个字评价狄青："青本武人，不知进退。"它可以从两个层面理解。一是"狄青不知进退"，狄青本人处于"掌机密而得军情"的敏感境地，却不能主动退位避嫌以求保全，这是他被罢免的根源。屡冒矢石的宿将最终败给了朝堂上的唇枪舌剑，着实令人叹惋。二是"武人不知进退"，文人对武人的刻板印象是根深蒂固的，他们不仅通过品职与武人保持距离，还利用话语权对他们进行单方面的裁定。无独有偶，十三年前欧阳修为狄青开脱时，理由也是"青本武人，不知法律"。似乎一旦冠上"武人"之名，为人处世的标准就会自然降低，文武气质的差异在士大夫的笔端演变成了认知等级的高下。在"与士大夫治天下"的宋代，武人或许仍不乏驰骋山河的意气，却再难登上指点江山的舞台。

（五）贤才频举荐

与狄青的遭遇形成对照的是，欧阳修在《再论水灾状》中称"天下之治，必与众贤共之也"，连举包拯、张瑰、吕公著、王安石四名贤才。

包拯清廉正直，此前因为推荐官员失误被贬池州，欧阳修深感惋惜，希望召他回朝。

张瑰静默端直，见义必为，欧阳修认为他有"仁者之勇"，可以在朝堂上发挥作用。

王安石与吕公著在十几年后围绕变法针锋相对，剑拔弩张，这些欧阳修不知道。他只知道，他们都是不可多得的人才。在此前后，他还单独进呈过《荐王安石吕公著札子》，称赞王安石熟悉吏事，有治世之才，吕公著生性淡泊，却言必有中，希望提拔这两个经历、性情截然不同的人担任台谏官。

如果不说结果，单论识才的眼光和荐才的态度，欧阳修在同时代中可谓罕有其匹。

我们在第三章中已经交代过，吕公著是吕夷简的儿子。但欧阳修不介意出身，依然欣赏和提携吕公著。

王安石曾经通过曾巩与欧阳修建立联系，直到这次欧阳修回朝，两人终于见面。欧阳修写了一首《赠王介甫》："翰林风月三千首，吏部文章二百年。老去自怜心尚在，后来谁与子争先。朱门歌舞争新态，绿绮尘埃试拂弦。常恨闻名不相识，相逢樽酒盍留连。"后四句写相逢的热切自不必说，前四句更是颇有深意：先言李白的"翰林风月"，再说韩愈的"吏部文章"，既称自己"老去自怜"，又道对方"后来争先"，明显带有传承和期许之意。但王安石不客气地回了一首《奉酬永叔见赠》，说："他日若能窥孟子，终身何敢望韩公。"欧阳修的文章上承韩愈，也自比韩愈；王安石却自比孟子，表示自己的追求不是勉强学习文章，而是向天下传播道义。两人志趣与观点的差异，已经初露端倪。但欧阳修不介意立场，依然认可和举荐王安石。

梅尧臣和欧阳修是多年好友，欧阳修深知其品行学问。嘉祐元年（1056），他举荐梅尧臣担任国子监直讲。

张方平和欧阳修之间曾有嫌隙，在庆历年间进奏院狱中，张方平是攻击王益柔等人的主力之一。到了嘉祐元年，一个风尘仆仆的眉州人拿着张方平的推荐信前来谒见，欧阳修却欣然接纳。此人献上著述七篇，欧阳修一见大喜，并赞叹："后来文章当在此！"这人便是苏洵，他带着两个儿子苏轼、苏辙来到京城，受到欧阳修的极力推荐而名闻朝野。张方平、欧阳修不计前嫌，共举贤才，留下了一段佳话。

后来苏洵又谒见了韩琦和富弼，韩琦"知其才而不能用"[1]，富弼只敷衍说"姑少待之"[2]。相比他们的"慎重名器"，欧阳修展现出一种对才识气度发自肺腑的"见猎心喜"。或许正因如此，他才能广擢后进，为政坛注入了新鲜血液，也开启了文坛的一代新风。

二、主持省试

（一）忍诟树新风

嘉祐二年（1057）正月六日，欧阳修权知礼部贡举。王珪、梅挚、韩绛、范镇同知贡举，梅尧臣也以点检试卷的"小试官"身份参与其中。

考生们并不知道这场考试将会开启怎样一个群星璀璨的时代。他们大都满怀期待，却又难免惴惴不安。去年四月，皇上下诏明令"进士限四百人""诸科毋得过其数"，也就是说，进士和诸科加起来，幸运儿最多不超过八百个。然而通过解试，从全国各地汇集到京城的却有六千五百人。上次开科已经是四年前的事情了。如果没有抓住这次机会，又要等多久呢？赶考不易，客居京城也开销不少，一念至此，许多考生辗转难眠。

当然，他们中也有一些"才华横溢"、名声在外的，似乎不必过度担忧。比如，有个年轻人叫刘几，长相俊美，是国子监的第一名。他的文章百般雕琢，用语奇特，不知道有多少考生慕名效仿过。人们毫不怀疑他会金榜题名。

但省试放榜后，大家傻了眼。那些众望所归的，一个都没上榜。刘几的文章难道没有受到重视吗？有，却是另一种重视。听说它在阅卷时被专门贴出来，白纸黑字上，红笔从头抹到尾，还批上了"大纰缪"三个字。再看榜上有名的，第一名叫李寘，大家并不熟悉；第二名叫苏轼，名字尤其陌生。

于是不少考生怒火中烧，把怨气发泄到考官欧阳修身上。他们拉帮结伙，堵在欧阳修上早朝的路上骂他，巡逻的官吏闻讯赶来，也阻挡不住。街头辱

---

① 张方平：《文安先生墓表》，《全宋文》第三十八册，卷八百二十七，第300页。
② 叶梦得撰，侯忠义点校《石林燕语》卷五，北京：中华书局，1984年版，第65页。

骂他的考生聚集成群，远远望去就像集市一样。有的考生抓住试题中无关作答的瑕疵进行攻击，比如诗题说"丰年有高廪"出自《大雅》，其实出自《周颂》，在御史柳中复弹劾后，每名考官被罚金四斤；也有居心不良者说赋题"通其变而使民不倦"多了一个"而"字，这是因为"试官偏爱外生而（外甥儿）"，用低俗的谐音重提当年欧阳修被诬私通外甥女一事。有人揪住欧阳修主持考试期间写的诗句"下笔春蚕食叶声"，说他沉溺于诗歌酬唱，不认真阅卷，用蚕打比方是看不起考生。更有甚者写了一篇《祭欧阳修文》，趁没人注意直接丢到了他的家里。

这样的结果欧阳修并不意外。被安排知贡举时，他就明白此行要想革除科场宿弊，定会掀起一场风波。排定省试名次后，他还专门作诗明志："但喜真才得，宁虞横议攻。"令他喜悦的"真才"是什么样的呢？从答卷看，便是"文""道"兼通的古文能手。

他还记得四十年前翻开随州李家的书箱，看到《昌黎先生文集》时的欣喜；也还记得三十四年前初次参加科举，因落官韵铩羽而归时的沮丧。欧阳修已经五十岁了，却始终忘不了自己从十几岁起就深藏心底的愿望："苟得禄矣，当尽力于斯文，以偿其素志。"[1]如今，终于到了他"偿其素志"的时候了。

当年欧阳修参加科举时，浮艳的"西昆体"时文还是主流。考生们"穿蠹经传，移此俪彼"[2]，追求典雅华丽的骈体文，不惜七拼八凑，割裂文意，以致思想浅薄空洞。后来石介担任国子监直讲，痛批西昆体，却把文风引向了怪诞晦涩的另一个极端，被称作"太学体"。怪诞的如"周公伻图，禹操畚锸，傅说负版筑，来筑太平之基"，上古君臣共同演绎了一个时代错乱的大工地；晦涩的如"狼子豹孙，林林逐逐"，化用李商隐的"狼子豹孙，竟于跳走"却刻意写得古奥难懂。让文章恢复平易朴实的本色，"其道易知而可法，其言易明而可行"[3]，就是摆在欧阳修面前的任务。

---

① 《欧阳修全集》卷七十三，《记旧本韩文后》，第1056页。
② 《欧阳修全集》卷四十七，《与荆南乐秀才书》，第660页。
③ 《欧阳修全集》卷六十七，《与张秀才棐第二书》，第978页。

刘几的文章正是"太学体"的典型代表。他在论中写道："天地轧,万物茁,圣人发。"生长不说"生",说"茁",出现不说"出",说"发",究其本质还是为了标新立异,吸引考官的目光。但这次他没能讨到好处。欧阳修续了两句"秀才剌,试官刷",朱笔横抹,标明纰缪,把它立成了反面标杆[①];对那些文辞畅达、言之有物的考生,则不吝鼓励,给出了很好的名次。

考生们的群情激愤持续了很久;但与此同时,也有一些人读了省试文章,开始模仿。

两年后,欧阳修担任殿试详定官,看到一篇平易通达的佳作,对作者刘辉赞不绝口。有人告诉他:"刘辉就是刘几,只是改了名字。"欧阳修愕然,但随即打定主意,修改了文章中的个别字词,帮助它成为了人人传诵的考场典范。刘辉(刘几)成了嘉祐四年(1059)的状元,考场文风也进一步净化。当年的谩骂已如积水归壑,再无声息。

数十年后,嘉祐二年的进士渐渐为人熟知。其中有变法派的主要人物吕惠卿、曾布(章惇本来也在这一年考中,但状元是他侄子章衡,他耻居其下,于是扔掉敕令,两年后重登进士甲科),有官至枢密的王韶、林希,有理学名家张载、程颢、吕大临、吕大钧,更有文名远扬的苏轼、苏辙、曾巩。

数百年后,明代文人将韩愈、柳宗元、欧阳修、王安石、曾巩、苏洵、苏轼、苏辙的文章选编成集。在历史的大浪淘沙下,"太学体"的文章荡然无存,早就找不出一个整篇;"唐宋八大家"的文章却千古流传,沉淀成了不朽的经典。

这一切的起点,正是嘉祐二年。

这年春夏,以欧阳修为核心的宋六家会聚京城。其中苏轼与欧阳修的情谊尤其引人注目。苏轼在京城素无名声,考取省试第二惹来了许多无端的质疑与谩骂。在这种情况下,他更加感激欧阳修的知遇之恩,写信说:"愿长在下风,与宾客之末。"[②]欧阳修则惊叹于苏轼的卓越才华,对梅尧臣说:"老夫

---

① 沈括撰,金良年点校《梦溪笔谈》卷九,北京:中华书局。2015 年版,第 88 页。
② 茅维编,孔凡礼点校《苏轼文集》卷四十九《谢欧阳内翰书》,北京:中华书局,1986 年版,第 1424 页。后引此书皆此版本。

当避路，放他出一头地也。"①

五月，王安石赴常州担任知州，曾巩赴太平州担任法曹，苏洵妻子程氏去世，与苏轼、苏辙一道匆忙归蜀，这些名满后世的大家在人生轨迹短暂相交后又踏上了各自的旅程。

（二）科举事未已

嘉祐二年的科举虽然告一段落，对科举制度与内容的讨论却方兴未艾。

科举始于隋唐，定型却在宋代。仁宗以前，朝廷已经陆续制订了一系列制度，保障考试公平、过程合理。例如禁止官员向考官进行"公荐"、考生向考官投纳"公卷"，将考卷作为唯一的评判标准；确立殿试制度，由皇帝亲自主持，加强了中央集权，减少了考官徇私的可能，并由此形成"解试—省试—殿试"的三级科举体系；执行锁院、糊名、誊录、分等阅卷、三级评定等制度，提升阅卷的客观性和公平性；实行针对考官子弟亲属的"别头试"、针对现任官员的"锁厅试"、针对省试或殿试多次黜落的考生参照年龄高下予以附试赐官的"特奏名"，在公平公正的同时保障各类考生的权益。

仁宗时期，有一个显著的现象是大量士人滞留京城。这时的省试考生通常有六七千人，能够通过省试、殿试的却只有几百。考生一旦失利或意外缺考，就要等下一科，这一等通常就是四年；而那些屡试不第的人，可能已经困守京城十年以上。他们没有产业，志气消磨，逐渐成了潜在的社会不安定因素。上述嘉祐二年因省试结果产生的聚众喧闹，就影响不小。还有一个广为流传的故事，说进士张元（源）殿试屡遭黜落，积怒之下转投西夏，成为元昊谋臣，为祸中原。这个故事版本颇多，也明显夸大了张元的地位和作用，但它在一定程度上反映出了举人们屡被黜落的生活与心理困境。

在这种情况下，嘉祐二年进行了两项影响深远的科举改革。一是殿试除"杂犯"外不再黜落。通过解试、省试两轮筛选后，殿试原则上不进行淘汰，除非考生"杂犯"，即犯了文理纰缪、用庙讳御名等严重错误。这样，考生

---

① 《欧阳修全集》卷一百四十九，《与梅圣俞四十六通（其三十）》，第2459页。

通过省试后，通常就有了底；殿试的名次对仕进依然极为重要，但至少不会前功尽弃。考生不再因黜落而心生怨恨，殿试用以展示皇恩的意义也就大大加强了。到了宋哲宗元祐八年（1093），连杂犯者也不再黜落。二是固定开科时间。改变以往"四五岁一下诏"的模式，每两年定期举行科举，同时将每次科举的发解人数减半。这样考生不必长久滞留，也能减轻阅卷和管理压力。但两年一次科举使士人疲于奔命，减少发解人数又激化了竞争。因此宋英宗治平三年（1066）下诏，将科举频率调整为三年一次，发解人数则按比例改为两年时的 1.5 倍。三年一开科的制度就此确立下来，一直延续到科举制终结。

随着科举制度的完善，一些更复杂、更本质的问题也逐渐浮出水面。

第一个问题是，科举，尤其是宋代最受重视的进士科，应该考什么？

宋初进士科的考试内容包括诗、赋、论、策、帖经、墨义等。帖经、墨义大致相当于今天的填空和默写，向来不受重视。其余题目中，对诗赋的重视程度又高过策论。经过历次科举实践，很多士大夫对诗赋和策论的顺序提出疑问。

欧阳修也是其中之一。在庆历新政期间，他上呈《论更改贡举事件札子》，表达对"有司取人先诗赋而后策论"的反对意见。

他先从两个方面指出此举的弊端。一是"举子之弊"，学生不琢磨经术与道理，只要背诵诗赋，再摘抄《六帖》《初学记》等书，积累一些对仗的词语典故，即使完全不晓事理，也能应对诗赋的考查。二是"有司之弊"，考官面对诗赋、策论混杂的大量试卷，往往疲惫昏惑，取舍出现失误。

随后，他给出了解决方案。举子只背诗赋，就该重视策论；有司阅卷量大，就该随场去留，一场不合格直接淘汰。两方面合起来，就是按照"策—论—诗赋"的顺序逐场淘汰。

仁宗庆历四年（1044），朝廷颁布贡举新制，吸纳了欧阳修的上述建议。然而，仅仅一年后就又下诏恢复原样。

这是为什么呢？从背景层面说，是庆历新政的失败导致了政策的反复；从操作层面说，则是评价诗赋的标准更加客观、方便。这里重点从后者进行审视。按照庆历年间礼部贡院的说法，诗赋与策论在阅卷层面至少存在三项差别。一是诗赋在格式方面有清晰的标准，策论没有。二是诗赋能较好地反映出考生积累是否广博；而策论发散性强，区分度低，要求严了就选不出人，要求宽了又入选太多。三是策论很难分辨真知与套作，无论经史还是时务，都有人专门收集整理可能的出题点，供考生参考记忆。

通过梳理上述差别，我们可以看到同一问题的两个层面。从理念层面说，要选拔更有实干的人才，策论无疑胜过诗赋；从实践经验说，要实现考试的选拔功能，考官却需要清晰、便捷、区分度高的评判标准，而这方面诗赋比策论好得多。

事实上，无论诗赋还是文章，考官总需要这样一些评判标准，考生也总会从中发现备考秘诀。考官与考生对评判标准认知的交集，就会孕育出一定时期内的考场范式。正如"太学体"文风的盛行，也离不开考官基于阅卷需要的默许：它也许不是好的文风，却是一种清晰的评判指标。如果不是此前的考官默认险怪晦涩的造语风格高于常人，刘几等人又怎能屡次脱颖而出？考生又怎会纷纷效仿乐此不疲？

在这个意义上，可以说欧阳修是利用自己在政坛与文坛的双重地位，强行打破了"太学体"的既有范式，使考场文章在一段时期内变得平易自然，深入浅出。从评判标准来说，就是在欧阳修文学理论与作品的支持下，摆脱了过于依赖造语的形式弊端，这为策论地位的再次提升奠定了基础。同年十二月，仁宗下诏，进士增试时务策三条。

熙宁四年（1071），王安石变法改革科举，将进士解试和省试分成四场，前两场考所治经书的大义，后两场分别考论和时务策。诗赋被取消，经义和策论的重要性大大提高，这是宋代科举的一大重要变革。而随着变法的起伏，科举内容又在诗赋与经义之间摇摆争执。

这里所谓"大义"，就是对经书内容的解读，"须通经，有文采，乃为中格，不但如明经墨义粗解章句而已"。它取代了机械的帖经、墨义，在理念层面上体现出非常大的进步。但在实践层面同样避不开一个问题，就是如何从内容或形式上评判考生理解经书的程度。内容标准上，一度引入了王安石等人编撰的《三经新义》；形式标准则在实践中渐渐趋于骈偶、对照、造语等要素。从中已可窥见后世八股的端倪。

第二个问题是，如何协调科举和学校教育的关系？

从上述讨论中可以看出，无论科举内容如何改变，理念之"道"往往受制于实践需要而沦为考场之"术"。面对考生的答卷，考官很难分辨背后是与之匹配的德行才华，还是单纯为了通过考试而做的钻营谋划。因此，许多有识之士不仅关注科举选士之法，重视考生的知识才干；还关注兴学养士之道，重视选人的道德修养。

庆历新政时期，欧阳修曾与范仲淹、宋祁、王拱辰、张方平等人同上《详定贡举条状》，规定各路、州、府、军、监均需立学，学生数达到二百以上的县也可立学；学生需在校学习三百日以上，曾经取解者需学习一百日以上才可应举。

这在形式上加强了学校教育和科举之间的联系，用学生在校时的表现弥补科举不能全面考查学生道德品质的不足。但随着新政失败，它也很快被废除了。

嘉祐元年，又有不少人提出"建学取士之法"，尤其主张"创新学""立三舍"。他们的具体主张今天已经无从查考，但根据他们的目的"辩士之能否而命之以官"，即直接通过学校教育考察和选拔人才，可推测其主张与后来王安石变法中的"三舍法"相近。三舍法的基本模式是在太学中设置外舍、内舍、上舍，由外舍选升内舍，内舍选升上舍，上舍中的优秀者可以直接授官。哲宗、徽宗时期，又逐渐将三舍法推广到地方，形成从县学、州学到太学的庞大选士体系。

曾经作为庆历新政鼓吹者的欧阳修，却对"立三舍"明确表示反对。

我们可以从他的《议学状》中看到原因。他首先区分了"为政"与"设教"的不同，指出为政可以速成，教育却要缓行，二者不能混为一谈。据此，他指出学校根据才识德行取士，将产生六项弊端：一是如果学校取士求快，那么真伪难辨，学生会在利益诱惑下弄虚作假；二是如果学校取士放缓，那么学生不如钻研文辞，直接去考科举；三是学生为了争夺学官的好评，会形成朋党，横议相訾；四是学生为了体现与众不同，会迂僻奇怪，高谈虚论；五是如果只有京城考察德行，对其他地区的德行之士不公平；六是朝廷刚刚严令四方之士各归乡里，如今将他们召回京城或者不管不顾都不妥当。最后他总结，创新学、立三舍这些行为本身都是可以的，但选拔官员不能靠这些，还得靠科举。学校教育旨在消除不道德的行为，引导整体风气向善；而不是在功利的诱导下，强行选出几个最有德行的人。

如果说"立三舍"主张将"养士"与"选士"一体化，让人才的培养服务于选拔；那么欧阳修则主张二者有别，人才尤其是德行的培养应该是普遍而终身的，用名利来引导道德是不道德的。从今天的观点看，这显然更符合教育的本质。

在谈及学生为了彰显自己的与众不同而迂僻奇怪、高谈虚论时，奏状提到十个字："前日庆历之学，其弊是也。"欧阳修本来就很看重儒家的教化之道，强调"行之以勤，浸之以渐"，又谨慎对待独言异行，警惕"以其违众为独见之明，以其拒谏为不惑群论，以其偏信而轻发为决于能断"，十几年前亲历过新政的失败，他对待政事的态度更趋稳重。他想不到的是，十几年后，遥望京城中那场轰轰烈烈的改革，身处青州的他却再难进言，不得不在朝廷的斥责下上表谢罪。

第三个问题是，科举是否需要考虑地区差异？

宋英宗治平元年（1064）八月，根据近年取士情况，司马光上《贡院乞逐路取人状》，奏请省试将国子监、开封府及各路分别弥封阅卷，各按十分之一的比例奏名。他列举了最近三次省试的相关数据，据此我们可以算出及第者所占比例。其中国子监共取解及免解 337 人，及第 80 人，及第比例 23.7%；开封府共取解及免解 851 人，及第 179 人，及第比例 21.0%；河北、京东等十一路共取解及免解 1842 人，及第 38 人，及第比例 2%。国子监、开封府及第人数所占比例比各路人数高十倍以上，而各路考生又需要长途跋涉，倍加辛劳，司马光认为这不公平。

在司马光看来，及第比例悬殊源于考官好尚。在京举人能够"追趋时好"，因此及第比例更高，正所谓"非善为赋、诗、论、策者不得及第，非游学京师者不善为赋、诗、论、策"。京师及第比例高还导致了一系列后果，有些士人背弃家乡，一去不归，违背了奉养父母之道；有些士人私买国子监的文凭，冒充京师户籍；还有的不肯奔波，长期寄居京师。他认为，只有保证京城内外考生及第公平，才能解决上述问题。

欧阳修则上《论逐路取人札子》，表示反对。他认为当时的科场制度已经做到了客观、公平，正所谓"无情如造化，至公如权衡"。随后指出了司马光的六处纰漏。一是他放大了进士科的差别，却忽略了经学等科。"东南之俗好文，故进士多而经学少；西北之人尚质，故进士少而经学多"。所以科场取士，东南多取进士，西北多取经学，不能只看进士，一叶障目。二是他只看到及第者占取解的比例，却忽略了取解基数的差别。比如东南州军取解，是从两三千人中解二三十人，筛选比例已经低到了1%；而西北州军取解，是从不到百人中解十余人，筛选比例超过了10%。三是承接上条，欧阳修认为及第比例不均的原因是东南之士"初选已精"，因此合格者多；西北之士学业本就不及，还"十倍取解"，所以不合格者多。四是司马光只看地区人数的公平，却忽略了科举作为制度的公平。科举就是要"专以较艺取人"，不应该让"有艺者屈落，无艺者滥得"。五是只看人数公平容易滋生"寄应"之弊，即促使考生成为"科举移民"，去更容易考中的地区参加考试。六是只看人数公平容易导致"缪滥"，例如广南东、西路在当时教育落后，大多考生的追求也只是参与省试，当上摄官，强行让他们及第，反而违背了科举选人的意义。

两人的分歧非常明显，欧阳修相信科举作为制度的公平与客观，司马光却担心地区的平衡与国家的稳定。从历史发展看，明代的南北榜和清代的分省录取足以证明司马光的担心不是没有道理。欧阳修抨击的各种问题固然存在，但考虑经学、考虑取解基数等事项，未必不能在司马光建议的基础上兼收完善。两人似乎没有做进一步的讨论，只能说明科举的地区差异所造成的政治影响尚不突出。

在他们身后，这个问题却绵延千年，至今尚未停歇。

三、樊笼久羁

（一）心在江湖间

嘉祐年间，欧阳修有了一个清晰而持久的规划：外任洪州。

准确说，外任洪州只是一个过渡步骤，他的真正目标是早早退休。到洪州任职能帮他远离国家大事；之后再乞求退休，就会显得顺理成章。嘉祐四年，他在学士院值班时，和韩绛、吴奎、王珪相约到了五十八岁就致仕。韩绛还专门把这个约定写在了柱子上。

宋代规定七十岁致仕，欧阳修却等不了那么久。

为什么如此急切？从他五年间七请洪州的奏疏以及嘉祐年间写给好友的书信中，至少可以看出三个理由。

第一个理由是照看父母坟茔。欧阳修的父母都葬在吉州，没有得力子弟照看。到离家较近的洪州就职，方便修缮坟茔。另一方面，他居京日久，身处高位，却始终不曾回乡扫墓，身为人子心中有愧。欧阳修说，当初母亲去世，归葬乡里，因为守丧期间行动受限，所以没能事事周全。他曾在母亲墓前仰天痛哭，拍打着胸口发誓，说等服丧结束，就请求回江西任职，方便就近照料。他要在墓旁种植松柏，要置办田产招揽佃户、保障祭祀供给，要建造房屋，要树碑刻字……尽管时间匆促，事情繁杂，还是希望一两年内就处置完毕，让父母安心长眠。据欧阳修描述，他痛哭发誓时，父老乡亲、亲戚朋友，可都在墓旁听着呢！[①] 然而事与愿违，至和元年回朝后，他请求外任就没有被批准；到嘉祐四年，距离母亲下葬已经过了足足七年。想到自己贪恋俸禄，没能信守诺言，欧阳修内心十分悲痛。

第二个理由是身体衰病难支。欧阳修刚过五十岁，却已经浑身是病。早

---

① 《欧阳修全集》卷九十一，《乞洪州第六状》，第 1343—1344 页。

在十多年前，他就患上了眼疾；如今更是两眼昏花，有时干涩难忍，有时又眼泪直流；看东西久了，眼睛就像刀割一样疼痛，甚至不得不多次请假休养。他的四肢也日渐衰弱，腿脚不便，双臂不时疼痛，指节常常痉挛，一举一动都要比以前多费很多力气。伏案处理公文太过劳累时，甚至气血凝滞，连双臂都举不起来。除了这些长期缠身的病痛之外，偶发的急症更是不知多少。嘉祐三年（1058），他正和大家坐在一起迎接韩绛进入学士院，突然一头栽倒，原来是得了风眩；嘉祐四年，他又患上喘疾，请了几十天假；嘉祐五年（1060），他的耳朵像被堵住似的，听不清声音……时而两颊肿胀，时而膝盖生疮，各种病痛轮流折磨着他的身体，也不断消耗着他的心神。

第三个理由是内心渴望归隐。这个理由没有出现在乞求外任的奏疏里，却时时刻刻体现在知交好友的书信中。经历了多年的政坛风雨，又身负一代文宗的名声，欧阳修承受的压力太大了。当公务繁忙，终日奔波时，他渴望尽早从重任中解脱出来；当诸事已了，一身轻松时，他又感到自己碌碌无为，于事无补。在嘉祐四年所作的《秋声赋》中，欧阳子感叹人生在世"百忧感其心，万事劳其形"，常常"思其力之所不及，忧其智之所不能"，正是他这一时期心态的真实写照。欧阳修人在庙堂，心却在江湖。在这段时间里，他时常想起颍州，想起那起起伏伏的山峰，郁郁葱葱的树林，想起那淳朴安乐的民风，一碧万顷的西湖。倘若能够纵一叶扁舟，在那佳山秀水之间弹琴饮酒，该是多么美好的事情啊！进京之前，他就已经和梅尧臣约好，要在颍州置办田产，趁着身强体健尽情游乐，切莫等到年老需要搀扶。如今心愿未成，自己却已须鬓皆白，满身病痛，怎不令他感伤！[1] 他告诉好友王素，自己天天梦到回归南方，如同一个囚徒渴望摆脱镣铐。[2]

（二）"包严"与"欧宽"

朝廷没帮欧阳修减轻负担，反而交给他一个艰巨的使命：权知开封府。

---

① 《欧阳修全集》卷四十二，《续思颍诗序》，第 605 页。
② 《欧阳修全集》卷一百四十六，《与王懿敏公书（六）》，第 2389 页。

开封是北宋都城，上有朝廷百官，下有众多百姓。嘉祐八年（1063），开封府共管辖二十二个县，三十八万人口[1]。所有户口、赋役、刑狱、治安、宗教等事务，都属于开封府的职责范围。

开封府最广为人知的知府当属包拯。他不仅在文学曲艺中威名赫赫，被称作"包青天"，在历史上也是刚正严明，令人畏惧。过去，百姓打官司是不能直接进入开封府庭院的，要先到门前府吏（称为"牌司"）那里投递状牒。但这样一来，府吏就有了上下其手的空间。包拯做知府，不需要状牒，也不需要电视剧里那面"击鼓鸣冤"的鼓，直接大开正门，谁来告状都可以径直进入。对权贵违法或者损害百姓利益的行为，他也毫不留情。惠民河河水曾经泛滥成灾，原因是宦官、势族在河上建了许多园林水榭，堵塞了河道。包拯二话不说，将它们通通拆除。类似的事情多了，他的威名便人尽皆知，贵戚、宦官为之敛手。当时人们把"包拯笑"比作"黄河清"，因为没有人见过黄河水清，也没有人见过包拯发笑。

包拯在民间太有名了，就像开封府的代言人一样。事实上，他权知开封府的时间不过一年多，而嘉祐三年六月权知开封府的欧阳修正是他的后一任。

问题来了，身体衰弱、双眼昏花的欧阳修，该如何扮好这个"黑脸包公"的角色呢？

欧阳修没有打算成为第二个包公。他认为每个人各有所长，不能舍弃自己的长处，强求自己的短处。欧阳修的长处是什么呢？就是为政"宽简"。无论是在扬州还是南京，他都能剔除繁冗，简化政务，用宽缓易行的政令引导百姓安居乐业。在开封府也是如此。包拯在任时，刚正严明，名震京城，百姓能够自由入府告状；欧阳修到任后，简易循理，惩恶扬善，案件发生的数量大大减少。相比之下，欧阳修或许没有留下惊人的举止或显赫的"政绩"，但事务井井有条、百姓生活安宁，在他看来远胜于投俗所好、谋求声誉。到了明代，开封府照壁两旁还立着两块小小的牌坊，左边的写着"包严"，右边

---

① 见马端临《文献通考·户口考二》。

的写着"欧宽",纪念他们截然不同的治理之道。

韩绛告诉欧阳修:"百姓们都在说,您还能多管一个开封府。"这话无疑是对欧阳修治理能力的肯定,但未免有些夸大。事实上,开封府事务太过繁杂,即使是欧阳修也要耗费大量的精力。自从患上眼疾,他已经十年不曾点灯看书了。如今白天要安排公务,签字署名,每天晚上还要在灯下阅读几十页的公文,这使他的眼病屡屡复发,苦不堪言。

另一件让他苦恼的事是频繁的内降。

在宋代,诏令颁发前通常需要经过中书审议,这使得皇帝无法专权妄为,权力在监督和制约下稳定运行。越过中书直接下发的内降,则破坏了权力制约机制,也为皇亲、宦官、权贵女眷等提供了通过请托谋取私利的渠道。仁宗朝内降不少,但正直的臣僚也很多,从中书、枢密院到接收内降的官员,都经常拒绝执行。仁宗心中也明白内降有害无利,因此不时下诏禁止;但请托一多,又难免重开内降之途。于是,内降就在皇帝与臣僚的彼此牵制中时而减少,时而泛滥。

欧阳修知开封府不到两个月,已经接到十份内降,这令他十分忧虑。宦官犯了事,有内降求情;宫女犯了事,有内降求情;就连官府衙门里的小吏犯了事,也有内降求情!欧阳修拒绝执行,接二连三地上奏,但内降又接二连三地下发。有个叫梁举直的宦官,私自役使官兵,被扭送到开封府审查,紧接着就有内降,要免他的罪。内降连下三次,欧阳修连拒三次,并上札子严厉地说:包庇小臣,扭曲法律,如果前代君王做出这种事情,是要记录在史册里的呀!身为臣子,"岂可阿意顺旨,为陛下曲法庇纵小臣,以彰圣君之失?"[1]

同时,他还请求完善法律,对请求内降者严厉惩处。仁宗朝的内降主要分为两种,一是请求恩赏,二是减免刑罚。八年前,谏官陈旭上奏,希望将通过内降请求恩赏者审问定罪。仁宗听从了他的建议,并下诏"敢因缘干请者,

---

[1] 《欧阳修全集》卷一百一十一,《论梁举直事封回内降札子》,第 1683 页。

谏官、御史察举之"①。没过多久，镇海留后李璋求内降做节度使，被陈旭弹劾，判处罚铜二十斤。从此以后，就很少有人通过内降乞求恩赏了。但通过内降减免刑罚的还有很多。欧阳修请求，今后但凡发生这种情况，要彻查请求内降者，缉拿审问，重加责罚；想要减免刑罚的犯人，加罪二等；情节较重或不断请求内降的，还要通报御史台弹劾。他相信，只有像这样严明法律、令行禁止，才能彻底阻止小人扰乱朝廷，败坏纲纪②。

透过这项主张，我们能看到欧阳修为政"宽简"的另一面，就是对典型的违法犯罪行为决不姑息。只有树立法令的威严，才能保障各项事务顺畅运行，吏民各安其道。

然而，现实中的大多数事务总是介于"宽简"与"严厉"之间：既简化不下来，又严厉不到位。这次，仁宗没有听取欧阳修的意见，下诏禁止内降减刑。

更遗憾的是，并非每位皇帝都能像仁宗一样，保持基本的克制与理性。到了神宗朝，内降数量大大增加，范围也扩大到国家政务的方方面面；敢于挺身而出，抵制内降的大臣却寥寥无几。到了徽宗朝，内降摇身一变成了合法诏令，违反内降者"以违制罪之"；此时的三省"但奉行御笔而已"。权力制约机制被彻底破坏，政治决策失误率大大增加，北宋王朝在亡国之路上越走越远了。

当然，欧阳修并不知道这些身后事，此时的他还在盼着退休。

在他的苦苦请求下，朝廷免去了他刚刚担任八个月的知府职务，但马上又任命他担任给事中，同提举在京诸司库务。欧阳修连上两份札子推辞。第一份讲道理，说自己才知开封府半年多，因为生病才请求免职，应该被责罚，怎么能又迁转呢？第二份引先例，说吕公弼、王素、蔡襄这些免职之后依然供职于京城的前任知府，都不曾迁转，自己也不该迁转。

---

① 《宋史》卷十二，《仁宗四》，第 230 页。
② 《欧阳修全集》卷一百一十一，《请今后乞内降人加本罪二等札子》，第 1686 页。

不久，他索性又上了一份《举吕公著自代状》，说吕公著有古代君子之风，一定会成为名臣，希望他来代替自己。

（三）二度论均税

想辞的职没辞成，该做的事还得做。嘉祐五年，欧阳修先后就茶法、马政、均税等事务发表过看法。其中方田均税一事上承庆历，下接熙丰，欧阳修在其间的态度变化值得关注。

仁宗后期，北宋的财政问题逐渐显现。皇祐年间，全国已经开垦的土地面积比真宗景德年间增加了四十一万七千多顷，每年征收的谷物却减少了七十一万八千多石。

这是怎么回事？

原来，当时赋税的征收和管理存在不少弊端。有些方法可以逃避赋税，比如隐瞒土地、假称流亡、冒充佃户等。还有些方法可以转嫁赋税，比如有些土地虽然被富户兼并了，但赋税仍然在原主人名下；有的官吏贪赃枉法，私改簿籍，将地主的赋税转嫁到农民身上；有的官吏将流亡百姓的赋税摊派给四邻。这样一来，赋税不仅总量减少，而且出现了严重的不公。

为此，宋代多次尝试"均税"。官员郭谘创立了"千步方田法"，通过测定土地面积，明确每户应缴的税额。他在饱受田赋问题困扰的洺州肥乡县试验，取得了很好的效果，先后为四百户无地的百姓免除了赋税，为一百户逃税的人家确定了赋税，追缴拖欠税款八十万。流亡在外的百姓听到消息，纷纷返回。

庆历年间，欧阳修通判滑州，从秘书丞孙琳那里听闻此事，就向邻近州军打听是否需要均税。不问不知道，一问吓一跳，据说目前收上来的赋税大概只有应缴数量的一半。他刚准备上奏，恰逢朝廷命令三司讨论均税方案，就推荐了郭谘和孙琳。三司了解"千步方田法"后，也非常认可，便派郭谘和孙琳前往田赋问题突出的蔡、亳、寿、汝四州进行均税。

然而，两人只完成了一个县近两万七千顷农田的均税工作，就中止了。原因有两个，一是郭谘进言说，田主逃亡的田地太多，无法全部清查。二是朝廷体恤均税官员太过劳苦。有学者认为，这些说辞的背后，其实是政府不愿触犯豪强兼并之家的既得利益[①]。

但赋税流失、财政入不敷出的问题持续恶化。嘉祐四年，朝廷再次下诏均税。还是千步方田法；还是郭谘、孙琳，前者入朝讨论细则，后者派往地方执行；除此之外，还先后数次命令包拯、张揆、吕公弼、吕景初、司马光等人详定法条。

但这次均税依然招致了许多非议。先是刘敞上奏均税扰民。他指出河中府均税过程中存在三类问题：一是时值灾荒，百姓担心增税，纷纷砍伐桑柘，直到转运使张榜告谕才停止；二是根据土地肥瘠确定税收等级时，存在分等不妥、官吏徇私等问题；三是山田崎岖不平，面积很难测算，但孙琳急于求成，不出一月就宣告完工，导致民众不满。

后来，欧阳修也进呈《论均税札子》，列举各地均税过程中的三项扰民行为：一是没有平衡原本就不公平的赋税，反而额外增加税额；二是追缴往年赋税，甚至追溯到五代时期的虚账；三是盐税田税重复征收，甚至在禁盐地区也以土地有条件制盐为由收税。他指出，这些行为都违背了朝廷"均税便民"的本意，导致百姓怨声载道。

这次均税命运如何？很可能在几个州施行之后，就随着仁宗去世自行中止了。

这里有必要分析一下欧阳修的态度。在庆历年间建言均税，积极举荐人才的他，为什么到了嘉祐年间却请求停止均税，极言此事不便呢？

首先是庆历新政的失败使他意识到均税不易。均税的困难不在于口舌之争，而在于施政过程中的人才匮乏与措施变形。早在庆历年间，欧阳修就指出均税者"多是不知均定之术，或严行刑法，或引惹词讼，或奸民欺隐，或官吏诛求，税未及均，民已大扰"[②]；到了嘉祐年间，他所举上述扰民行为，

①　参见邓广铭《北宋政治改革家王安石》，北京：生活·读书·新知三联书店，2007年版。后引此书皆此版本。
②　《欧阳修全集》卷一百零三，《论方田均税札子》，第1575页。

更是全部指向地方官员贪图政绩，施政无方。没有素质良好的官吏队伍，好的方法也难免产生坏的结果。欧阳修一生重视吏事，对此感受更深。

但如果换一个角度看，他当年明知其他地区"民已大扰"，却仍然坚信郭谘的方法"简当易行""公私皆利"；如今虽然知道均税有利于民，却因为执行偏离政策就上奏请罢，并声称"朝廷行事至难"[①]。前后对照，折射出的何尝不是一次理想主义的退潮呢？见惯了政策的反复，承受着身心的疲惫，欧阳修的思想更趋保守了。

事实上，他和刘敞反映的问题并非不可纠正。十二年后，王安石变法颁布了《方田均税条约》。条约明确了田亩测量方法、土地等级划分方法，并规定测量结果需要张榜公示，在一个季度的公示期内没有反对意见，才分发土地凭证。条约还规定，均税过程中不得增加税额，不得对盐碱地、山林、陂塘等收税。此外，如果所在地区遇到三分以上的灾伤，就要停止方田均税工作。这些规则无疑是充分吸收前人经验的结果。经过 13 年的实施，共清查土地两百余万顷，约占当时全国纳税土地总面积的 54% 左右[②]。

此外，由于全国田亩众多，测量工程浩大，在方田均税法实行与废止的背后，还涉及另一组关系的权衡，就是短期投入与长远收益。元丰年间，开封府上奏，按照当时的进度，每年只够测量两个县的田亩，将整个开封府的农田清查完毕需要十年。朝廷听取建议，诏令"岁方五县"，但山地、林地等地势复杂的田地，从此就"或行或否"[③]，不能测量到位。从长远来看，清查田地、均衡税赋无疑对朝廷与百姓都有好处；但当它牵扯大量人力，旷日持久时，朝廷是否有足够的耐心，政策又能否保证它的连续性呢？庆历年间郭谘均税中止后，有人评价朝廷"徒恤一时之劳，而失经远之虑"，这是有道理的。

（四）怀友泪如沟

从至和元年到嘉祐中期，欧阳修一直承担着修《唐书》的工作。期待外

---

① 《欧阳修全集》卷一百一十三，《论均税札子》，第 1708 页。

② 参见邓广铭《北宋政治改革家王安石》。

③ 《宋史》卷一百二十七，《食货上二》，第 4200 页。

放退休的他，把修《唐书》当成了在京的最后一项重要工作。至少当时他是这样想的。

被任命知开封府，他上疏拒绝，说《唐书》还有三五个月就修完了，"候《唐书》成日，乞一外任差遣，以养衰残。"①

卸任开封府，他又给王素写信："只候夏秋《唐书》了成，褪却梅二，遂决南去。"②

和欧阳修一起修书的"梅二"，就是他的老朋友梅尧臣。从天圣九年到嘉祐元年，他们相交相知已经二十五年，友谊历久弥坚。

嘉祐元年，梅尧臣乘船从汴河入京，欧阳修闻讯赶来，一边埋怨消息不通，"汴渠千艘日上下，来及水门犹未知"，一边责怪自己来得太迟，"五年不见劳梦寐，三日始往何其迟"③。梅尧臣安顿下来后，连续几天下雨，路上的泥水没过了小腿。他正在寂寥偏僻的小巷中望着阴雨发呆，突然听到一阵车马声由远及近——欧阳修又来看他了！潮湿的柴火哔哔剥剥地响，两人对坐下来，烹一壶清茶，在四壁萧然的屋子里说说笑笑，乘兴赋诗。梅尧臣说："老虽得职不足显，愿与公去欢乐同。欢乐同，治园田，颍水东。"④欧阳修说："与翁老矣会有几，当弃百事勤追随。"⑤虽然五年没见，但梅尧臣依然最懂欧阳修，欧阳修也还和梅尧臣最亲密。

从此，两人便时常相聚，彼此唱和。

早晨，欧阳修刚刚退朝，迎着残冬拂晓的清寒，听到槐树深处鸟儿的鸣叫，突然诗兴大发，就给梅尧臣写诗，梅尧臣也作诗应和。

晚上，梅尧臣在广文馆值班，守着堂前一盏孤灯，听着窗外雨滴落在树叶上滴滴答答的声音，摸着冰冷的桃木席，心中越发感到孤独。想到欧阳修

① 《欧阳修全集》卷九十一，《辞开封府札子》，第 1337 页。
② 《欧阳修全集》卷一百四十六，《与王懿敏公书（六）》，第 2389 页。
③ 《欧阳修全集》卷六，《答圣俞》，第 96 页。
④ 梅尧臣撰，朱东润编年校注《梅尧臣集编年校注》卷二十六，《高车再过谢永叔内翰》，上海：上海古籍出版社，1980 年版，第 877 页。后引此书皆此版本。
⑤ 《欧阳修全集》卷六，《答圣俞》，第 96 页。

也在学士院值班，就作诗相赠："谁知广文直，桃簟冷于冰。"[1]欧阳修则宽慰他"无嫌学舍冷，文字比清冰"[2]，不要嫌广文馆环境清冷，你的诗句更加清新隽永。

元旦，梅尧臣看到残雪消尽，万象更新，人们饮屠苏，戴彩胜，一派欢乐景象，他又想起欧阳修，"独爱开封尹，钟陵请去频"[3]。"钟陵"就是洪州，他交好的不是端坐开封、统御万民的欧阳修，而是频频请辞、希望和他一起逍遥江湖的欧阳修。欧阳修也写诗回应："犹能自勉强，顾我莫辞频"[4]，我年老多病可还能勉强支撑，你可一定要多来看看我呀。

重阳，欧阳修亲手栽种的菊花开了，秋风袅袅，浮云淡淡，一阵微雨过后，洗濯过的花瓣更加明艳。欧阳修寄诗梅尧臣，邀请他饮酒品菊："我有一樽酒，念君思共倒。上浮黄金蕊，送以清歌袅。为君发朱颜，可以却君老。"[5]梅尧臣也作诗应和："庄生语鹏鷃，乐不计大小。能齐乃有余，但恐知者少。常爱阮嗣宗，遇酒醉则倒。杯中得贤趣，世上逐金袅。"[6]正可谓不求荣华富贵，只求与君同醉。

这几年里，他们就这样徜徉在充满诗性的生活中，享受着彼此唱和的乐趣。有一次，狂风大雪，寒气逼人，梅尧臣一早就作诗调侃："冻吟谁料我，相与赌流霞。"——这冰天雪地的，我都冻得瑟瑟发抖了还在吟诗，都是因为欧阳修跟韩绛打了个赌，说我今天有诗，不然他就输一杯酒。[7]还有一次，欧阳修的家人见他总是给梅尧臣寄诗、索诗，责备他说："好时节将诗去人家

---

[1] 《梅尧臣集编年校注》卷二十七，《八月十夜广文直闻永叔内当》，第970页。

[2] 《欧阳修全集》卷五十七，《奉答圣俞宿直见寄之作》，第824页。

[3] 《梅尧臣集编年校注》卷二十九，《嘉祐己亥岁旦永叔内翰》，第1067页。

[4] 《欧阳修全集》卷十三，《奉答圣俞岁日书事》，第217页。

[5] 《欧阳修全集》卷七，《西斋手植菊花过节始开偶书奉呈圣俞》，第109页。

[6] 《梅尧臣集编年校注》卷二十七，《依韵和永叔内翰西斋手植菊花过节始开偶书见寄》，第977页。

[7] 《梅尧臣集编年校注》卷二十七，《二月五日雪》，第928页。

厮搅"；欧阳修呵呵一笑说，"不知吾辈用以为乐尔"①。

嘉祐初年，欧阳修已经官居翰林学士，他们年少时的朋友富弼早已拜相，韩琦也担任了枢密使；而梅尧臣虽然诗名远扬，却仕途多舛，直到五十岁时才召试馆阁，赐同进士出身。欧阳修与梅尧臣的交情不问官职，全在知心，但也不能看着老朋友困窘京城，于是一有机会就举荐他。嘉祐元年，欧阳修与赵概等共同推荐梅尧臣担任国子监直讲；嘉祐二年，欧阳修知贡举，梅尧臣担任小试官；后来，欧阳修又极力推荐梅尧臣进入《唐书》局。

受命修《唐书》时，梅尧臣对妻子刁氏说："我修书，可谓是'猢狲入布袋'啊。"猢狲生性好动，进布袋后自会受到约束。妻子回他："你当官，不正是'鲇鱼上竹竿'吗？"鲇鱼浑身光滑，上竹竿是定然上不去的。梅尧臣哈哈大笑，"猢狲入布袋，鲇鱼上竹竿"这组巧对自此流传。②

在日常生活中，欧阳修也不时关照梅尧臣。梅尧臣初至京城，衣衫单薄难以过冬，欧阳修赠他二十匹绢，供他全家上下使用，梅尧臣感慨"古来朋侪义亦少，子贡不顾颜渊空"③。

驸马都尉李太博家的银杏果熟了，欧阳修得到后分赠梅尧臣。银杏本生江南，北方当时极为罕见，梅尧臣不禁感慨平生漂泊，年华逝去："岂无异乡感，感此微物遭。一世走尘土，鬓颠得霜毛。"④欧阳修也作诗回应他："物性久虽在，人情逐时流。惟当记其始，后世知来由。"⑤一语双关，既写出银杏"物性久在"，又暗示二人情谊深远，不比流俗。

沧州向防御寄来一种名叫"达头鱼"的海鱼，前所未闻，欧阳修特地分给梅尧臣尝鲜。梅尧臣作诗一首，欧阳修也随之应和："聊兹知异物，岂足荐佳客。一旦辱君诗，虚名从此得。"⑥重要的不是罕见的海鱼，而是梅尧臣的

---

① 《欧阳修全集》卷一百四十九，《与梅圣俞书（其四十三）》，第 2463 页。
② 《归田录》卷二，第 28 页。
③ 《梅尧臣集编年校注》卷二十六，《永叔赠绢二十匹》，第 884 页。
④ 《梅尧臣集编年校注》卷二十七，《永叔内翰遗李太博家新生鸭脚》，第 959 页。
⑤ 《欧阳修全集》卷七，《和圣俞李侯家鸭脚子》，第 106 页。
⑥ 《欧阳修全集》卷八，《奉答圣俞达头鱼之作》，第 128 页。

诗歌。

梅尧臣的生活虽然清贫，却也忘不了欧阳修。他家乡宣城有一位名叫诸葛高的笔工，世代造笔，技艺精湛。梅尧臣得到他的笔，转赠欧阳修："是以持献公，不使物受屈。"[①] 欧阳修也很高兴，因为京城的笔"价高仍费钱，用不过数日。岂如宣城毫，耐久仍可乞"[②]。

还有一次，梅尧臣得到了在当时很难得的建茶，特地送给欧阳修。感激之余，欧阳修又担心梅尧臣家没茶待客，专门分出一半交回给他。[③]

当然，生活并不总是安乐适意的。两人筋骨渐衰，抚今忆昔，免不了颇多感伤。一次，欧阳修向梅尧臣索要当年谢绛游嵩山后写给他的信来看，往事一下涌上心头。他们想起铜驼巷游春寻花的见闻，想起嵩山道登危览胜的欢乐，想起少林寺灯前评诗的热烈，又想起那一切其实已经过去近三十年了。谢绛、尹洙、杨愈、王复，一个个名字都已化作尘埃，只有他们二人尚在人世。梅尧臣不禁悲从中来，提笔作诗："唯与公非才，同在不同昔。昔日同少壮，今且异肥瘠。昔日同微禄，今且异烜赫。……死者诚可悲，存者独穷厄。但比死者优，贫存何所益。"[④]

虽然关系亲密，但二人毕竟身份不同，这也给京城生活多少增添了一些避忌。梅尧臣一度不上欧阳修的门，欧阳修致信埋怨，梅尧臣回信说"不登权门"。欧阳修只好又写信，先劝梅尧臣不要这样，自己晚上一般都在家，希望他多来看自己；又说外任蔡州应该是可以等到的。显然，两人始终都存着一颗向往江湖的心。

嘉祐四年夏天，欧阳修得了喘疾，在请假的几十天里，他"深思外补，以遂初心。而《唐书》不久终篇，用是更少盘桓"[⑤]。

---

① 《梅尧臣集编年校注》卷二十九，《次韵永叔试诸葛高笔戏书》，第 1093 页。

② 《欧阳修全集》卷五十四，《圣俞惠宣州笔戏书》，第 768 页。

③ 《欧阳修全集》卷一百四十九，《与梅圣俞书（四十六）》，第 2463 页。

④ 《梅尧臣集编年校注》卷二十八，《永叔内翰见索谢公游嵩书感叹希深师鲁子聪几道皆为异物独公与余二人在因作五言以叙之》，第 1018 页。

⑤ 《欧阳修全集》卷一百四十六，《与赵康靖公书（四）》，第 2380 页。

年末，《唐书》终于完稿，只差誊写完善，进呈皇帝了。欧阳修如释重负，认为终于可以"决南昌之请，自此一作茧处矣"①。

欧阳修曾写过一组《归田四时乐》，不过自己只写了春、夏两首，秋、冬两首则约梅尧臣完成。欧阳修写"吾已买田清颍上，更欲临流作钓矶"，梅尧臣就写"我虽爱之乏寸土，待买短艇归江湖"。欧阳修写"田家此乐知者谁，我独知之归不早"，梅尧臣就写"田家此乐乐无涯，谁道一生空汩没"。这组诗无疑成了二人寄身江湖、终老此生的心愿结晶。②

然而，嘉祐五年四月二十五日，一个噩耗传来：梅尧臣去世了。

事情是在短短八天之内发生的。那天，梅尧臣去探望病危的好友江休复，脸色很差。次日仁宗赐宴群臣，梅尧臣勉强前往，内食寒水，外中风邪，就此一病而亡。

欧阳修扶着老友的灵柩，"泪流如沟"③。

他想起自己年初生了一场病，还专门派人向梅尧臣讨药。④梅尧臣比他大五岁，身体却比他好；虽然生活清贫，脸颊却丰满红润。他从来没有想到，梅尧臣竟会突然辞世。

他想起不久前梅尧臣升任都官员外郎，众人聚饮庆祝。刘敞调侃了一句："梅尧臣这辈子就只能做都官了。"众人大惊失色。刘敞解释说："郑谷郑都官诗名远扬，梅尧臣你怎么会输给他呢？"话虽这么说，梅尧臣却很不开心。如今，那戏谑之言却一语成谶。

他又想起伊水之滨的初逢，梅尧臣一袭青衫，一匹白马，何等令人心折；辞气凌云，一饮百杯，又是何等豪迈。八节滩的水声犹在耳畔，拥鼻吟咏的谢绛却不在了，能言善辩的尹洙也不在了；如今，连日日酬赠、相约归田的

---

① 《欧阳修全集》卷一百四十六，《与王懿敏公书（七）》，第 2389 页。

② 《欧阳修全集》卷八，《归田四时乐春夏二首》，第 130 页；《梅尧臣集编年校注》卷三十，《续永叔归田乐秋冬二首》，第 1142 页。

③ 《欧阳修全集》卷八，《哭圣俞》，第 133 页。

④ 《欧阳修全集》卷五十四，《乞药有感呈梅圣俞》，第 771 页。

梅尧臣，也要弃他而去了吗？

三个月后，欧阳修进奏《唐书》二百二十五卷。修书官员全部进秩或加职，但欧阳修的身边已经没有了梅尧臣，那句"褫却梅二，遂决南去"也成了一纸空约。

欧阳修被任命做礼部侍郎，他两次上书推辞，并连上乞洪州第五札子、第六状、第七状，执意请外，但始终未获批准。欧阳修不禁感慨："事与心违，无一是处。未知何日遂得释然，一偿素志于江湖之上，然后归老汝阴尔。"①

朝廷的任命却接踵而至。嘉祐五年九月十六日，欧阳修拜枢密副使；嘉祐六年闰八月二十一日，转户部侍郎、参知政事，进封开国公。

欧阳修的升迁，离不开韩琦的举荐。据说，韩琦曾对仁宗说："韩愈是唐代的名士，天下人都盼着他做宰相，却始终没被重用。如果韩愈做了宰相，未必有补于唐；但他没做宰相，人们至今还在责备朝廷不识贤才。欧阳修就是今天的韩愈，您不重用他，未来的人又会怎么看待大宋呢？"于是，仁宗听取了韩琦的建议。

欧阳修升任参知政事的时候，韩琦已经成为首相。这一对曾经并肩作战的密友，又将共同站在朝堂上，迎接下一个风云诡谲的时代。

---

① 《欧阳修全集》卷一百四十六，《与王懿敏公书（八）》，第 2389 页。

第五章

忧国心危百箭攻

一、仁宗立储

（一）焦虑的皇帝

嘉祐八年（1063）三月二十九日夜里，宋仁宗驾崩于福宁殿。

仁宗患病已经一段时间了，对于皇帝随时可能出现的各种情况，宫内实际已经准备了相应的处理措施。对于国家而言，老皇帝殡天后，最重要的问题当然是如何稳定地完成政权的交接，避免任何可能出现的动荡。

前一天白天，仁宗的饮食起居还比较正常。到了半夜睡觉的时候，他突然起身，急切地让内侍拿药，并且还要求叫皇后过来。等到曹皇后来到他身边的时候，仁宗已经无法说话了，只是痛苦地指着自己的心口。皇后赶忙召医官来诊视，给皇帝喂药、艾灸，却已经无力回天。仁宗五十四年的人生、四十余年的皇帝生涯就这样画上了句号。

面对这样的情形，侍奉在旁的内侍们第一反应就是打开宫门，召宰辅大臣们入宫主持大局。曹皇后还是比较冷静的，她说道："这时候怎么能夜开宫门！你们赶紧秘密通知各位宰辅，让他们明天黎明就入宫。"紧接着又下令去御厨取粥。原本医官都已准备出宫，曹皇后又赶紧把他们都召回来，派人在宫禁中守着。这些举动其实都是为了向外封锁仁宗驾崩的消息，防止出现意外情况。

第二天一早，宰相韩琦、曾公亮，枢密使张昇，参知政事欧阳修、赵概，枢密副使胡宿、吴奎等人便来到了皇帝的寝殿，得知了官家上仙的消息。在痛哭之余，他们必须与皇后一道"定议"，也就是商量下一步的安排。其实也没有什么可以商量的，在嘉祐七年（1062）八月，仁宗目前唯一在世的儿子赵曙已被立为皇子，他是确定无疑的皇位继承人。

为今之计，必须让皇子尽快即位，以完成权力的平稳交接。于是赵曙被召入宫中，得知了仁宗晏驾的消息。辅臣们请皇子赵曙即位，他却惊恐地说："我不敢做！我不敢做！"说着转身就跑。在场的辅臣只好追上他，一起将他抱住，有的解开他的头发，有的给他披上御服。赵曙就是在这样近乎闹剧的场景中身登大宝，成为北宋的下一任皇帝——宋英宗。

赵曙即位时的惶恐是可以理解的，他走向皇帝之位的道路着实充满着坎坷和意外。

这位新皇帝并非仁宗的亲生儿子。赵曙原名宗实，是濮王允让的十三子。当年宋真宗的皇子赵祐夭折后，便将弟弟元份之子允让接到宫中抚养。七年后，真宗的亲子赵祯，也就是仁宗降生，允让又被真宗用箫韶部乐送回到自己家中。也许是有过被养在宫中的经历，濮王的身份地位在众多宗室中显得很特殊。景祐二年（1035），仁宗迟迟无子，便想效法自己的父亲，养一个宗室的孩子在宫中。选来选去便选中了濮王家的十三子——当年只有四岁的宗实。

景祐四年（1037）仁宗长子昉出生，遗憾的是这位皇子出生当天便夭折了；宝元二年（1039），仁宗次子昕出生。此时，养在宫中的宗实已经完成了自己"招弟"的任务，很快便被送回了濮王府。

故事发展如果停留到这里，那无疑是皆大欢喜的，宗实或许将安稳地度过自己的余生，当一个循规蹈矩的宗室成员，偶尔将宫中的短暂生活作为美好的回忆。而历史的残酷和戏剧性却在仁宗生子立储的问题上显现，宝元二年出生的赵昕半年后便不幸夭折；庆历元年（1041），又一位备受期待的皇子降生，这位皇子被取名为曦，仁宗对他爱如珍宝，封他为鄂王，遗憾的是他也没有活过两岁。

失去第三个儿子时，宋仁宗不过才三十四岁，还没有太多人替春秋鼎盛的皇帝担心，包括仁宗自己都坚信，皇子的诞生不过是早晚的事。然而随着时间的推移，宫里陆陆续续呱呱坠地的都是公主，皇子迟迟未见。皇帝已经年过四十，无子的焦虑逐渐浮上水面。

皇祐二年（1050），京城曾发生过一桩耸人听闻的大案。当时，开封城里突然冒出个名叫冷青的年轻男子，到处说自己是仁宗流落民间的儿子，是地地道道的皇子。据冷青自己所述，他的母亲曾是在宫里侍奉的王姓宫女，得到过仁宗的宠幸，后来离宫之时已经有了身孕，生下的孩子便是自己，毫无疑问自己是仁宗的亲骨血。这些话如同爆炸新闻般传遍了开封的大街小巷，大家关注的目光都集中到了皇家的八卦上来。此事关系到国本，时任权知开封府的钱明逸只能先将冷青抓起来。谁知到了公堂前，冷青竟然摆起了皇子的架子，呵斥道："明逸见到我怎么不起身！"情急之下钱明逸还真被唬住了，吓得赶紧站起身来。

一番审问下来，钱明逸也拿不准此人的话是真是假，决定干脆把他当作疯子，送到汝州看管起来，把这事稀里糊涂弄过去算了。时任开封府推官的韩绛指出，不能把冷青留在民间，还指不定闹出什么谣言来呢。估计仁宗自己也实在想不起自己是否临幸过一名姓王的宫女，只好召集臣僚来商议此事。一些大臣提出，不如把冷青迁到江南看管起来，总之远远地离开朝廷就好。翰林学士赵概却认为这样做不妥，他说："如果冷青所言不虚，他便是皇上的骨血，怎么能放逐到江南呢？如果他说的是假话，那就不能不杀他。"仁宗想了想，是这个道理，便让赵概和知谏院包拯一同彻查此案。

各方查探之后，总算把事情弄明白了：冷青的母亲王氏确实在宫中侍奉过，后来因为禁中失火，她便被赶了出去。王氏后来嫁给了一位医生名为冷绪，先生了一个女儿，然后才生了冷青。由此可见，冷青根本不可能是仁宗的孩子。他从小就不合群，后来漂泊到了庐山，也许纯属吹牛，也许是真的精神出了问题，他多次和人说自己是真正的皇子。说得多了，还就有人当了真，一名法号全大道的僧人便将他带到开封来认亲，这才酿成了这场案子。

案子水落石出后，仁宗君臣不禁都捏了把汗，幸好是查清楚了，幸好冷青和全大道没有更大的阴谋。无论如何，朝廷众人开始意识到，仁宗无子已经实实在在成为一个威胁国家安定的问题。

一晃，时间来到了至和三年（1056），仁宗已经47岁。这一年正月初一大朝会的时候，仁宗在殿上突然昏迷，随后虽然醒转过来，但长达半个月的时间里一直处于意识不清、胡言乱语的状态，到了二月末才完全康复。

仁宗的病给关心国家前途命运的大臣们敲响了警钟，皇嗣仍未确定，一旦皇帝有不测，国家随时可能陷入动荡。仁宗发病不能处理政务的那段时间，"中外忧恐"，作为国家中流砥柱的宰相文彦博、富弼、刘沆等人不得不设想到最坏的可能——仁宗驾崩，并为此做出预案。在他们眼中，最合适的皇位继承人就是曾被养在宫中的赵宗实。他们秘密写好了劝立宗实为皇嗣的奏议，准备交给禁中的仁宗过目，只要仁宗点点头，此事便可尘埃落定。幸好，仁宗的病逐渐好转，这一计划也就暂时搁置，那份没来得及进呈的奏议必须被藏起来——所有参与者都心照不宣地当作什么都没发生过。

拥立宗实的计划虽然被搁置，但催促仁宗早日立嗣却是刻不容缓。知谏院范镇抱着必死的决心率先上疏请求皇帝立嗣——仁宗此时并没有亲生皇子，立嗣就意味着要以宗室之子为继承人。为了说服仁宗，范镇还摆出了太祖舍其子而立其弟的例子，以及真宗将宗室子养于宫中的例子。

范镇上疏之后，仁宗没有给出任何回应。随后，殿中侍御史赵抃、并州通判司马光也先后上疏请求立嗣。当初文彦博、富弼等人谋划劝立宗实为皇嗣的时候，并没有与枢密院的官员商议，不久，枢密使王德用不知从哪里听说了此事，他夸张地双手合十放在额头上，嘴里说着："要把这尊菩萨摆在哪儿啊！"有人把王德用的话告诉了欧阳修，欧阳修气愤地说："这个老衙官知道些什么！"

身为翰林学士，立嗣问题自然也牵动着欧阳修的心，他在等待一个合适的时机劝说皇帝。进入五、六月，京城和河北等地遭遇了一场大水灾，仁宗下了罪己诏。灾异给了大臣们进一步讨论立嗣问题的机会。欧阳修上疏说道：

"陛下登基三十余年，储君之位却还未确立，可以说是一个比较大的缺漏。近期臣僚们向您建言，但圣意却久而未决，一些不识大体的庸臣愚士便生出了嫌疑之论。"所谓嫌疑之论，便是指因为大臣们建议立宗实为皇嗣，使得仁宗与宗实之间生出许多嫌隙。自古太子难当，在权力面前，即使是亲生父子也很难处理好关系，更何况是过继来的宗室家的孩子呢？欧阳修向仁宗分析，立皇嗣一事上承宗庙之重，下绝臣下之邪谋，是可以使君王之位更加安定的，不必听信庸人的嫌疑之论。

欧阳修当然也清楚仁宗心中的疑虑，一方面担心立皇嗣后会威胁到自己的权力，另一方面——也是最重要的一方面，仁宗还在期盼着自己亲生的皇子降生。鉴于这一点，欧阳修向仁宗建议，不妨从宗室子弟中选择较为贤明的先立为皇子，不一定非得立即立为储君，这样一来，既可以慢慢观察他是否真的贤明，又可以再等待亲生的皇子降生。

针对这个问题，欧阳修一连上了好几封奏疏，全都"留中不出"，也就是被皇帝留在禁中，不下发也不给予明确批示——仁宗摆明了要将此事冷处理。

面对皇帝的沉默，大臣们却步步紧逼。范镇就立储问题一连上了十九道章奏，仁宗实在没办法，只好在上殿时让范镇将章奏送至中书门下——他并非真的要听从范镇的建议，而是在用另一种方式拒绝。宰相们显然更能体会仁宗的难处，劝范镇道："你的建议官家都已知道了，但现在作出决断太难了。"范镇是个直肠子，反驳道："凡事只问是非对错，而不该问难易与否，诸位说今日难于前日，又怎知日后再作决断不会比今日更难呢？"

或许是为了堵住范镇的嘴，仁宗下令将范镇由起居舍人、同知谏院升为户部员外郎、兼侍御史知杂事，范镇坚决推辞不接受，说道："陛下如果觉得我说得不对，就该治我万死之罪；如果觉得我说得对，又岂能不先为宗庙社稷考虑，而忙着为我转官迁职呢？"仁宗前后下了七道圣旨催促他去御史台上任，范镇干脆辞职在家，闭门待罪。三个月后，范镇再一次上殿，百余日的殚精竭虑已经让他须发皆白，他将此前所上的十九份章奏又都抄录了一遍，恭恭敬敬地交给皇帝，恳切地求皇帝"为宗庙之计"，说到最后声泪俱下。仁宗也忍不住流泪了，说道："我明白你的忠心，也知道你说得对，但是，再等三两年吧！"三两年，是仁宗与大臣也是与自己的约定，他还想做最后的努力，他还在等待属于自己的皇子。

在等待的这两三年里，"立嗣"的问题还是不断被提起。嘉祐二年（1057）八月，备受仁宗疼爱的福康公主出嫁，借着这个机会，欧阳修又把立嗣的话题挑了起来。在这件事上，欧阳修希望能够以情动人，他不像范镇一样反复强调宗庙社稷，而是把仁宗放在一个普通人、普通父亲的位置上，试图引发皇帝的共情。欧阳修写道："人之常道，莫亲于父子之亲；人之常情，亦莫乐于父子之乐。陛下从前虽然没有皇嗣，却尚有公主之爱，以慰圣颜。如今公主出嫁了，不能时时陪伴在左右，陛下万几之暇，处于深宫之中，还能和谁说说话，谁还能贴心地关注您的喜怒哀乐呢？不如趁着这个机会，在宗室子弟中选择一个有才能的、可亲可爱的，作为皇子养在宫中，让他出入左右、问安侍膳，也能宽慰您的心情。"

这封动之以情的札子没有得到仁宗的回应，皇帝已经习惯于用沉默来应对这个话题。

（二）无奈的父亲　备选的儿子

时间来到了嘉祐三年（1058），上天似乎听到了仁宗内心的渴求，从下半年开始，接连传来后宫妃嫔怀孕的消息。后妃董氏、周氏都有了身孕，朝廷内外所有人都在期盼着能有一位皇子降生。内侍省早早就备下了金帛、器皿、杂物作为赏赐，甚至还把真宗当开封府尹时的官署潜龙宫修缮了一番，只等待未来的皇子来居住。

嘉祐四年（1059）四月，董氏临盆，生下的是一位女孩。五月，周氏临盆，生下的依然还是女孩。

仁宗的失望是可以想象的。好在不久之后，董氏和周氏又接连怀孕，他的心里再一次燃起了希望——也许这一次，上天会眷顾他。最起码，这个消息可以暂时堵住悠悠之口了。宰相韩琦建议仁宗在宫内设立学堂，选拔宗室子弟中谨厚好学之人进入学堂学习，从而进一步了解其学识、人品、能力——说白了，还是在劝仁宗选宗室子弟立为皇嗣。此时的仁宗没有继续保持沉默，而是很兴奋地说："后宫又有两位嫔妃马上要生产，你再等等吧！"

然而命运似乎是在捉弄这位可怜的天子、可怜的父亲，从嘉祐五年（1060）五月到嘉祐六年（1061）七月，董氏和周氏前后分别生下了皇十一女、皇十二女、皇十三女——无一例外，全都是女孩。

嘉祐六年皇十三女出生时，仁宗已经五十二岁了。他的年龄、他的身体状况无一不在残忍地宣告，拥有自己亲生皇子的希望已经非常渺茫了。更让人伤怀的是，仁宗最小的女儿皇十三女只活了短短六十一天。

在小公主离世的第二天，同知谏院司马光上殿奏事，请求将他在治平三年（1066）所上的三份章奏找出来，早日施行——这三份章奏提出的还是立储之事。仁宗自从治平三年大病一场后，呈现在外界的始终是"简默不言"的形象，这无疑是身体心理双重压力导致的，即使是执政在他面前奏事，他也只是点头应答罢了。如今，听到司马光的话，他沉思良久后竟出人意料地开口了："你说的是选宗室子弟为皇嗣的事吧？这是忠臣之言，一般人不敢说啊。"司马光叩首："臣说这番话，自谓必死，没想到竟被陛下接纳了。"从殿下望去，看不清仁宗的表情，只听皇帝说："这有什么要紧呢？古今都有这样的事。你把上殿札子送去给宰相吧。"——看得出，皇帝的态度松动了，他已经不再用沉默来应对，不再执着于与大臣们甚至与自己的命运抗争，让司马光把上殿札子送去给宰相，隐含着要宰相们商量讨论后施行的意思。

司马光却坚持让皇帝自己向宰相传达这一意思——毕竟，立嗣之事太敏感了，必须保证任何决定都是出自圣意才行，更何况，他现在还拿不准宰相的态度到底如何，担心送到中书门下后依然会被搁置起来。这一天，司马光去了中书门下向宰相汇报其他事情，汇报完之后，韩琦问他："今天还和皇上说了些什么？"司马光心想，事关国家大计，不能不让宰相韩琦知道，尤其是现在皇上态度有松动，必须得让他们知道此事，于是说："还说了有关宗庙社稷的事。"韩琦是何等聪明之人，一听这话就知道他的意思，也就不再多言。

在宋代的上殿制度中，官员们在殿上与皇帝讨论的事务，必须写成文字，称为上殿札子。一般在下殿后，官员们要拿着札子送往中书门下或枢密院，再由宰执将札子里的内容拿去向皇帝覆奏确认，最终才能付外施行。实际上，韩琦很希望司马光直接把这次的上殿札子交给中书门下，这样宰相们就能以此为契机正式将立储一事提上讨论的进程。可是左等右等，也没等来司马光的上殿札子。

于是，韩琦便找了个由头让殿中侍御史里行陈洙与司马光一起讨论行户的问题，陈洙屏退左右，悄悄和司马光说："在前几天的祭祀典礼上，韩公和我说：'听说你和司马君实关系好，君实最近向皇上提起立储的事，遗憾的是他没把上殿札子送到中书门下来。我们也想向皇上提起这个建议，但是不好以宰相的身份直接来提。'行户问题其实只是个幌子，韩公是想让我当面向您传达这个意思罢了。"

听了这番话，司马光心里就有底了。下一次上殿的时候，他把上一次关于立嗣的意见又向仁宗陈述了一番，接着摆出了历史教训："唐朝从文宗开始，立嗣都由左右臣子或宦官来决定，甚至有自称'定策国老''门生天子'的，这样的祸患哪里说得完呢！"仁宗"大感悟"，告诉司马光："将上殿札子交给中书门下吧！"司马光带着这份札子去了中书门下，向韩琦等人说："诸位如今不赶紧讨论定下来的话，改天半夜宫中传出张纸条，上面写着以某人为嗣，天下人哪里有敢违背的呢？"司马光的意思很明显，不趁着仁宗头脑清醒的时候定下皇嗣的事，万一哪天皇帝撒手人寰，就算有谁假传圣旨，也没人知道了，继承人问题将成为巨大的隐患。韩琦等人纷纷点头，说道："岂敢不尽力而为！"到了晚间，参知政事欧阳修和宰相韩琦、曾公亮一起商议，第二天将这份札子进呈给仁宗时，到底该怎么表态。韩琦说："如果皇上确实有这个意思的话，我们就应当极力赞成。"欧阳修和曾公亮则表示："这也是我们一直以来所希望的啊。"

第二天在垂拱殿奏事时，宰执们将司马光的札子再次进呈宣读，读完后，大家还没来得及开口，仁宗就说道："朕也早就有这个想法了，只是还没合适的人选。"听到这话，欧阳修心里一惊，从入朝当馆阁校勘到现在，二十多年时间里，每次向仁宗奏事，皇帝都是非常从容亲切，这是第一次听他自称为"朕"。[①] 这个庄重又冷冰冰的自称似乎在告诉大家，皇帝的身份促使他做出了这个决定。

仁宗说着又看看左右的大臣，问道："你们觉得宗室中谁能当此大任呢？"韩琦赶忙回答："此事我们臣下不敢妄加议论，应当由皇上您来选择。"仁宗想了想，说道："宫中曾养过两个宗室家的孩子，小的质朴纯真，但是并不聪慧，大的还可以。"韩琦一听，心里很清楚，但还是装作不知，问那位大的叫什么名字。仁宗说："叫宗实，现在有三十多岁了。"说到这里，事情基本上已经定了下来，但宰执们还是希望仁宗慎重考虑，于是说道："这件事情关系重大，臣等不敢立即施行。陛下今晚还是先好好考虑一下，明天再做定夺。"

第二天在垂拱殿奏事之时，韩琦又问仁宗的意思，仁宗说："我已经决定了，不会再有疑虑了。"韩琦说："这件事还是慢慢来，容臣等商量商量该先给他任命个什么官。"宗实的父亲不久前刚去世，他正在服丧期间，韩琦、欧阳修等人商量一番后决定起复他为泰州防御使、知宗正寺。仁宗露出了久违的笑容，说道："如此甚好。"韩琦看着仁宗略带心酸的笑容，顿了顿，说："此事一旦开始，便不可中止了。如果陛下真的想清楚了，那请您让禁中的内夫人拟一道命令，直接从禁中下发吧。"仁宗摇了摇头："这件事情怎么能让禁中的那些妇人知道呢？还是由中书门下拟旨下发吧。"

任命的告敕下达后，赵宗实却始终推辞不接受。从他的角度来看，这一任命确实祸福难料，知宗正寺这一差遣负责管理宗室事务，明眼人一看就知道，离被立为皇子只有一步之遥了——然而毕竟还有一步之遥，这一步到底有多远，全在仁宗的一念之间。更何况，即使被立为皇子，也只是被当作皇帝无奈之下的备选项而已，一旦哪天仁宗有了自己的孩子，他又将被打回原形，不，就算那时候想过原来的太平日子也不可得了，毕竟，只要曾走上过

---

① 《欧阳修全集》卷一百一十九，《奏事录》，第 1839 页。

储君的赛道，就再也无法回头了。自古皇帝和储君的关系就很微妙，即使亲生父子都难免猜忌，更何况还是不情不愿之下选择的宗室的孩子呢？宗实从接到知宗正寺的任命开始，便"夙夜恐惧，闭门不敢见人"。

宗实一连上了十八份辞表，仁宗看到这一情形，内心又打起了退堂鼓，和韩琦说："他既然执意如此，那就算了吧！"韩琦说："这件事怎么能中途放弃呢？陛下您不妨给他赐一份亲笔御札，让他知道这是出自圣意，就肯定不敢推辞了。"

时间来到了嘉祐七年（1062）七月，宗实被任命为知宗正寺已经十多个月了，他始终推辞不受命，仁宗却也迟迟没有下一步动作。与此前官员们铺天盖地纷纷建言立嗣形成鲜明对比的是，此时竟没有谁再上疏催促仁宗立宗实为皇嗣——谁都知道仁宗的打算，但也不愿意主动捅破最后一层窗户纸。

率先出来打破僵局的是右正言王陶，他在章奏中索性就捅破了窗户纸，大大方方说了：之前大家建议立嗣之时，没有明确的目标，"泛为公言"，陛下也不会因此心生疑虑；如今赵宗实当了宗正官，虽然没有正式成为继嗣，但也基本成为一个确定的对象，正因如此，才不再有谁敢再提立嗣之事了，生怕被陛下怀疑和宗实私下交结互为党羽。再加上陛下的态度一直迟疑犹豫，没有下定决心，从去年冬天到现在已经十个月过去了，朝廷内外的人看到陛下的迟疑就更加不敢发声了。

王陶很明确地告诉仁宗，是因为有宫嫔、宦官从中挑拨阻挠，才使得宗实内心畏惧不敢接受任命。仁宗听出了他的弦外之音，问道："那我给他一个别的名目，怎么样呢？"王陶回答说："知宗正寺仅仅是个差遣罢了，更重要的名目请您和宰执大臣一同商议确定。"——王陶所说的更重要的名目，指的就是皇子，是该名正言顺地给宗实皇子的身份了。

恰好此时，宰执大臣们也想让立嗣之事更加名正言顺。韩琦私下里找到欧阳修商议："宗正的任命一下达，外人都能看出来赵宗实肯定是皇子了，不如趁热打铁，为其正名！"于是二人一同面见仁宗，仁宗正为宗实的屡次推让而苦恼，问韩、欧二人该怎么办。欧阳修出列说道："我朝宗室向来不领实际职事，现在外人看到宗实突然被提拔，又让他判宗正寺，天下人都心知肚明陛下要将他立为皇太子。如今不妨趁着这个机会正式将他立为皇子。此前封宗实当防御使、判宗正寺，都是降下诰敕，他可以坚决推辞不接受；如果要立他为皇子，只需陛下命翰林学士写一份诏书，昭告天下，由不得宗实推辞，事情就可以定下来了。"

仁宗沉思良久，转头问韩琦："这样做合适吗？"韩琦极力赞同欧阳修的提议。仁宗说道："既然如此，就要在明堂大祭前把此事办妥。"韩琦又请仁宗将这一决定告知枢密院。等到枢密使张昪来到殿上，得知了皇帝的这一决定，忍不住问道："陛下心意已定，不再犹豫了吗？"仁宗说道："我只希望民心安定，只要是姓赵的人都可以！"

事关重大，得让天下人知道，这完完全全是皇帝自己的决定。韩琦等人便请求仁宗亲手写一份御札付外施行。等到他们退朝后，仁宗的手札很快就被宦官送到了中书门下。

此时仁宗似乎是主动积极地安排自己的立嗣之事，与此前的态度截然不同。翰林学士王珪注意到了这一点，韩琦召他来草拟立皇子的诏书，他坚持要当面确认仁宗的意愿。见到仁宗后，王珪说道："此乃大事，一旦发布了诏书，就再也没有反悔的可能了。外面传得沸沸扬扬，都说是宰执大臣们逼着陛下做的这个决定，如果这不是出自您的圣意，将来怕是有祸患发生啊！"仁宗指着自己的心，严肃地说："这是朕自己的决定，并不是受大臣们的话所影响，你还怀疑什么呢？不这样做，众心不安啊！"

话虽这么说，但仁宗的的确确是被迫做了这个决定，他的压力一半来自喋喋不休的大臣们，一半来自"皇帝"这个身份，他已经认命了，决定委屈自己来使天下臣民安心，没有更好的选择了。身处权力金字塔最顶端的皇帝，也总有许多无奈之处。

过了两天，由翰林学士王珪草拟的立皇子诏书就正式对外发布了：赵宗实正式被立为皇子。仁宗把宗室们全都召进宫中，郑重地告诉他们立皇子之事；又让入内内侍省和皇城司共同营建皇子的住处；接着，欧阳修挑了十个带日字旁的寓意美好的字，作为新皇子名字的备选，仁宗从中选定了"曙"——一个充满希望和光明的字，新皇子的名字就这样定了下来，赵宗实变成了赵曙，成为大宋王朝未来的继承人。

（三）失语皇子　病中新帝

就在所有人都以为一切终于尘埃落定的时候，新皇子宗实那边又出问题了。

立皇子诏书发布后，宗实始终躺在家里称病不肯入宫，大家对这位新皇子的举动感到不解，台谏官司马光、王陶等人建议"以臣子大义责皇子"，让他尽快入宫。仁宗拿不定主意，只好召集宰辅大臣们一同商量，韩琦说："既然现在他是陛下的孩子了，彼此之间就不该有什么嫌隙。不如请宗室中亲近之人前去劝导，再选亲信宦官前去宣谕圣旨，他肯定不敢违背了。"

于是，仁宗给宗实赏赐了新衣、金银等，又派同判大宗正事赵从古、虢国公赵宗谔前去劝导宗实，并告诉他们，如果这位新皇子坚持称病的话，就用肩舆（轿子）将他抬进宫里来。这一行人来到宗实府上，宗实依然不肯入宫，宗谔忍不住责备他："你身为人臣和人子，怎么能一直拒君父之命呢？我并不是不能和众人一起把你绑上肩舆，是担心这么做会使你失掉臣子之义，陷于恶名啊！"然而宗实依然不为所动。这一晚上，仁宗派去迎接皇子的宦官往返了四次，宫门也为皇子留到了四鼓都没关闭，却终究没能等来宗实。仁宗只好宣布改天再去迎接皇子入宫。

所有人都不理解，宗实为什么如此坚决地拒绝呢？当我们把整个立储的过程摊开来审视，就会发现，这个故事的主角之一赵宗实始终处于失语状态。当年，四岁的宗实被抱进宫中养育的时候，没有人问他愿不愿意去；四年后，八岁的宗实被送回自己家时，也没人问他愿不愿意离开；如今，当他被突如其来地安上皇子的名头、所有人都因此而庆贺时，从没人问过他愿不愿意当另一个人的孩子——就算那个人是高高在上的皇帝。

在国家安定、千秋社稷面前，无论是仁宗的情感还是宗实的情感，都是不重要的，是理所应当被忽略不计的，这就是身在帝王家的无奈。

当然，在外人看来，这简直是天上掉下巨大的馅饼砸在了宗实的脑袋上，他竟然白捡了个皇子之位！可是宗实并不这么看，一旦入宫接受了皇子之位，以后的一举一动都会被天下人细细审视，说"风刀霜剑严相逼"或许有些夸张，但每一步确实都像走在钢丝上。一旦仁宗对自己有所不满，或是仁宗突然又有了亲生的儿子，那么自己将置身何地呢？

僵持了二十多天后，宗实的亲信周孟阳进入卧室之内，问道："皇上知道您的贤明，才发德音，选您为皇子。而您一直称病躺在这儿，到底是为什么呢？"宗实说："我不是故作姿态，不过是避祸罢了！"周孟阳说："皇上是为了千秋社稷才立您为皇子，如今您坚决推辞，就算皇上恩准不让您入宫了，那以后您真的就能过太平日子了吗？"周孟阳一语道破天机——那些无论主动被动参与过皇位竞争的人，哪一个全身而退？宗实的命运，早就由不得自己。听了这话，宗实终于醒悟过来，"抚榻而起"，说道："我竟没考虑到这一点！"于是马上答应进宫，他带进宫的家人、奴仆加起来不满三十口，带着简陋的行李，最大件的也就几箱书而已，简直像个贫寒的读书人。他就这样，朝着宫里、朝着自己未知的命运走去了。

濮王之子宗实终于变成了皇子赵曙。他每天在内东门朝见，也进入禁中侍奉仁宗；他小心翼翼收敛起各种情绪，开始学着做一个皇帝的儿子，学着做皇位的备选接班人。

入宫后的生活，正如以前料想的那样，无比艰难。仁宗虽然已经立了皇子，却始终怀着不甘心的情绪，对这个过继来的儿子并不亲近，再加上他已经病了，病中的皇帝面对并非自己亲生的接班人，态度总不会太好的。而底下的人惯会察言观色，出于种种考虑，都要和这位新皇子保持距离，即使是原来的亲朋好友也不例外。宫中侍奉的人甚至都敢苛待新皇子，以至于"饮食悉皆缺供"[①]，甚至到了要仁宗的皇后曹氏偷偷送去食物接济的地步！

赵曙就在孤独、委屈、恐惧、惴惴不安中熬着日子，稍有不慎或许就将

---

① 《续资治通鉴长编》卷二百零一，治平元年闰五月辛未条，第4879页。

万劫不复，精神上的巨大压力几乎让他喘不过气，被压抑的情绪总有一天会爆发出来。

嘉祐八年（1063）四月初一，仁宗驾崩的消息公之于众，赵曙终于名正言顺地成了大宋的皇帝，也就是历史上的宋英宗。

登基后几天，这位新皇帝表现得还是很符合众人的预期。他宽恕了先皇临终前最后在宫中诊病的十二名御医，有条不紊地安排着先皇的丧事；尊重先帝留下来的宰辅大臣，不直呼他们的名字；官员奏事时总要详细询问本末细节，然后做出裁决，一时"中外翕然，皆称明主"①。

然而仅仅四天后，一个令人震惊的消息传来：半夜里，英宗突然得了重病，说话颠三倒四，已认不出人了。——这症状，和仁宗当年得病的症状非常相似。一时之间，大家都慌了手脚，只能请医官入宫侍疾。

一边是新皇帝突发重病，另一边大行皇帝的丧葬仪式还得继续办下去。四月初八，是先皇仁宗大殓的日子，百官都穿着丧服在帘前肃立，等待行礼。忽然听到帘后有人连声大呼："待杀我！"②在场官员莫不惊骇，完全不清楚到底发生了什么，本来庄重肃穆的仪式现场顿时因这个意外情况而陷入混乱。韩琦当机立断，扔下手里的哭丧棒，撩起帘幕，却见原是英宗本人。他于是走上前去，说道："是谁激恼官家？且入内中服药。"说着便唤来几名内侍，让他们将英宗扶下去好好照顾。又和在场的范景仁说："此事只有内廷官员看见了，千万不要泄露出去。"接着，韩琦带领百官完成了拜慰之礼，一切有条不紊，外廷竟无一人知道发生了什么。仪式结束后，欧阳修对自己亲近之人说："第一次见到韩公在突发情况下的处事能力，我真比不上他！"

在韩琦的带领下，欧阳修等宰辅大臣去见了仁宗的皇后曹氏——现在她已经是曹太后了——请她来主持大局。病中的英宗实在无法处理政事，垂帘听政的局面再一次在大宋王朝出现了。此前没怎么参与过政治的曹太后强打

---

① 《续资治通鉴长编》卷一百九十八，嘉祐八年四月己亥条，第 4795 页。
② 《韩魏公家传》卷五。

起精神，坐在帘后，努力让一切都回到正常的轨道上去。

二、两宫之间　母子之间

（一）心结难解　两宫失和

英宗的病来得突然，也来得蹊跷。在当皇帝之前，从没听说他出现过类似的情况，也许是家族遗传的疾病突然暴发，但更多的人相信，英宗是"忧疑得疾"，也就是说，这场病是长期忧虑、被猜忌造成的精神疾病。

从英宗发病以来，仁宗的丧仪基本都是礼官在操办，作为一国之主和先皇孝子的英宗基本没有露面。到了仁宗大祥这天，英宗身体总算好转一些，能够出来亲自行礼，接受百官的慰问。众人看到皇帝能够正常与人交流，人心才总算安定了一些。

谁知到了六月，英宗的病再次加重，又无法正常处理政务了。疾病让他的性格变得古怪而乖戾，行为举止都不太正常，比如自从生病开始就"厌服药饵"，不愿意配合吃药。奇怪的是，每当韩琦亲自去喂药，英宗总能配合着喝下不少。——有学者分析，这一现象源于英宗不信任曹皇后的宫廷为他煎的药[1]。有一回，韩琦拿着药杯侍奉英宗服药，这次"药剂多而难饮"[2]，英宗"不尽饮而却之"，喝了一点就实在喝不下了，推拉之间还把药撒在了韩琦的衣服上。曹太后一面让人给韩琦拿来替换的衣物，一面轻轻叹了口气："相公真是太不容易了！"——只偶尔来喂药的韩琦都如此不易，那日日照料皇帝的太后岂不是更加不易？曹太后哪里是在宽慰韩琦，分明是在诉苦。看得出，这对母子之间存在着不小的嫌隙。

病中的英宗对待曹太后常常口出恶言，对待仁宗留下来的内侍宦官也非常苛刻，侍奉左右的人因此心怀不满，常常跑到曹太后面前去说新皇帝的坏话，更让这对没有血缘关系的母子矛盾激化。

---

[1]　参见赵冬梅《大宋之变：1063—1086》，桂林：广西师范大学出版社，2020年版，第18页。
[2]　《韩魏公家传》卷五。

曹太后向宰辅大臣们说起这些，言语中也透露出对这位新皇帝的不满，韩琦听了，扔下句硬邦邦的话："臣等只在外见得官家，内中保护，全在太后。若官家失照管，太后亦未安稳。"[①]言外之意是，英宗现如今的状况，与太后照顾不周有关。曹太后万万没想到韩琦会说出这样的话，惊呼："相公这是什么话！我自会用心照顾皇帝。"韩琦拱手道："太后用心照管，则众人自然也会照管了。"听了韩琦和太后的对话，同僚们都忍不住缩颈流汗，有人悄悄问韩琦："你说的话，有点太过了吧？"韩琦却说："非得如此不可。"

当时还有许多人私下里议论英宗在宫中的种种反常行为、过失之处，使得众人对这位新皇帝能否担当大任心怀疑虑，更为国家的前途命运感到担忧。韩琦当着众人开解疑惑："岂有在殿上不曾错了一语，而一进宫门就犯下这么多错！无稽传言不可相信。"听韩琦这样说，众人的疑虑打消了不少。

事实上，曹太后和英宗虽非亲生母子，却也并非毫无羁绊。英宗四岁被抱到宫中时，是曹太后负责抚养他；英宗的妻子高皇后是曹太后的外甥女，也从小被她养在身边；英宗和高皇后的婚事也是由曹太后一手操办——对无儿无女的曹太后来说，英宗和高皇后如今应当是在宫里、甚至在世上最亲的人了。

他们之间究竟有什么难解的心结呢？

英宗的心结还是源于立储的问题，种种迹象表明，当年曹太后并不支持立英宗为皇子——至少在英宗自己看来是这样。他把仁宗在世时自己所遭受的种种不平统统积攒下来，连同这份怨气一股脑儿算到了曹太后头上。

更重要的是，英宗登基后很长一段时间里，曹太后手中都握有一张随时可以把他踢下皇位的王牌。

（二）虫儿案破　调和母子

治平元年（1064）九月十九日，参知政事欧阳修按照惯例和韩琦、曾公亮等人来到内东门的小殿，向垂帘听政的曹太后奏事。当天的事务报告商议

---

① 《续资治通鉴长编》卷一百九十八，嘉祐八年六月癸巳条，第4815页。

完毕，一行人打算退下时，曹太后突然把他们叫住，让宦官给他们拿来了一些案卷。欧阳修等人在帘前翻开案卷细读，原来是有关韩虫儿一事。

仁宗病重期间，关于韩虫儿的传闻就已经在宫内流传了。说是嘉祐七年腊月，有一回仁宗见到了一名正在打水的宫女，看到有一条小龙沿着她打水的绳子从井里出来，问左右的人，都说看不见，只有仁宗能看到。仁宗觉得这是异象，便叫来宫女询问，原来她是宫中女官柳瑶真的奴婢韩虫儿。后来仁宗便召幸了韩虫儿，并取走了她手上的一只金镯子，并说："你当为我生子，将来便以此为凭证。"

过了两三个月，韩虫儿便在宫内宣称："皇上召幸了我，我已怀有龙种。"只是此时仁宗已经重病，没人再顾得上去验证她的话，就连最期盼皇子的仁宗也无力再顾及此事了。曹皇后便派人好好地将韩虫儿养在宫中，专门每日拨出二千钱，给她买来好吃的食物，只等孩子出生再来询问究竟。

仁宗去世，英宗即位后，"韩虫儿事籍籍不已"[1]，众人争论所为何事？自然是质疑英宗即位的合理性：仁宗生前只是立宗实为皇子，并没有立为皇太子，而如今既然大行皇帝还有遗腹子，一旦这个皇子出生，究竟谁该继承皇位？韩虫儿腹中所怀的孩子，正是对新皇帝最大的威胁。英宗即位时的惶恐、即位后的反常，与此事也有直接的联系。

转眼来到嘉祐八年九月，英宗登基已经五个月了，按照时间推算，传闻中的仁宗遗腹子也应在此时呱呱坠地了，可迟迟没有消息传来。九月十七日，欧阳修请病假没去中书门下上班，当晚就听宫里传来消息，说是有三名宫女被送到内侍省审问，同时还召集了十几名产科医官、三名接生婆一同入宫。一定是有什么变动发生了。

果然，十九日欧阳修等人就接到了太后给的案卷，看了案卷才知道，韩虫儿已经招供，怀孕不过是她自己炮制的一场彻头彻尾的骗局而已。医官、接生婆的证词也都证明了这一点，那只所谓的被仁宗拿走作为凭证的镯子，

---

① 《欧阳修全集》卷一百一十九，《奏事录》，第1841页。

也只是被韩虫儿埋在了佛堂前，现在已经派人监督着让她自己挖了出来，曹太后还让欧阳修等人传看了这一物证。

韩虫儿为什么要撒这个弥天大谎呢？据她自己说，是因为假装有孕之后便可不用挨打，还能每天都有好吃的。——就是这样一个简单又有点心酸的理由。

看罢来龙去脉，欧阳修等人向太后说道："韩虫儿怀孕一事，外界已经有所传闻了。如今既然她的谎言已被拆穿，便可让朝廷内外的人都不再有疑虑了。只是绝不能让韩虫儿再留在宫中，不然外人会相信她真的生了个皇子。"太后连连点头："确实如此。"

此案的最终处理结果是，韩虫儿被杖臀二十，送往承天寺修行。这场扑朔迷离的案子终于落下了帷幕，但英宗和太后之间因此而产生的裂缝却无法弥合。英宗在病中做出种种冒犯曹太后的行为时，朝廷"阴有废立之议"，没有人敢想象，如果真的有一个仁宗遗腹子降生的话，太后会做出什么选择呢？英宗还能安稳地坐在那张龙椅之上吗？

十月，奉命去昭陵监工的韩琦刚刚回朝，就接到了太后派人送来的一封文书，送信的宦官说："太后令相公观此。"韩琦打开一看，上面是英宗所作的一些对太后不恭敬的歌词，以及在宫中的种种过失。韩琦当着宦官的面，烧了这封文书，并且说："请告诉太后：'太后常说官家心神不宁，那病中之人，言语举动有不合适的地方，这有什么好奇怪的呢？'"

等到第二天宰执们去帘前奏事的时候，太后竟然"呜咽流涕"，哭哭啼啼把这事儿又说了一遍。韩琦还是一样的态度："皇上这是生病的缘故，病好了就不会这样了。儿子生病了，母亲怎么能不宽容呢？"太后听了很不高兴。

欧阳修站出来打了个圆场："太后在仁宗身边几十年了，仁圣之德，著于天下。当年仁宗后宫之中，张贵妃那般骄纵无度，您尚且包容着她，与她和平相处。怎么如今母子之间反而不能忍了呢？"太后说："你们能这样体谅，真是好啊。"欧阳修继续说软话安慰她："此事哪里只有臣等知道？中外莫不知也。"看到太后的脸色稍稍好了一些，欧阳修又说道："仁宗在位时间长，德泽深厚，众人莫不信服。所以当仁宗晏驾之后，天下人都是秉承他的遗命拥戴嗣君，没有一人敢有异议。如今太后您身居后宫，我们不过是五六个措大（穷酸书生）罢了，一举一动如果不按照仁宗的遗意去办，天下人谁肯听从呢！"[①]言外之意是，英宗是先皇亲自选定的继承人，不接受英宗就等于和先皇的意思对着干，这怎么可以呢？太后听了之后，陷入沉思。

过了几天，韩琦、欧阳修等人去看望英宗，英宗也是满腹怨气："太后待我无恩！"众人只好劝慰道："自古圣明的帝王不少，但唯独舜被称为大孝，难道说其他的帝王都是不孝吗？父母慈爱而孩子孝顺，这只是寻常事，不足以称道；父母不慈爱但孩子仍然孝顺，才值得称道。恐怕陛下侍奉太后还不够周到，父母哪里有不慈爱的呢？"宰执们几乎是在手把手教这位三十多岁的皇帝如何做一名孝子。这番话看起来是有效的，至少，从此以后英宗不再说太后的不是，这对母子的矛盾也在面上走向了缓和。

相比于韩琦等人教育皇帝，欧阳修更善于从太后那边进行调解，除了他说话更委婉、更从太后的角度出发之外，还有一个重要的原因，他夫人薛氏和曹太后乃是旧相识。当年薛夫人未出阁之时，曾与母亲一起朝于禁中，被赐予冠帔。后来欧阳修当上了枢密副使，带着夫人一起入宫谢恩，曹皇后一见便认出来了："夫人是薛家女吧？"从此之后薛夫人便常常入宫与曹皇后聊天，两人成了闺中密友。当曹皇后成为太后，与英宗关系紧张时，薛夫人的陪伴和宽慰是她生活中难得的温暖。也因为这层关系，欧阳修在太后面前算是说得上话。英宗和曹太后关系虽然紧张，但终究没有闹出什么大的风波，欧阳修在两宫之间起到的调解作用是很关键的。在宋人心目中，"仁宗、英宗之际，其所以绥靖朝廷者，（欧阳修）与丞相忠献韩公相为表里，盖二公之功名。"[②]

---

① 《续资治通鉴长编》卷一百九十九，嘉祐八年十一月甲寅条，第4838页。

② 《苏辙集》卷二十五，《欧阳文忠公夫人薛氏墓志铭》，北京：中华书局，1990年版，第418页。

（三）强逼撤帘　韩富决裂

"嘉祐"这一年号随着仁宗的离去而完成了自己的历史使命，新的一年到来之时，英宗改元"治平"，宣告着一个崭新时代的到来。

英宗的身体一天天好了起来，治平元年四月，他还在臣僚的陪同下外出祈雨，借着这个机会，这位新皇帝第一次出现在了京城百姓面前。眼看着英宗恢复了正常，一个新的问题便浮现了出来——太后何时撤帘还政？

宋朝此前不是没有出现过太后垂帘听政的局面，仁宗朝的刘太后就是个现成的例子，仁宗成年后，刘太后归政问题曾引发朝廷的巨大关注，这位权力欲较强的太后一直到死前都未曾撤帘还政。曹太后的垂帘听政却是事出突然的无奈之举，英宗登基时已经年过三十，只是因为生病才不得不请太后来协助处理军国大事，实在是个"非正常"情况，如今皇帝既然病愈，当然太后越早撤帘越好。——该如何提醒太后撤帘归政，这无疑是一个很棘手的问题。再加上从新皇帝登基到现在，太后与皇帝关系一直紧张，那么让太后撤帘归政就必须更加慎重，以免再闹出两宫不和的风波。

想请太后归政，第一步得先证明英宗具备独自处理政务的能力。韩琦特意在一天之中选了十几件事一齐报告给英宗，想看看他的处事能力，英宗"裁决如流，悉皆允当"[1]。看到这样的情形，韩琦心里就有了数。

退朝后，他和中书门下的同僚曾公亮、欧阳修等人说："皇上如此勤于政务，实在是天下之大幸！我早就该从宰相之位退下来了，明天在帘前我会向太后提出请求，到家乡附近去当地方官。请诸位到时一定要支持我啊！"听了韩琦的话，其他宰执们心里知道，事情没那么简单，求退不过是想有一个和太后单独交流的机会而已，但众人还是在曾公亮的带领下说了一些场面话："朝廷怎么能没有韩公呢？您实在不能退啊！"

于是，宰执们来到内东门的东殿，向太后报告英宗所裁决的十余件事，每说一件事，太后都点头称好。报告完毕后，其他宰执都心照不宣地退下了，

---

[1]《续资治通鉴长编》卷二百一，治平元年五月戊申条，第4866页。

只留下韩琦在殿上。韩琦开口提出了求退之意，太后不明所以，只能极力挽留："相公怎么能求退呢？老身本来应该待在深宫，却还每天在此，实在情非得已。且容老身先退吧！"其实，这只是客套话，并不是真的要交出权力的意思，无论是太后本人还是韩琦都很清楚这一点，这种政治客套话他们此前也不知道讲过多少。可偏偏这一次，韩琦打算顺坡下驴，他话锋一转，开始称赞太后比东汉的马皇后、邓皇后还要贤明，不贪恋权位，给太后戴上了这顶高帽子之后，韩琦接着说："听闻台谏官也正好有章疏请太后还政，不知道您打算哪天撤帘呢？"

空气瞬间凝固了。曹太后根本没想到，原来宰相的真实目的是逼自己撤帘！她又急又气，猛然站了起来，更令人意想不到的是，就在太后站起身的那一刻，韩琦"厉声命仪鸾司撤帘"，这道阻隔着太后与朝臣，却也是太后权力象征的帘子就这样突然被撤去了。身为后宫女眷，岂能与外朝大臣面对面？韩琦突然下令撤帘，太后只能慌忙躲到屏风后面去，帘子被撤下后，帘外的官员还能在屏风旁看到太后的衣角。

第二天，曹太后就对外发布了手书，宣布还政于英宗，"不复处分军国事"。垂帘听政的局面就这样以强硬的方式结束了。从"理"的角度讲，韩琦做得无可厚非，当机立断解决了可能威胁皇权的一大隐患，避免了当年刘太后专权的局面再度出现；从"情"的角度讲，这件事终归还是做得不太漂亮，太咄咄逼人，也太缺乏对太后的尊重。英宗突发急病之时，是宰相主动请太后出来主持大局，如今也是宰相直接逼太后撤帘——未免有些过河拆桥的意思，这宰相也未免太霸道了些。

富弼就对韩琦的这一做法很不满。富弼、韩琦、欧阳修三人都是庆历新政的重要领导者，也是相交多年的好友。如今韩琦位列宰相之首，欧阳修身居参知政事，而此前富弼则是经历了二十七个月的丁忧，于嘉祐八年五月回朝，担任枢密使。当年庆历时代意气风发的三人现在都进入了中央领导核心，似乎比以往任何时候都更接近当年的梦想，都更有可能继续完成当年未竟的事业。然而遗憾的是，经历了宦海沉浮、人世沧桑后，原本引为同道的三人关系竟出现了巨大的裂痕。

裂痕主要出现在富弼与韩琦之间。根据刘子健先生的研究，富弼与韩琦的不和原因很多，首先是因为性格不合。韩琦是个急性子，做事果断，而富弼则较为审慎，每当处理政事时总要刨根究底问个清楚，有一次韩琦忍不住抱怨："又絮耶？"絮就是啰唆的意思。富弼骤然间变了脸色："你这是什么话！"

两人关系不和的第二个原因则是因为政治观点也有出入。庆历时期，富弼和韩琦都支持改革，富弼的改革主张甚至比范仲淹和韩琦更加激进，但经历了夏竦陷害等一系列事件后，便改变了作风，趋于稳健、保守。

第三个原因是，在富弼看来，韩琦确有排挤自己之嫌。嘉祐年间，富弼为首相，韩琦是次相，"左提右挈，图致太平，天下谓之韩、富"。后来富弼母亲去世，按照惯例，宰相丁忧都要起复，不必守孝三年，但此前韩琦便与富弼说起过起复一事，认为"此非朝廷盛典也"，富弼本人也认同，便以身作则坚持守孝三年。富弼在上章辞起复时，还在章疏中附有贴黄，上面写着："臣在中书日，尝与韩琦言之，决不当起。"[1] 他把自己坚持不接受起复的原因归结到韩琦的那番话上，而客观来说，富弼去丁忧后，最大受益者确实是韩琦，他从次相升为了首相——这就让韩琦当初说那番话的动机变得很可疑。但从韩琦的角度看，他也觉得委屈："我当时不过是实话实说，没想到他竟因此怨我。"两人自此起了嫌隙。

等到富弼服丧结束，回到朝廷担任枢密使后，逐渐发现了一个问题——身为首相的韩琦处理政务比较独断，往往不愿与枢密院商量。宋代中书门下和枢密院号称二府，中书门下主管行政事务，而枢密院主管军事，虽然各有分工，但遇到重大事务一起商量、互通消息乃是惯例。当年富弼当首相时，遇到问题常常主动与枢密院商量沟通，现在看到韩琦的做法，心中非常不满。

太后撤帘一事更加激化了韩、富二人的矛盾。听说韩琦突然逼太后撤帘

---

[1]　苏辙：《龙川别志》卷下，北京：中华书局，1982 年版，第 90 页。

一事，富弼大惊失色，和身边人说："我也备位宰辅，中书门下的其他事务我不敢参与，但唯独太后撤帘这么大的事，韩公为什么不能与我商量一下呢？"有人把这话传到了韩琦那里，韩琦辩解说："此事完全是太后临时起意，怎么能当着众人面说呢？"这番辩解显然不能让富弼满意，他与韩琦之间的嫌隙越来越深，终于分道扬镳。

曾经并肩作战的两人，曾经拥有共同理想追求的两人，曾经相知相交多年的两人，竟在身处高位时以这样的方式决裂，并最终渐行渐远，沦为陌路，实在让人唏嘘。

韩、富决裂后，欧阳修与韩琦依然保持着良好的关系，在政坛相互扶持；也正因欧阳修与韩琦关系较近，他与富弼的友谊也走到了终点。

三、濮议风波

（一）以父之名

随着太后交出手中的权力，英宗正式成为了大宋王朝的掌舵人。

自英宗登基后，群臣加官晋爵皆受恩泽，就连故去的宗亲也有封赠。唯独棘手的问题是，该如何尊崇英宗的生父濮王呢？自然是不能按照其他已故诸王的例子来，得照顾到皇帝生父的特殊身份，可是宋朝此前又没有现成的先例可供参照。以韩琦为首的宰执群体先意识到了这个问题，认为应当让有关部门讨论英宗生父濮王和他的两位正妻以及英宗生母的封赠问题。

这个问题该不该讨论？确实应该。但韩琦等人选择的时机不对，他们在治平元年（1064）五月上了请求尊崇濮王的章疏，恰好是在曹太后被迫撤帘不久之后，很容易让人联想到，中书官员是否有意苛待太后而讨好皇帝？

英宗自然是想尊崇自己生父的，但也不好在此时机之下太过明目张胆，只是回复称等到为仁宗服丧结束后再定。时间很快来到治平二年（1065）四月，韩琦又重提此事，英宗便下令让礼官和待制以上的侍从官一同讨论，究竟该以何种典礼来尊崇濮王。

鉴于此事的敏感性，翰林学士王珪等人不敢立即发表看法，而一向正直敢言的天章阁待制司马光则不假思索地奋笔写了一份奏议，王珪等人看过之后纷纷赞同，便让书吏抄写了一份，以集议成员集体的名义交给了中书门下。司马光等人认为，"为人后者为之子，不敢复顾私亲，圣人制礼，尊无二上，若恭爱之心分施于彼，则不得专一于此故也。"① 也就是说，被过继出去的儿子，就不能太过顾及自己的亲生父母，如果恭爱之心分给了一方，就无法专心侍奉另一方了。司马光还举例说，从秦汉以来，确实有旁支入继大统的帝王把自己的亲生父母追封为帝后，这些人都遭受了诸多非议和嘲笑，不足以效法。况且前代旁支入继大统，大多发生在老皇帝死去之后，由太后或臣下来决定人选，而英宗却是仁宗生前就选定入继的，英宗现在手中的权力，以及未来子子孙孙相承袭的权力，都来源于仁宗的选择，因此，仁宗对英宗有极大的恩德，不可辜负。

礼官和侍从官们一致赞同，按照前代封赠"期亲"的惯例，给濮王封赠高官，改封大国，而濮王的两位正妻和英宗生母也改封大国太夫人，这无疑是最合适的做法。这份奏议交给中书门下之后，宰执们提出，赠官和改封大国，都必须降下制和册。按照格式，制文中必须提到"某亲具官某，可赠某官，追封某国王"，册中必须有一句套话："皇帝若曰，咨尔某亲某官某，今册命尔为某官某王。"可是，濮王身份如此特殊，在写制文的时候究竟该称呼他为什么呢？要不要在制文册文中直呼其名呢？

王珪回复说，濮王是仁宗的哥哥，对英宗来说，应该称其为皇伯，不直呼其名。也有一些议论者认为英宗该称自己的亲生父亲为"皇伯考"，对此，天章阁待制吕公著进行了反驳："皇伯考是真宗用来称呼太祖的，怎么能用在濮王身上呢？"

欧阳修提出，《仪礼》中有"为人后者，为其父母报"一句，唐代《开元礼》中有"为人后者，为其所生父齐衰不杖期，为所后父斩衰三年"的说法，由此看来，过继的孩子无论是称呼亲生父母还是过继的父母，都应称"父母"。

---

① 《续资治通鉴长编》卷二百五，治平二年六月甲寅条，第 4971 页。

况且，古今典籍中从未有称"皇伯"的例子。前代那些外藩入继大统的皇帝，往往处于国家衰败之时，不足以效法，唯有汉宣帝和汉光武帝是盛德之君，而他们都把自己亲生父亲称为"皇考"。"考"是中国古代对死去父亲的称呼，欧阳修举汉宣帝和汉光武帝的例子无疑想说明，即使出继另一支，皇帝依然可以称自己的父亲为"皇考"。

由此，官员们争论的焦点已经确定了：英宗到底该称亲生父亲为皇考还是皇伯？

这个问题在今天看起来或许有点迂腐甚至可笑，但在中国古代，"名分"问题格外重要。每个社会都有一定的运转规则，而中国古代社会多数时候都是由儒家的礼法来构成基本的运转规则，在这套规则之内，每个人都有相应的角色，君君臣臣父父子子，每个人在角色之下也承担着相应的责任，整个社会才能运转有序。皇帝作为国家的最高统治者，有义务维护这套规则，皇帝的一举一动应是天下臣民的表率才可以。

为了争取更多的支持，欧阳修请求召集三省官员与御史台官员进行集议。然而还没来得及开始，一份来自曹太后的手书就打乱了这一进程。曹太后指责韩琦、欧阳修等人不应让英宗称濮王为皇考，而韩琦等人则向太后解释，王珪所提出的"皇伯"之说在典籍中并无先例，此番也只是先召集群臣集议，还没有定论。

英宗在这样的形势下，只能下诏"权罢议"，并让相关官员"博求典故"，找到符合礼经的做法再上奏。"权罢议"的说法引发了更多的疑虑。"权"在当时的语境之下有"权且""暂且"的含义，有人提出，英宗或许只是在太后的施压之下"不得已而罢"[1]，之所以说"权罢"就是要等太后千秋万岁之后，再按照自己的心意尊崇濮王。

欧阳修听到这种说法，觉得不可理喻，简直是诛心之论。他只能耐着性子解释道，如果朝廷真的有这种想法的话，就算不加"权"字，"他日别议追崇"

---

① 《欧阳修全集》卷一百二十一，《濮议》卷二，第 1854 页。

又有何不可呢？何必要给人口实呢？

英宗的手诏中为什么要用"权罢"这样的措辞呢？确实有深意。欧阳修认为，尊崇生父乃是"彰圣君之孝而示天下"，本没有半途而废的道理，"权罢"表达的是要渐次、缓缓来做此事的意思，让礼官去查询礼书也正是这个意思。

朝廷负责礼仪事务的机构是太常寺，当时太常寺的负责人正是当年连上十九道章奏劝仁宗立储的范镇。范镇是个真正的骨鲠之臣，他率领礼官上奏："汉宣帝是以汉昭帝孙辈的身份入继大统，汉光武帝从辈分上来说是汉平帝的祖辈，因此他们入嗣之后称自己的父亲为皇考没什么大问题，但还是引起了很多非议，认为他们是以小宗合大宗之统。如今皇上既然成为仁宗之嗣，如果再称濮王为皇考，那过失无疑比汉宣帝、汉光武帝还要大。总之，对待濮王，无论是称帝、称皇、称皇考，还是为他立宗庙、论昭穆，都是不应该的。"范镇还将《仪礼》中的相关篇目、汉代儒生的相关议论以及魏明帝的相关诏书都抄录了下来，直接呈递给了英宗。

英宗将范镇等人的奏疏下发到中书门下，欧阳修有点生气，范镇的做法无疑把朝廷好不容易平息下去的纷争再度挑起，逼着英宗不得不赶紧做出决断。他忍不住责备范镇："皇上的诏书只是让礼官们查阅相关资料，为什么这么急着罗列出来交给皇上呢？"范镇反唇相讥："任何一个部门收到诏书命令都不能迁延，要立刻有回应，这是身为臣子的职责，难道这也是罪过吗？"

从范镇等人上奏后，台谏官便也纷纷跟上，上奏请求英宗早日听从王珪的说法，将濮王以"皇伯"之名来尊崇。

知谏院司马光连上数章，指出英宗是因仁宗之子这一身份才得以继承大业，"国无二君，家无二尊"，如果再尊濮王为皇考，那将置仁宗于何地呢？司马光甚至还提出了一个尖锐的问题："假如仁宗在位之时，濮王也还在世，那时将陛下立为皇子，那么您将称濮王为父亲还是伯父呢？如果先帝在世的时候您称濮王为伯父，您又怎么会在先帝去世后又称濮王为父亲呢？按照这个道理，称濮王为皇伯又有什么疑问呢？"

侍御史知杂事吕诲则指出，皇帝之所以不肯认同王珪提出的"皇伯"说，无非是想给濮王安上"皇考"的头衔，和仁宗享受相同的待遇，可是这样一来，就造成了"尊有二上，服有二斩"，完全与礼书和律法条文相违背。吕诲同样提醒英宗，他之所以能从藩邸入继大统，全是因先帝之德，现在尽心侍奉皇太后尽孝心尚且还没做得周到，怎么能"顾私恩，别亲疏，而忘大义"呢？

吕诲还将矛头指向了"二三辅臣"，也就是支持皇考说的宰执韩琦、欧阳修等人，认为他们不但没有替皇帝"开陈正论"，反倒为了取悦皇帝，挑拨皇帝与先帝之间的关系，违背礼义、祸乱人情，陷皇帝于不义，这样的臣子，简直算得上"佞臣"！

从台谏官们的议论开始，这件事实际上已经被分出了几个不同的层次：第一，濮王究竟该称"皇考"还是"皇伯"？——这是一个单纯的礼法问题；第二，皇帝能否利用自己的权力"顾私亲"而不顾大义？——这个问题关乎皇帝权力的边界；第三，宰执是否有为了讨好皇帝、获取政治资源而怂恿皇帝做坏事的嫌疑？——这逐渐变成了台谏官们最关注的问题。

在这件事上，台谏官和宰相又一次发生了尖锐的对立冲突，庆历年间的政治局势再一次重演，只是欧阳修已经由抨击宰执的台谏官变成了被抨击的宰执。台谏官们一直反对尊濮王为皇考，并将批评的矛头很快对准了首发此议的韩琦、欧阳修等人。围绕着这个问题，朝廷逐渐分裂为支持皇考说的中书派和支持皇伯说的台谏派。

虽然是韩琦率先提出尊崇濮王的建议，但皇考派最核心的力量实际上是参知政事欧阳修。在庆历时代曾与他们并肩作战的富弼此时也站在了他们的对立面，富弼曾言辞激烈地批评欧阳修："欧阳公读书知礼法，所以为此举者，忘仁宗，累主上，欺韩公耳。"①

那么，欧阳修为什么支持"皇考说"呢？难道真如一些人所指责的那样，是为了取悦英宗，以获取荣华富贵和政治资源吗？诛心之论最难辩驳，但从欧阳修一贯的行事风格来看，他绝不是献媚取悦主上之人。

① 《邵氏闻见录》卷三，第121页。

（二）援护蔡襄

如果真要取悦皇帝，欧阳修显然有更多更好的方式，完全用不着冒天下之大不韪支持皇考说。从他踏入仕途开始，正直始终是他为官的底色，无论是被贬在外还是身居高位，士大夫的风骨从未在他身上缺失。英宗上台后，欧阳修对蔡襄的援护便是典型的例子。

曹太后垂帘听政期间，曾和中书门下的宰相们说起过这样一件事："仁宗立宗实为皇子后，因思念自己亲生的鄂王，悲伤涕泣，一些宦官宫妾便争相挑拨仁宗与皇子间的关系。而近臣中也有一些对立皇子之事有不同意见，其中竟有一两位知名的大臣。他们议论此事的章奏就放在先帝卧榻之上，最近已经拿到烧钱炉烧掉了。"当时韩琦、欧阳修等人都不敢问"近臣"指的究竟是哪些人，只敢点头称是——毕竟英宗已经登基，如此敏感的问题很容易酿成大风波。

然而外界的议论还是很快起来了，许多人都传言蔡襄曾对宗实被立为皇子一事发表过异议。传言扑朔迷离，也没什么实际的证据，可是英宗却实实在在把传言听进心里去了。

英宗病愈后，屡次问起蔡襄是什么样的人——很明显，当上皇帝的他是想找机会秋后算账。有一回因为担任三司使的蔡襄请假没来参加朝会，英宗勃然大怒，板起脸来对宰相们说："三司掌天下钱谷，事务繁多，而蔡襄十日之中有四五日都请假，为什么不换一个人来当三司使！"韩琦等人赶忙解释："三司之事并无缺失，如果要罢免蔡襄并没有正当的名义，更何况，如今也找不到任何一个才识名望能超过蔡襄的人。"

面对皇帝的偏见和震怒，欧阳修又站出来补充情况："蔡襄的母亲已经八十多了，老人家又多病，他难免要分身照顾母亲，只是请了朝会的假，日高之后就到岗工作，也耽误不了什么事。"

虽然有欧阳修等人澄清情况，但英宗对蔡襄的怨气始终不能消解，每当奏事提及三司，他都会愤然不乐，对蔡襄的不待见简直恨不得写在脸上。

谣言也越传越离谱，甚至有人说，英宗入宫之后曾亲眼见到蔡襄所写的那些章奏。面对这样的情形，蔡襄只好主动上疏求罢。韩琦等人便因此询问英宗，英宗说道："我在宫内没看到过他的章奏，但是当皇子时却早已听说此事。"韩琦说："事出暧昧，虚实未明，请陛下进一步仔细调查。如果让蔡襄因流言蜚语而获罪的话，今后小人便能效仿，以此来陷害忠良，好人便难以立足了！"曾公亮也说："京城向来谤议极多，一人伪造谣言，众人传之，久而久之就有人信以为真。前代就曾出现过用疑似之言来陷害忠良的，不仅殃及臣子，更是国家的祸患啊！"听了他俩的话，英宗不置可否。

欧阳修开门见山地问英宗："陛下认为传闻中的这件事到底有没有？"英宗紧皱眉头："即使没看到他的章奏，又怎么能保证他没做过这样的事呢？"欧阳修顿了一顿，决定揭开自己心里的一道伤疤："对待这些似是而非的毁谤，不要说现在无迹可寻，就算是有分明的证据，也得仔细辨别真伪才行。先帝在时，夏竦想要陷害富弼，让他的婢女学习石介的字体，学成后伪造了一份所谓石介给富弼写的废立诏书草稿，幸亏仁宗圣明，富弼才得以保全。至和初年我结束服丧回到朝廷，有嫉恨我的小人以我的名义伪造了一份请求裁汰宦官的奏稿，传布于朝廷内外，宦官无不因此对我咬牙切齿，想要加以谗害，也幸亏仁宗保全，才让我留在朝廷，有了今日。由此可见，即使有文字作为证据，也需要明辨真伪，更何况并没什么实在的证据呢？陛下还是不要再怀疑了。"韩琦和曾公亮连连开解劝慰。

英宗总算心结纾解了一些，说道："官家如果相信传闻，蔡襄还有命活到今日吗？"[①] 最终还是将蔡襄外放至杭州，让吕公弼代替他当了三司使。

从这件事上我们可以看出，英宗对自己当年被立为皇子的波折其实还耿耿于怀，与其说是对蔡襄的怨气，不如说是借此发泄对仁宗的怨气。如果欧阳修等人真的想要取悦皇帝，在此事上保持沉默无疑是更好的选择，完全没必要花如此大的力气、冒着得罪皇帝的风险为蔡襄开解，更何况，蔡襄与欧阳修、韩琦等人都是庆历时期的领军人物，都曾被扣上过朋党的帽子，此番

---

① 《欧阳修全集》卷一百一十九，《奏事录·辨蔡襄异议》，第1834页。

援护一旦被人借题发挥，后果更是不堪设想。

风险如此大，可这件事该做，便就做了，这就是欧阳修的为官风格。

（三）忧患百虑来填膺

欧阳修支持皇考说的原因主要有两方面。

第一，从礼法的角度，欧阳修发自内心认同"为人后者，不绝其所生之亲"，翻译成通俗易懂的语言，就是过继的孩子不应断绝与亲生父母之间的情感与联系。《仪礼》中规定，过继的孩子为其亲生父母服丧时，从最高级别的三年之丧降格为一年之丧。欧阳修由此出发，提出如果按照王珪等人的说法，过继之后完全遵照过继家庭的尊卑亲疏，那么过继子为亲生父母服丧时，完全按照原生家庭与过继家庭的亲疏远近即可，圣人又何必制定出"降服"也就是服丧降等的规则呢？

欧阳修进一步指出，"父子之道，天性也"，是"仁之道也"，而像英宗这样入继到别支，则往往出于"大义"。过继之后在亲生父母的丧服上降等，是为了保全大义；却不能因此割断与亲生父母的情感与联系，这样才是"存乎至仁也"。仁与义应当两全，否则，一旦过继之后，对待亲生父母就像从未有过生恩一样，无疑是违背人性的，如果以所谓"大义"为借口压抑人的天性，无疑是一种虚伪，"圣人不为也"。

从这个角度出发，欧阳修认为英宗有称濮王为皇考的权力，这是符合儒家的"圣人之道"，不违背礼法规则的。

第二，欧阳修当时已经是参知政事，如果说台谏官尚且可以纠结于具体问题的是非对错，身为王朝的宰执，考虑问题时无疑得从全局出发。之所以支持英宗尊崇濮王，从现实的角度讲，或许是宰执顾全大局的一种不得不为的选择。

英宗对仁宗的怨气几乎是显而易见的，这种长久积累下来的怨气也影响到了他正常履行皇帝的职责，从刚登基时的大病，到与太后之间的龃龉，再到太后撤帘的风波，朝廷已经浪费了太多的时间在处理皇帝的心结和怨气上。如果再把时间线拉长，从庆历时期新政失败后，大宋和庆历一代人也已经浪费了太多的时间，朝廷的各项弊端不断显露。曾经怀揣热情与理想的庆历名臣如今又一次齐聚朝廷，更重要的是，此时他们手中掌握着国家大权——他们终于有机会做更多的事了，时不我待。从某种程度上来说，欧阳修和韩琦等人支持英宗尊崇濮王，就像是在哄着一个孩子——让他在这个自己最在意的问题上遂心了，一切因此而起的风波或许就能平息，皇帝就能把注意力集中到国家大事上来。更何况，在欧阳修看来，这并不违背礼法和人情。

濮议问题本应是个单纯的礼仪学术问题，只是一旦与最高权力牵连在一起，便迅速地变成了一个政治问题。台谏官们的观点和做法当然也没有错，纠正朝政缺失本就是他们的职责。问题在于，就像此前多次发生在宋朝的情况一样，这场就具体问题而引发的讨论很快就转移了焦点，迷失于双方的彼此攻讦之中。

（四）台谏与宰相之战

治平二年八月，开封遭遇了一场数十年不遇的水灾。

连日的大暴雨造成了洪水和内涝，冲毁了大量官署和民宅，百姓死伤众多，损失的财物、牲畜不计其数。第二天朝会的时候，能顺利到达崇政殿参会的官员只有十几人而已，大量官员因道路积水无法出行。宫中也有大量积水，英宗下诏打开西华门泄水，不料门一打开，大量积水汹涌向东，冲毁了东殿和殿前侍卫的营房，淹死了不少侍卫和马匹。经过粗略统计，这场水灾中，仅明确姓名的死者就有一千五百八十八人，不明身份的死者就更多了。

发生如此严重的天灾，按照中国古代"天人感应"思想，乃是统治者的行为存在缺失，上天降下警示所致。按照惯例，皇帝必须下罪己诏检讨自己的过失。大雨之后的第五天，英宗降下了罪己诏，并在诏书中提到"中外臣僚并许上封事，言时政阙失及当世利害"，也就是允许臣僚畅所欲言，指出朝政中存在问题的地方。

借着这个机会，台谏官们又将矛头对准了英宗和宰辅大臣，指责英宗不应过度尊崇濮王、私恩害公，指责宰相不应权力过盛，阻塞言路。

司马光上奏中指出英宗登基以来的三大问题：第一，"疏母弃妹"，没有好好照顾仁宗留下来的太后和几位公主；第二，"凡百奏请，不肯与夺"，没有好好履行作为皇帝的职责，导致"大臣专权，甚于先朝"；第三，不听从台谏的意见，将台谏的意见交由宰相处理，导致"陛下所以独取拒谏之名，而大臣坐得专权之利者也"。

而吕大防则把朝廷中存在的问题归结为八个方面：主恩不立，臣权太盛，邪议干正，私恩害公，西北连谋，盗贼恣行，群臣失职，刑罚失平。

台谏官反复指责的"大臣专权""言路阻塞"无疑指的是韩琦、欧阳修等宰执专权，导致台谏提出的意见无法执行。这些说法从何而来呢？从五月英宗宣布"权罢议"后，台谏官接连上奏请求早日尊濮王为皇伯，将其与皇帝的宗法关系梳理清楚。然而这些言辞激烈、语气急切的章奏都被"留中"，也就是没有收到任何的回应，与此同时，台谏官上奏的其他事务也有很多没有得到施行，这使得台谏官认定是宰相在从中作梗，堵塞言路。

面对这样的指责，宰相们甚至向英宗上奏："最近御史台官员因言论得不到朝廷施行而愤愤不平，认为是臣等阻塞了言路，导致陛下不愿纳谏。请求陛下在他们的建议中找出一两件事予以施行吧。"英宗说道："朝廷当以至公待天下，如果御史们所提的建议可行，那肯定要尽快施行，又何必仅仅施行一两件事呢？如果提的建议不可行，难道要为了照顾人情而将不可行之事勉强推行吗？这不是对国家有害吗？"说完，英宗又问："他们提的建议里有可行但是却没施行的吗？"韩琦、曾公亮、欧阳修等人面面相觑，说道："实在没有。"

为什么会出现这样的情况呢？据欧阳修的分析，当时几位御史都是刚刚被提拔上任，锐意进取，急于做出一番成绩，"见事辄言"，没有认真考察情况，更没有站在全局的角度深思熟虑，因此提出的建议大多并不可行。例如，八月的大水灾冲毁了许多军队营房，英宗和两府大臣都为此夙夜劳心竭虑，已逐步处理得有眉目了。范仲淹之子范纯仁此时刚被任命为御史，第一次上殿奏事时便催促修缮营房，指责中书门下为什么不尽快完成此事。为了提高效率，范纯仁提出建议：每一处营房派一名监官前去督促，保证修缮进度。而中书门下统计出，京城倒塌的军营共五百二十座，如果按照范纯仁的建议施行的话，则需要五百二十名监官，每名监官又要配备当值士兵四人。在国事纷乱如麻，各处都需用人之际，专门派五百多名官员、两千多名士兵去监督修缮工程，无异于天方夜谭！更何况，要修缮军营，最基本的瓦木笆箔怎么解决？这个问题范纯仁只字未提。御史到中书门下讨论此事时，欧阳修忍不住对着这些幼稚的建议笑出了声。御史们也意识到此建议不太现实，几天后，由吕大防上奏做出修正——每两个营房派一名监官。

这些御史的建议在宰相们看来实在是"烦碎、不识事体、不可施行"，可是御史们却认定，是中书门下在有意阻挠。吕大防甚至提出，以后如果中书门下认为御史台提的建议不可行，应该向御史台具体指出不可行的原因——这显然是缺乏政治经验的年轻人才会提出的意见，中书门下事务如此繁巨，怎么可能只围着御史台转？台谏官与宰相，新一代与老一代政治家的对立，就这样愈演愈烈。

历史就是这样惊人地相似，身在宰执之位的欧阳修向台谏官们望去，满眼都是自己年轻时的影子。当年担任谏官的欧阳修也是这般锐意进取、正直敢言，却也同样缺乏政治经验。只是二十多年前的欧阳修一定无法想象，自己有朝一日会成为当年自己所激烈反对的当权者，会被自己亲手所打开的言路所困扰。此时的欧阳修更能理解当年的吕夷简，却无法与新一代年轻的台谏官们共情——他们终究无法相互理解。

就连对待异议的方法，欧阳修等人和当年的吕夷简都如出一辙——将反对派的主力调离台谏官的职位。首先被调离的是知谏院蔡抗，他始终坚持皇伯说，在上奏时据理力争，"指陈切至"，以至于泪流满面，令英宗都不得不动容。水灾发生后，他立即将灾害发生的原因归咎于朝廷过于尊崇濮王。如果再让蔡抗留在言路，他只会和宰相对抗到底。于是，蔡抗被任命为知制诰兼判国子监，以体面的方式免去了谏官之职。

紧接着是御史中丞贾黯。他也是皇伯说的有力支持者，曾因此多次到中书门下与宰执们争论。水灾发生后，他已生了重病，仍坚持上奏："简宗庙，逆天时，则水不润下。如今两三位执政大臣阿谀奉承、违背经义，建两统、二父之说，才会造成神灵震怒，天降雨水，流杀人民。"不久贾黯便因病求退，英宗将他安排到陈州，算是对他的优待。没想到十二天后，贾黯就去世了，临死前仍口述了一份数百字的遗奏，还是请求早日将濮王皇伯的身份确定下来。

第三位离开言职的便是同知谏院司马光。治平二年十月，司马光的贴职从天章阁待制升到了龙图阁直学士，一同被升的还有判太常寺吕公著，他们二人是支持皇伯说的核心力量。给他们两人加上如此清要的头衔，目的再明确不过了，说得难听点，有"收买"的嫌疑。司马光连上三份章奏，坚决不肯接受，甚至主动请求外任。最终英宗顺水推舟，免去了司马光知谏院的职位，仅让他留在朝廷充当侍读学士。

司马光离开谏院后，谏院基本就空了，唯一的谏官傅尧俞正在出使契丹。而御史台在仁宗时代员额是二十人，如今只剩下吕诲、范纯仁和吕大防三人。台谏官的力量似乎在被慢慢瓦解，面对这样的情形，吕诲心急如焚，上奏称："自古言路壅塞，未有如今日之甚也。"请求朝廷增加台谏官的数量。

治平二年冬至，英宗举行了盛大的南郊典礼，这是他即位后的第一次南郊大典，按照惯例，祭祀之后，要进行大赦，封赏臣民。然而在典礼的全过程以及封赏名单中，都没有出现濮王——这就绕过了濮王称呼的问题，英宗是要打定主意拖下去了。

然而台谏官却坐不住了，借着这个机会，吕诲上奏请求让枢密院和两制官员共同详定尊奉濮王的典礼——也就是将濮王"皇伯"的名分尽快定下来，"以示至公于天下"。结果，这一建议依旧被英宗敷衍过去了。吕诲前后为此事上了七份章奏，结果都被拒绝。既然建议得不到回应，吕诲便又连上四章，请求"免台职补外"，也就是想要辞去御史台之职——在皇帝和宰相看来，这是"欲以言得罪而买名"，故意沽名钓誉，因此这一请求依然没有得到通过。

极度愤怒之下，吕诲将全部火力集中到宰相韩琦身上，连上数章弹劾：

（韩）琦自恃勋劳，日益专恣，广布朋党，黩紊法度。朝廷进一官，皆曰琦之亲旧，黜一官，皆曰琦之怨敌。人言若是，未必皆然，盖持守不公，气势寖甚，众所指目，不能逃也。以至小人乘时迎望风旨，趋走门下唯恐其后，天下只知琦之恩仇，而不知陛下之威福也。①

吕诲抓住了皇帝特别忌讳，同时也是韩琦等人曾背过的罪名——私结朋党。他还将韩琦与古今的权臣霍光、李德裕、丁谓、曹利用等人相提并论，认为韩琦的骄恣甚至超过他们。

韩琦被弹劾后，立刻上表求去。英宗自然不允，翰林学士范镇代英宗写了一份批答，在批答中有"周公不之鲁，欲天下之一乎周"一句，将韩琦比作周公，以周公辅佐成王，不到自己的封地鲁国的典故来挽留韩琦。英宗看了很不高兴，如果将韩琦比作周公，言外之意不就是朝廷离开了他韩琦就运转不起来了。也有谣言说，欧阳修因为濮议一事与范镇起了龃龉，因此在这件事上添了一把火，和英宗说："范镇将韩琦比作周公，就是把陛下当作小孩子来看啊！"最终，范镇被免去了翰林学士之职，出知陈州。支持皇伯说的阵营又少了一员大将。

眼看着韩琦的地位一时半会儿无法撼动，台谏官们又将矛头对准了欧阳修。几天后，吕诲联合范纯仁、吕大防一同上奏，指斥欧阳修"首开邪议，妄引经据，以枉道悦人主，以近利负先帝，欲累濮王以不正之号，将陷陛下于过举之讥"②。在他们看来，如今"豺狼当路，奸邪在朝"，豺狼和奸邪指的是谁？无疑是欧阳修。吕诲等人认为，欧阳修为了讨好皇帝，违礼乱法，不顾大义，拒塞正论，挟邪罔上，实在算不上忠臣，不配在中书门下任职。他们还搬出了东汉师丹与董宏论争的典故，提出"臣等及修，岂可俱进"，俨然一副与欧阳修势不两立的姿态。御史们提出了两项要求：第一，"正濮王之礼"，也就是尽快将濮王"皇伯"的称呼和相应的典礼仪式定下来；第二"罪首恶之臣"，也就是将欧阳修、韩琦赶下宰执之位，并论他们的罪。在章奏的最后，

① 《续资治通鉴长编》卷二百零六，治平二年十二月甲辰条，第5012页。
② 《续资治通鉴长编》卷二百零七，治平三年正月壬午条，第5023页。

吕海等人还要求，将御史们的"前后章疏，付外施行"，让天下人来评判是非正邪。

面对御史的指责与攻击，中书门下的宰执们也没有坐以待毙。欧阳修等人立刻上了札子逐条反驳御史们的指责，这份洋洋洒洒、引经据典的札子阐明了三方面的观点：第一，台谏官们所支持的皇伯说乃是无稽之谈；第二，在尊崇濮王的问题上，无论是皇帝还是宰相，都不敢轻议妄举，一贯主张从长计议，御史们所谓"过于尊崇濮王而导致天灾"的说法无疑是污蔑；第三，当务之急是为濮王正名号，至于外界议论纷纷的"立庙京师，干乱统纪之事"本来并非朝廷之意，应当尽快下诏辨明此事。

一时间，朝廷剑拔弩张，两大阵营唇枪舌剑，议论不止。英宗心底里自然是向着宰执的，或者说得更明白些，在这件事上，英宗是把宰执当枪来使，许多他不方便开口的话，宰执帮他说了；许多本该由他来承受的攻击，都由宰执首当其冲来承受了。

面对物议沸腾的局面，英宗自然不方便下诏做出决断，这个烫手山芋终究还是扔给了宰执。

（五）太后手书罗生门

其实，早在治平二年九月，中书门下就拿出过一个折中的方案，大意就是让英宗发布诏书称："濮王是朕的本生亲，群臣都请求封崇，但儿子没有给父亲爵位的道理，令中书门下将濮王的坟茔扩建为墓园，在墓园中设庙祭祀，令濮王子孙每年奉祠。尊崇礼节大概如此而已。"这样既顾及了英宗与濮王的父子之情，又解决了如何祭祀濮王的问题。当时英宗看过这个方案后，表示："如此极好，但需要向太后禀告后才能施行，还是再等等吧。"随后便是南郊大典，朝廷事务纷繁，这个方案也就被搁置了下来。

如今既然濮议之论再起，中书门下的宰执们便将此前的这一方案再度进呈给英宗，请他下诏施行。英宗回复："这两三日间将此事禀告给太后，便可施行了。"

然而，第二天，曹太后却主动派宦官送去了一份手书，上面写着："濮王许皇帝称亲，濮王宜称皇，三夫人宜称后。"

曹太后的这份手书是宋代历史上的罗生门。按照南宋李焘在《续资治通鉴长编》中的记载，此事是宰执们事先计划好的。他们认为，此时只有皇太后出面才能打破僵局，平息物议，于是密谋让皇太后先写这样一份手书，然后再让英宗下诏谦让，只称濮王为"亲"，不称"皇"。李焘甚至写道，当太后的这份手书送到中书门下的时候，欧阳修和赵概"相视而笑"，一切都在他们的安排之中。至于宰执们究竟使用了何种手段让太后写下这份手书，李焘并没有明确记载，但是读者却可以想见。

而按照欧阳修自己的说法，曹太后的手书是宦官高居简于当天晚上送到曾公亮家中的，在此之前无人知晓此事，而太后手书的内容也与中书门下议定的方案不同，"称皇""称后"一事，英宗此前也从未提过，"此数事皆非上本意，亦非中书本意"[①]，纯属意料之外的情况。第二天上朝，韩琦正在斋戒，并不在场，只有欧阳修和赵概以及曾公亮在垂拱殿门的小阁里，"相顾愕然"，不知道该如何处理。三人只好派人去请示韩琦。不久，韩琦赶来，众人来不及商议便一同上殿。在皇帝面前，韩琦提出："太后手书中所提到的三件事，只有称亲一件可以奉行，而称皇、称后之事，请陛下务必要辞免。请您另外再发布一份诏书，只称濮王为亲，可以将臣等此前进呈的以茔为园、因园立庙、令王子孙奉祠等事写入诏书中施行。"英宗称："甚好。"于是按照韩琦的提议施行。

无论宰执有没有参与密谋、有没有用不正当手段获得太后的手书，在台谏官看来，这件事都太令人匪夷所思了。吕海当即上奏指出，当初准备集议讨论濮王一事时，是太后手书切责大臣，才导致讨论中止的；现在太后竟然有建议濮王称皇的手书，前后态度未免太反复无常，实在是疑点重重。

范纯仁更是一针见血地指出，太后从撤帘之后，一直深居宫中，从未参与过外朝政事，怎么会在这个当口下达这样的命令呢？一定是某些权臣假借

---

① 《欧阳修全集》卷一百二十，《濮议》卷一，第 1851 页。

太后的诏令来达到自己的目的，这份诏令恐怕是威逼太后才得来的。范纯仁担心，一旦开了这样的头，会带来极大的弊端，此后如果权臣再以太后名义行非常之事，岂非会对皇帝的统治造成极大威胁？他所提到的"权臣"无疑是韩琦等人。韩琦看到范纯仁的章奏后，想起自己当年与范仲淹并肩作战的日子，感觉到无比伤心，他和欧阳修、曾公亮等人说："我和希文（范仲淹字）恩如兄弟，也一直把纯仁当作子侄来看，他怎么忍心这样攻击我！"

调查了几天后，吕诲认为，这一切的幕后主使就是韩琦，于是又上奏："韩琦与宦官苏利涉、高居简往来密切，相互勾结，迷惑了太后才有了这份手书，他们竟敢如此欺君负国！"数落完韩琦后，吕诲又将矛头对准了欧阳修，指出欧阳修是"首恶"，"凡人臣得罪君上，犹或可赦，修乃得罪祖宗，故无可赦之理"。最后吕诲还以辞职相威胁，提出"臣等与修，理不两立，修苟不黜，臣终无就职之理"。——有我没他，有他没我，皇上您看着办吧！

（六）濮议落定

御史们的章奏如同雪花似的一份接着一份堆到皇帝眼前，英宗却没有耐心再纠缠下去了。

正月二十四日，英宗下诏：

> 朕面奉皇太后慈旨，已降手书如前。朕以方承大统，惧德不胜，称亲之礼，谨遵慈训，追崇之典，岂易克当。且欲以茔为园，即园立庙，俾王子孙主奉祠事，皇太后谅兹诚恳，即赐允从。[①]

英宗保留了对濮王称"亲"的权力，也为濮王单独设庙祭祀。二十八日，又下令百姓须避讳濮王名中一字，安排好了濮王园庙中的守卫事宜。——总之，英宗几乎获得了他所想要的一切。

二十九日，英宗便下诏停止集议濮王典礼，持续了一年的濮议总算尘埃落定。当天，宰执们将吕诲等人的奏状全都进呈给皇帝。英宗沉默了半晌，

---

① 《续资治通鉴长编》卷二百零七，治平三年正月丁丑条，第5030页。

问宰执们该如何处理。韩琦回答："臣等是忠是邪，陛下您是知道的。"欧阳修说道："御史们认为'理难并行'。如果陛下认为臣等有罪，那么不妨留下御史；如果认为臣等无罪，那么就应当听候您的决断。"——欧阳修的意思是，如果皇帝认为我们无罪，那此前御史们的弹劾就完全是无中生有的污蔑，现在御史台和中书究竟谁是谁非，必须要有所决断。

英宗犹豫了很久，还是决定站在宰执这边，将御史们解职。他也不愿将风波闹得太大，说道："御史们还是不宜责之太重。"最终，吕诲罢侍御史知杂事，出知蕲州；范纯仁以侍御史的身份出任安州通判；吕大防落监察御史里行一职，出知休宁县。

三月，出使契丹的同知谏院傅尧俞和侍御史赵鼎、赵瞻回朝。他们在出使前也曾上疏讨论濮王之事，支持皇伯说，因此三人一回朝便主动归家待罪。吕诲被免职之后，空出来的侍御史知杂事一职便给了傅尧俞，可是他坚决不接受，向英宗稽首说道："当初我比吕诲更早在濮王一事上发言，现在吕诲等人被贬谪，只有我升官，我实在不敢接受！"英宗多次下旨挽留傅尧俞等人，可他们三人求去之心非常坚决，无法动摇。最终，他们三人也被免职外任：傅尧俞出知和州、赵鼎通判淄州、赵瞻通判汾州。

在这场旷日持久的濮议风波中，看似宰相又一次战胜了台谏官，可事实真的是这样吗？在无休止的攻讦中，宰相们也惹得一身骚，他们的形象大打折扣。更重要的是，台谏官对宰相们"弄权"的指责使得他们不敢再有所作为，很多事情都不得不束手束脚。宰相凭借此事获取了更多的政治资源吗？或者说，赢得了英宗本人的感激吗？其实并没有。

治平二年，濮议初起之时，侍御史赵瞻被选为契丹接伴使，他临行前上殿向英宗说道："陛下为仁宗子，如果再称濮王为皇考，不符合礼法。"英宗说道："你何时见到朕想称濮王为皇考呢？"听了这话，赵瞻说："一定是宰相们的意思，陛下从未这样说过！"英宗说道："确实是宰相们议论太过了。朕几岁时便被先帝当作孩子养在宫中，岂敢称濮王为父亲？"赵瞻赶忙说："陛下何不把这层意思告诉宰相？再下达诏书让天下人知晓。"英宗却推脱道：

"我的心意已决，也无需向天下宣告了。"① 濮议尘埃落定之后，司马光坚决反对称濮王为"亲"，英宗告诉司马光："此字朕本不欲称，假使只称濮王与仙游县君，又有何不可呢？"②

或许这就是英宗的帝王权术，他借宰相之手获得了想要的一切，却把一切责任也推给宰相，让宰相来当破坏礼法、阻塞言路的恶人。在这场风波中，他从未正面出场，却成了唯一的赢家。

结束了这场徒耗心力的论争，心满意足的英宗终于打算把注意力转移到国事上去，学着做个好皇帝。然而，他的时间已经不多了。

四、祸患藏不测

（一）祸起

濮议尘埃落定后不久，英宗又生病了。治平三年十月，英宗"不豫"，起初以为仅仅是小病而已，毕竟从登基起，人们就已经习惯了皇帝的病弱状态；不料到了十一月，英宗竟然不能开口说话了，只能与臣下用纸笔沟通。

一切都和仁宗晚年如此相似。在皇帝病重期间，韩琦又充当了力挽狂澜的角色，在他的建议之下，英宗于病榻之上写下艰难的几个字"立颖王顼为皇太子"，确立了最高权力的继承人，保证了权力的顺利交接。

治平四年（1067）正月初八，英宗在福宁殿驾崩。他在位满打满算不到四年的时间，却浪费了太多时间在生病、怄气以及讨论尊崇生父的问题上。他所接手的，本就是个内忧外患、亟待变革的国家，他所拥有的宰辅班子，基本都由经验老到的庆历旧臣组成，明明大有可为，他却没有时间与精力去完成这一切了。

时年二十岁的皇太子赵顼即位，他就是宋神宗。他注定要继续完成父亲未竟的事业。

---

① 参见《宋史》卷一百《赵瞻传》，第 10878 页。
② 《续资治通鉴长编》卷二百零七，治平元年正月辛酉条，第 5041 页。

英宗的猝然离世，让欧阳修的处境更加艰难。

濮议使得朝廷分化成对立的两派，以宰相为首的皇考派因为支持皇帝，贬斥言官，在当时被视为谄媚奸邪之徒，名声一落千丈。英宗在位时，因为有皇帝的支持，政敌们还对皇考派不敢轻举妄动。英宗离世后，继任的神宗并不赞同父亲追尊濮王的做法，一些官员便也望风而动、改换阵营。

欧阳修首先成为众矢之的。去福宁殿为英宗致哀时，事出匆忙，欧阳修外面套着白色的丧服，里面依然穿着紫衣。不知怎的被监察御史刘庠看到了，立刻上章弹劾，称欧阳修"衰服之下着紧丝花袄子""细文丽密,闪色鲜明"[1]，在大庆典时穿着都稍显奢侈，在大丧之日这样穿尤其不符合礼法。受到御史弹劾后，欧阳修便立刻归家待罪。刚登基的神宗对这位老臣还是比较宽容敬重，他压下了这份章奏，悄悄派人告诉欧阳修，让其将紫袄换掉，继续回中书门下任职。

然而，明枪易躲，暗箭难防。一场祸患已经悄悄在酝酿。

欧阳修的妻子薛夫人有一位堂弟,名为薛良孺[2]。他曾举荐一名叫崔庠的官员充任京官，不料后来崔庠犯了赃罪，时任淄州知州的薛良孺也因此受到牵连，被京东转运司扣押。正巧遇到神宗登基，大赦天下，本来薛良孺也应当被赦免，谁知欧阳修特意上奏称"不可因为臣的缘故而让他们有非分要求，请求不赦免良孺"。最终，薛良孺因为举人不当而被免官。知道事情原委的人都很同情薛良孺，认为欧阳修避嫌未免太周密、为自己名节考虑太过；如果薛良孺是自己做错了事，特奏请求不赦免他还情有可原，可实际上他只是推举不当被牵连而已，欧阳修这样做也未免太不近人情。

薛良孺本人因此对欧阳修非常怨恨，于是捕风捉影，编造了一个巨大的丑闻："参知政事欧阳修帷薄不修"。"帷薄不修"是古人隐晦的说法，用现在的话来说就是个人作风不检点，家庭生活淫乱。欧阳修不是第一次面临这样

---

① 吕希哲：《吕氏杂记》卷下。

② 范镇《东斋记事》中记此事作"薛宗孺"，司马光《日记》《续资治通鉴长编》《宋史》中记此事均作"薛良孺"，今姑从"薛良孺"。

的指控了，庆历五年（1045）他正是因为"张甥案"与外甥女有私情的指控而被贬滁州。士大夫爱重名节，那一次风波对欧阳修的打击极大，而这种恶毒的攻击竟然又一次重演！

要想污蔑一个人的清白、吸引大家的眼球，谣言自然是越耸人听闻越好。欧阳修的长子欧阳发娶了盐铁副使吴充的女儿为妻，薛良孺编造的谣言便是欧阳修与儿媳吴氏之间有私情！公公与儿媳乱伦，这放在历朝历代即使是普通百姓身上都是巨大的丑闻，会被视为禽兽不如的行径，更何况是极重视士大夫名节的宋代呢？何况是位居参知政事、名满天下的欧阳修呢？

薛良孺编造的谣言很快传到了欧阳修的仇家集贤校理刘瑾耳中，刘瑾更是加油添醋，不遗余力地向外传播。御史中丞彭思永听说后，便私下里告诉了自己的下属蒋之奇。

这个蒋之奇还是欧阳修一手提拔起来的。欧阳修向来对这位年轻人青睐有加，此前蒋之奇参加制举没有考中，去拜访欧阳修，在他面前大赞尊崇濮王之举，批驳皇伯派官员的观点。欧阳修觉得和蒋之奇志同道合，便在英宗面前大力推荐他。正好治平三年濮议尘埃落定后，御史台官员几乎全都被免职外放，蒋之奇便被任命为监察御史里行。

欧阳修对蒋之奇有知遇之恩，然而蒋之奇却是一个见风使舵的小人。借助欧阳修的力量当上御史后，朝廷的风向发生了变化，批评宰执的力量占了上风，蒋之奇担心自己也被视为奸邪，便迫不及待撇清自己与欧阳修的关系。

得知这个谣言后，蒋之奇如获至宝，赶忙独自上殿弹劾欧阳修，甚至要求将欧阳修"肆诸市朝"，也就是斩首示众。

这个罪名实在太恶劣，事情也太突然，再加上蒋之奇也拿不出任何可信的证据，因此神宗一开始并不相信。于是蒋之奇便拉来彭思永作为人证，还效法古代的骨鲠之臣直言进谏，跪地叩首，不达目的誓不罢休。彭思永也站在蒋之奇这边，认为欧阳修应当被贬斥，他还一语道破天机："因纵欲淫荡的罪名治大臣之罪是很难的，但欧阳修最先支持尊崇濮王，挑起濮议，这事已经犯了众怒了。"

（二）辩诬

听说蒋之奇等人对自己的恶毒攻击后，欧阳修出离愤怒，立刻上札子要求查清真相。他写道："臣身负国恩，位列宰辅，横被污辱，情实难堪。即使皇上圣明，知道臣是无辜的，可是朝廷内外传得沸沸扬扬，不可能人人都知晓真相。希望陛下解除我的职位，然后将蒋之奇的章奏向外廷公布，公开审理查证，以辨明虚实，还臣清白！"①

然而神宗并没有按照欧阳修的建议去查证真相，而是将蒋之奇和彭思永的章奏交给了枢密院。这位刚刚即位的皇帝对此案的态度非常奇怪，南宋李焘在《续资治通鉴长编》中的记载是"上初欲诛修"②。清朝修《四库全书》时，四库馆臣抄录到此处，忍不住在旁边加了一行批注："神宗初立，何至以暧昧之言即欲诛旧辅臣耶？"刚刚即位的皇帝怎么会因为这样没有真凭实据的阴私之事就诛杀旧辅臣呢？《宋史》中的记载也与此接近："神宗初即位，欲深谴修"③，也就是说，目前几部重要的史料都显示，神宗原本是真的打算因为此事拿欧阳修开刀，从重惩治。

神宗为什么会这样对待这位三朝老臣呢？确切的原因我们不得而知，但或许正如彭思永所说，"修首议濮园事犯众怒"，对于刚登基的皇帝而言，想要彰显不同于英宗时代的新气象，表达自己对濮议的态度，迅速团结起朝廷官员，惩治一个犯了众怒的濮议"首恶"无疑是很好的选择。

幸好神宗没有一意孤行，而是咨询了他在东宫时的旧臣孙思恭。孙思恭极力为欧阳修辩解，最终改变了皇帝的心意，欧阳修的札子也一封接着一封递上去，他提出，蒋之奇所指控的罪名乃是"禽兽不为之丑行，天地不容之大恶"，因此绝不能含冤隐忍，必须辨明真相，否则既有损刚刚登基的新皇帝的圣政，也对朝廷风气有极大损害。如果这种毫无根据的污蔑可以随便加之于人，"则人谁不可诬人？人谁能自保？"欧阳修冷静地分析："我的闺门内

① 《欧阳修全集》卷九十三，《乞根究蒋之奇弹疏札子》，第 1373 页。
② 《续资治通鉴长编》卷二百九，英宗治平四年三月，第 5079 页。
③ 《宋史》卷三百一十九，《蒋之奇传》，第 10380 页。

事，蒋之奇从何而知呢？希望朝廷能选派公正之臣，先审问蒋之奇从哪里听说此事，然后根据他所指出的线索，便可向下推寻，尽理穷根，便可判断虚实。若此事为实，那我甘愿受死；若此事为虚，那编造谣言的人也必须受到朝廷典法的惩罚。"

神宗一面将蒋之奇和彭思永等人的章奏以及欧阳修自辩的札子下发到中书门下，并要求彭思永、蒋之奇详细说出他们是从何处得知此信息，要具体说出传达人的姓名；一面派宦官赐手诏给欧阳修，对他进行安抚。在一番审问之下，蒋之奇说消息来源是彭思永，而彭思永则说此消息"出于风闻"，自己年老昏谬，记不起到底是谁传出的消息。

彭思永还辩解称，本朝允许御史"风闻言事"，也就是不必提供信息的来源，仅仅凭借传闻便可上章弹劾，目的是帮助皇帝更好掌握外朝情况，如果一定要追问信息来源并据此论罪的话，之后就没有人再敢提供消息了，因此，自己宁愿被重责，也"不忍塞天子之言路"。接着，他还反咬一口，称"大臣朋党专恣，非朝廷福"，企图将朋党的帽子再一次扣到欧阳修头上。

欧阳修立刻上章反驳："蒋之奇最初敢以大恶污蔑我，本来计划着朝廷不会进行穷根究底的调查，而是直接处置了我。如今他被多次诘问，肯定是担心一旦说出传谣言的人，朝廷细细一查，真相便会水落石出，所以干脆讳而不言。我忝列政府，一举一动都关系到国家的体面，不幸枉遭诬陷，只希望朝廷推究虚实，使造谣者受到他们应有的惩罚。"[1] 这样的章奏欧阳修一连上了很多封。

欧阳修的亲家吴充也奏请朝廷一定查明真相，明示天下，让两家不至于枉受污辱。

神宗将欧阳修和吴充的章奏下发到中书门下，并且批示："朝廷如小有缺失，是可以允许御史风闻言事的。可怎么能仅仅凭借传闻就举报别人犯大恶呢？应当命令彭思永等人不能妄引传闻，要详细写出传话人的名字和证

---

① 《欧阳修全集》卷九十三，《再乞诘问蒋之奇言事札子》，第 1376 页。

据。"彭思永和刘瑾是同乡，想极力撇清和他的关系，一口咬定就是从传闻中听说的，并上奏："我身为御史台的长官，但凡听说一些事，都会和御史台其他同僚商议。此事一开始我就和蒋之奇说了，是从传闻中听说，但事实并不清楚，也没什么实际证据，所以告诉他不要再外传。此事我确实有无法逃脱的罪责。"蒋之奇也上奏称："这件事我只是从彭思永那儿听说的，然后便上报朝廷了。如果朝廷认为我不当凭借传闻就弹劾宰辅大臣，我甘愿与彭思永一同被贬斥。"他字里行间在刻意塑造自己受到宰辅大臣迫害，却耿直不屈的形象。

最终，朝廷还是顾全了欧阳修的颜面，将御史中丞彭思永贬为黄州知州，将殿中侍御史里行蒋之奇贬去道州监酒税，并且将此二人的处罚结果在朝堂上张榜公示。神宗还赐手诏抚慰欧阳修："数日以来言官以大恶之罪污蔑爱卿，朕日夜记挂，始终放不下心，因此多次进行批示，要查清楚谣言的源头。前几天还看到你上奏，请求朝廷辨明真相，并且还因为此事请求解职。如今他二人已经被贬，还在朝堂之上张榜公示，让朝廷内外的人都知道他们所说的话毫无根据。事情既然已经查清楚，人们心中的疑虑也都烟消云散，你也应该回到中书门下继续工作，不用在意此前的这些话。"

虽然从表面上看，欧阳修战胜了污蔑自己的人，战胜了谣言的攻击。可这真的是胜利吗？就在蒋之奇、彭思永被外放后不久，神宗对枢密使吴奎说："蒋之奇还是敢说话的。虽然他说的事暧昧不清，我也因造谣污蔑而处罚了他，但他敢于说话的精神还是值得奖励的。"蒋之奇的目的到底还是达到了，即使这些攻击毫无根据，即使他投机的小人行为已经昭然若揭，神宗却还是欣赏他的"敢言"。

经过这场风波，欧阳修的身心再一次遭遇重创，最重要的是，他基本无法在朝廷立足了。除了可畏的人言，皇帝的态度也十分明确——说到底，刚登基的神宗皇帝太想摆脱英宗时代的濮议所带来的阴霾。

濮议闹得满城风雨之时，枢密院始终未曾参与，而现任枢密使吴奎恰好整个濮议期间都在丁忧，完全是个局外人。神宗有意在吴奎面前说起追尊濮王之事，想听听局外人的看法。吴奎说道："先帝入继大统，获得天下人的欣然拥戴，最重要的原因在于他是由仁宗亲立的皇子，无人敢有异议。"接着他又补充道："当年仁宗的本意就是立先帝为皇子……这是天地般的大恩，绝不能忘记；而追尊濮王一事，确实只是私恩而已。"神宗很赞同吴奎的话，他说道："这件事真是（先帝）被欧阳修所误啊！"[①]当今皇帝不赞同先皇的做法，可是作为儿子，他不可能直接指责父亲，于是欧阳修便成为替罪羊。

欧阳修不仅得不到皇帝的支持，还需要面对朝中一些官员的批评与怨恨。一方面，彭思永、蒋之奇等虽已被贬离朝，但御史苏寀、吴申仍在不断地攻击他。另一方面，他一贯的执政风格也招致了许多怨怼。

一名理想的执政者不仅能够裁决政务，还应该引导和协调朝廷的风气。因此，不少执政者行事谨慎，多闻阙疑。但欧阳修不一样。他秉性刚直，有话直说，不愿隐瞒避讳，又太看重是非，喜欢冲锋在论辩的前线，而不是不动声色地思考。宰执间论事，与他意见相左的，他从来都是极力争辩，毫不妥协；台谏官进言，即使与他无关，他也挺身上前，指出对方的疏漏；士大夫们陈述主张，他全不犹豫，总是当面列举哪些可以，哪些不行。英宗曾经评价他"性直不避众怨"，导致大家都不喜欢，希望他能够收敛自己的锋芒，引以为戒。欧阳修却引用已故宰相王曾的话回答："恩欲归己，怨使谁当？"[②]他将敢于直言、不避众怨看作一种有所担当的表现。

然而，越是明辨是非，就越容易招惹是非；越是不避怨恨，就越容易遭受怨恨。从仁宗时代的立储风波，到英宗时代的两宫矛盾，欧阳修在风口浪尖承受了太多的压力。"平生吃人一句言语不得"的他在朝廷核心领导岗位上费心劳神了七八年，又遇到这样一场横祸，不仅自己形神俱悴，而且深感"势已难安"[③]。

此外，欧阳修的身体也日渐衰弱。这些年中，他的眼疾越发严重了，不

① 《续资治通鉴长编》卷二百九，英宗治平四年三月癸酉条，第 5082 页。
② 《续资治通鉴长编》卷二百九，英宗治平四年三月壬申条，第 5082 页。
③ 《欧阳修全集》卷九十三，《乞外郡第二札子》，第 1383 页。

仅受不了长时间用眼，而且看东西非常模糊，连分辨颜色也很困难。治平二年，他还患上了"消渴"病，也就是糖尿病。从此他更加消瘦，无法长时间站立，常常感到体虚口渴，头晕目眩，用他自己的话描述，就是"渴如鼹鼠之饮河，喘若吴牛之见月"①。

上无皇帝支持，下临众人横议，自己又心力交瘁，欧阳修认为，趁着中外平安无事，离开朝廷是自己最好的选择。"臣于此时不自引去，是不知进退矣。"②离开朝廷，自己就不必为积怨而苦恼，也不用担心因为性情刚直而重蹈覆辙。离开朝廷，言事者就不会如坐针毡，再生事端，各项事务似乎也可以更顺利地开展。他心里很清楚，这次离开，和以往历次外任都不同，应该是很难再回来了，"上马即知无返日，不须出塞始堪愁"③。

于是，他连上三表三札，请求皇帝"予之一州，俾自藏缩"④，也就是解除自己参知政事之职，外放到地方了此残生。

在被蒋之奇攻击之后，离朝外任之前，欧阳修还专门上了一份札子，推荐司马光。对于这名在濮议中与自己据理力争的骨鲠之臣，欧阳修不吝赞美之辞，称其"德性淳正，学术通明""识虑深远，性尤慎密"，尤其盛赞他在仁宗立储一事中极言进谏，对英宗入承大统，神宗继位立下大功，可谓"社稷之臣"⑤。这些说辞牢牢把握住了神宗出身旁支，渴望向天下证明自己的心理。不久，司马光即被提拔为翰林学士，随即又转任御史中丞。

蒋之奇曾经受到过欧阳修的举荐，却用极其恶毒的罪名反戈一击。无论后人对此作何评价，都不能否认一个事实：欧阳修刚刚经历此事，却仍能颇费心力地举荐曾经和自己针锋相对的司马光。这种为国举贤的坦荡襟怀值得敬佩。欧阳修认为，司马光不说自己的功劳，别人也不知道；但自己作为执

---

① 《欧阳修全集》卷九十二，《乞出第三表》，第 1366 页。
② 《欧阳修全集》卷九十三，《乞外郡第二札子》，第 1382 页。
③ 《欧阳修全集》卷九，《明妃小引》，第 143 页。
④ 《欧阳修全集》卷九十三，《乞外郡第二札子》，第 1383 页。
⑤ 《欧阳修全集》卷一百一十四，《荐司马光札子》，第 1730 页。

政者，既然了解此事，就有责任向皇帝说明，否则就是遮蔽贤人，掩盖善举。明代茅坤闻言感慨道："司马公之不伐，欧公之推贤，可谓两得之矣。"①

治平四年三月二十四日，欧阳修罢参知政事，出知亳州。神宗还是给了他足够的尊重，在制词里只说是出于"均劳逸"的考虑，再加上欧阳修因病主动请辞，才不得已同意他外任，同时盛赞他"学通本原，邦之谠直；名重当世，士林师法"②。欧阳修的职事官升为刑部尚书，还获得了观文殿学士的贴职，神宗专门派宦官传宣抚问——这位三朝老臣的体面总算保持到了最后一刻。

但欧阳修终于还是头也不回地离开了朝廷。这一走，便是诀别。

① 高海夫主编：《唐宋八大家文钞校注集评》，卷三十一，第 1600 页。
② 《全宋文》卷一三零七，《欧阳修除观文殿学士知亳州制》，第 150 页。

人间不见老仙翁

一、身归亳州心归田

欧阳修离朝前往亳州时，申请在颍州稍作停留，获得了允诺。

按照早年的规划，《唐书》进呈完毕，他就应该申请外任，然后退休，与好友一同在颍州吟诗游乐，安然度日。然而事与愿违，身登两府，历仕三朝，肩负帮助政权顺利交接的重任，他不得不殚精竭虑，苦苦操劳，转眼又是七年。一场恶意的攻击，意外地帮他实现了昔年未竟之愿的第一步。只是当初设想中结伴归田的欢忻，如今只剩下了孤独离京的凄凉。

治平四年（1067）五月，欧阳修来到颍州。眼前的一切似曾相识：贪嘴的黄莺穿梭在紫黑色的桑葚间，发出欢快的叫声；樱桃熟了，拂过原野的清风送来了远处麦田的芬芳。尝一尾鱼，肉质肥美，让人想起扬州新开湖中的鲜鱼；掬一捧水，沁人心脾，则要胜过那里大明井的井水。呼吸着乡野中新鲜的空气，回想起多年来为朝政忧心操劳，片刻不得安闲的生活，欧阳修深深感慨自己归来太晚："十载荣华贪国宠，一生忧患损天真。颍人莫怪归来晚，新向君前乞得身。"[①]

他又想起当初与颍州的相遇：先是钟情于这里淳朴的民风、丰美的物产、

---

① 《欧阳修全集》卷十四，《再至汝阴三绝》，第239页。

温和的天气；随后又游赏西湖、建立书院、灌溉民田，留下了难忘的记忆。二十年来，虽然筋骨疲惫、心志消磨，他却从未忘记颍州。五月三日，他将前些年陆续写下的十三篇思念颍州的诗歌集结起来，命名为《思颍诗》，并作序明志，说自己来到颍州"不类倦飞之鸟然后知还，惟恐勒移之灵却回俗驾尔"①，不是找到了疲惫时的栖息之地，而是唤醒了灵魂的本真样貌。

欧阳修的计划是一边在亳州任职，一边营建颍州的居所。他最初以为一切都需要从头备办，归田之日遥遥无期。然而到达颍州后，他惊喜地发现当年的住所保持得很好：位置不喧哗也不寂静，空间也不算狭小。只要将陈旧的部分重新修葺，稍微扩建，就可以满足一家人的生活需要。于是，他满怀期待地将退休的期限定在"一年"。那时住所也许还没完全安置妥当，但只要备齐材料，自己就能一点一点地指挥建造，想必将来的房屋会更加精巧洁净。他还兴奋地写信告诉曾巩："期年挂冠之约，必不愆期也。"②

时值盛夏，天气炎热，欧阳修在路上贪食生冷，一到颍州糖尿病就发作了。颍州的肉也不如京城好吃，日子久了才渐渐习惯。但欧阳修对这些并不介意，对退休后安闲自得生活的期待已经使他忘记了身体的病痛与物质的不足。更何况颍州的饮食还那么合他的胃口：这里的酒比以前喝过的都好；鱼个头很大，味道又鲜美异常；虾蟹很多，稻米香甜，泉水、蔬果也都别具特色；而且物价很低，可以尽情享受。在这清闲偏僻的地方，享受悠闲自足的生活，欧阳修感慨"闲居之乐，莫此若也"③。

在传统观念中，五月是诸事不祥的"恶月"，不仅民间有驱邪、避恶的讲究，士大夫们也尽量避免在此月上任。欧阳修在这件事上没能免俗，他特意在颍州停留到五月底，二十五日离颍，二十八日抵达亳州，六月二日才正式上任。

这一年亳州丰收，没有盗贼搅扰，再加上地理位置偏僻，公务相对稀少，欧阳修就在这里安心养病。他有时会感到亳州虽然名声在外，却没有人们称

① 《欧阳修全集》卷四十二，《〈思颍诗〉后序》，第 601 页。
② 《欧阳修全集》卷一百五十，《与曾舍人（二）》，第 2469 页。
③ 《欧阳修全集》卷一百五十三，《与大寺丞（三）》，第 2531 页。

赞得那么好，只因为邻近颍州，爱屋及乌，就觉得这里也适宜居住。但"归思不可遏也，固不待巢成而敛翼矣"①。他还兴冲冲地写诗给颍州知州陆经："寄语瀛洲未归客，醉翁今已作仙翁。"② 此时的欧阳修，可谓是身在亳州心在颍，虽未退休，心已归田。

九月二十日，他完成了笔记体文集《归田录》，记录了许多朝野逸闻；往往只用寥寥几笔，就将人物的言行举止勾勒得活灵活现，意趣盎然。他自称写这本书的目的是记录"与士大夫笑谈之余而可录者""以备闲居之览也"③；但在后人眼中，通过这些故事展现出的职官制度、社会风习、文学经验等，都有不小的价值。在序言中，他称自己如今年老多病，辜负皇帝的恩德，徒然耗费国家的钱粮，如同太仓之中的老鼠，因此不如尽快下定决心"乞身于朝，退避荣宠，优游田亩，尽其天年"，这样还能配得上一个"知止"的评价。这正是他离朝前后心境的真实写照。

据说《归田录》这本书尚未现世，序文已经广为流传，甚至传到了神宗耳朵里。神宗立即派宦官来索取全文。欧阳修原本记录了很多比较敏感的时事见闻，不敢拿给神宗看，就全都删掉了。但这样一来，内容又太少了，凑不够一本书。于是他又增加了许多戏谑笑闹、无足轻重的事情来填充篇幅。这一版交给神宗后，前一版也就不敢传布，于是真正的原版《归田录》从未现世，始终谨慎地保存在欧阳修的子孙后代手中。

尽管这一传闻有声有色，很像那么回事，但考虑到欧阳修的处境，恐怕并不确切。从客观角度说，欧阳修在衰病不堪的情况下匆忙改书呈献，虽然不方便明说，但至少应该留下一些曾经操劳过的痕迹，但这一时期并没有一手证据可以支持这一点。书的序文已经传到了京城，正文却从来没被人看到过，这一点也很值得怀疑。从主观角度说，人们认为《归田录》曾经被修改过，主要依据无非是现行版本中确实有不少看似戏谑笑闹、无足轻重的事务。

---

① 《欧阳修全集》卷一百四十五，《与吴正肃公（十三）》，第 2377 页。
② 《欧阳修全集》卷十四，《郡斋书事寄子履》，第 239 页。
③ 《欧阳修全集》卷四十二，《归田录序》，第 601 页。

但这恰恰是符合序文中"士大夫笑谈""闲居之览"等描述的。欧阳修既是政治家，也是文学家，无论人们多么看重他的言事之功、两府之职，他自己晚年向往的仍是诗酒风流、琴书消忧的文士生活。《归田录》中士大夫的闲居笑谈，不正是这种生活的体现吗？或许，传闻产生的真正原因是人们对政坛隐秘、君臣逸闻充满好奇，渴望从欧阳修的书中得知朝堂内幕，但饱经政治风雨、身心俱疲的欧阳修，却只想回归他所热爱的日常生活。

在接下来的一年中，欧阳修连上五表、四札子请求致仕。他一方面指出自己体衰多病，"两胫惟骨，拜履俱艰；双瞳虽存，黑白才辨"①，连州郡的日常事务都无法胜任；另一方面重申自己在政治风波中侥幸保全，应该懂得知止不辱的道理，不能贪恋荣华富贵，出尔反尔，"忠信所以事上，理无弗践之空言；进退各有其宜，力或不能而当止"②。

然而朝廷始终不允许他致仕。一年之期将到，欧阳修的满腔期待又一次化作深深的无奈。一年不仅是他个人决意归隐的时间，也是朝廷考核官员、重新任命的期限。于是他上了《第五乞守旧任札子》，强调自己腿脚不便，骑马艰难，担心被朝廷改任到其他地方。

但他担心的事情还是发生了。熙宁元年（1068）八月四日，朝廷命欧阳修转任兵部尚书，改知青州，充京东东路安抚使。

青州是一个大州，也是京东东路的治所，事务非常繁重。作为安抚使，欧阳修还要总管京东东路各州的安民、缉盗等事务，生活再难清闲。他连上三份札子请辞青州，一份札子请辞兵部尚书，表示自己既然已经解除了朝中职任，就应该安心在亳州调养衰老的身体，不应反而接受提拔。他说，如果接受加官进职，自己此前连章累牍的请辞就成了笑谈，欺君邀宠，这是大罪。如果不接受任职，诚恳地推辞，虽然违背君命、稽留拖延，但这样的罪责比起欺君要小：在进退两难之间，他选择罪责较小的那个，所以推辞任命。③

---

① 《欧阳修全集》卷九十三，《亳州乞致仕第一表》，第 1388 页。
② 《欧阳修全集》卷九十三，《亳州第四表》，第 1394 页。
③ 《欧阳修全集》卷九十四，《辞免青州第三札子》，第 1400 页。

但朝廷显然没有那么多顾虑。欧阳修最终不得不踏上了前往青州的旅途。近在咫尺的致仕之途，难道将再次成为泡影吗？

二、叫停青州青苗钱

（一）衰年理青州

熙宁元年十月，欧阳修到青州上任。一路上，他晓行夜宿，听着报晓的号角，看惊飞的大雁隐入寒云。随着一声鸡鸣，苍海的波涛在朝阳下熠熠生辉。沿途的风景虽然壮阔，但在风刀霜剑、遍野白草的天地之间，年老体衰、疾病缠身的他只感到更加孤寂悲伤。

时时浮现在他脑海中聊以自慰的，仍是颍州安乐美好的风光：焦陂的水面也会泛起粼粼波光，却不像大海的波涛这般寒冷，而是倒映出荷花的倩影，十里开外都能闻到花香。河两岸柳树成行，上面传来阵阵蝉鸣；新酿的酒熟了，配上肥嫩如同白玉的鱼脍，连白发苍苍的自己也平添了几分精神，饮酒赋诗，怡然自得。

到达青州后，思颍盼归的念头仍在他脑中挥之不去。他常常感慨自己老态龙钟，却仍然漂泊不定："向老光阴双转毂，此身天地一飘蓬。"[1] 身居要职，面对壮美的山川，他并不领情，"轩冕从来为外物，山川信美独思归"[2]；正值丰年，民众安居乐业，他也无法释然，"禄厚岂惟惭饱食，俸余仍足买轻装"[3]。听说沂州知州、礼部侍郎卢士宗致仕，他更是羡慕唏嘘："颍上先生招不起，沂州太守亦归来。自愧国恩终莫报，尚贪荣禄此徘徊。"[4] 在青州任满一年后，他又两上札子，请求调任寿州。为什么是寿州呢？只因那里离颍州近。与颍州接壤的有亳州、寿州、光州、蔡州、陈州。欧阳修刚从亳州改任青州，陈州、

[1] 《欧阳修全集》卷十四，《毬场看山》，第 245 页。
[2] 《欧阳修全集》卷十四，《岁晚书事》，第 244 页。
[3] 《欧阳修全集》卷十四，《青州书事》，第 249 页。
[4] 《欧阳修全集》卷十四，《闻沂州卢侍郎致仕有感》，第 246 页。

蔡州又很难求得，只有寿州是最合适的去处，"便于归计"①。

当然，欧阳修心中渴望归老，却并不会真的荒废政务。面对事务繁重的青州，他延续着一贯的"宽简"之道。年过六旬的他，依然记得儿时母亲的告诫，记得父亲当年如何在蜡烛下研究文书，不遗余力地为死刑犯谋求生路。他曾经感慨："在汉代的法律中，只有杀人才判死罪；到了后世，死刑的名目太多了。"因此，他断案往往从宽，如果犯人因为杀人之外的事由被判死罪，他总会在法律允许的范围内尽可能地保全犯人的性命。在他看来，这就是在延续父亲未竟的事业。

在他治理下的京东东路，有一个叫做"沙门岛"的要地，也就是今天位于辽东半岛与胶东半岛之间的一系列群岛。在宋代，免于死罪的重犯往往被流放到这里。但之后应当如何处理，仍是很棘手的问题。沙门岛上土地狭窄，粮食有限，没法养活太多人；按照早期的惯例，寨主掌握着犯人的生杀大权，可以独断专行。因此，犯人数量一旦超过定额，寨主就会下令将多余的人扔到海里。仅寨主李庆一任，就先后杀掉了七百多人。马默担任登州知州，听闻此事勃然大怒，要治李庆的罪。李庆畏罪自杀了，马默就又严格约束官吏，宽待犯人，力求保全他们的性命。他的行为无疑出自仁心善意，但犯人渐渐不再怀有畏惧之心，数量又日益增多，就肆意妄为，变得难以管理。京东东路的言事者对此忧心忡忡，而相关部门希望恢复旧例，让寨主重新掌握专杀之权。

流放沙门岛的犯人既然已经免于死罪，又怎么可以肆意杀戮呢？这样的主张欧阳修显然无法认同。他上奏朝廷，提出两条建议：一是将本应发配沙门岛但情节较轻的犯人改配远恶州军，二是将已经在岛多年而情节较轻的犯人放还。在他的协调安置下，不仅沙门岛平安无事，犯人们的性命也获得了保全。

---

① 《欧阳修全集》卷一百四十四，《与韩忠献王（三十七）》，第2346页。

（二）新法出朝堂

欧阳修在亳州、青州期间，朝中的形势发生了巨大的变化。

在他离朝半年后，韩琦也罢相，出判相州。熙宁元年四月四日，王安石"越次入对"，与年轻气盛、渴望有所作为的神宗一拍即合。论及治理之术，神宗问："唐太宗怎样？"王安石回答道："您应当效法尧舜，为什么要学唐太宗呢！尧舜之道，才是简单易行、切中时弊的大道啊！"神宗闻言，明确地向王安石表达了自己的期待："你要全心全意地辅佐我，希望我们一同踏上尧、舜之道！"①

随后，王安石又进呈了《本朝百年无事札子》，分析本朝存在的种种弊端，称"大有为之时，正在今日"。神宗反复阅读，大加赞赏，称其"精画计治，道无以出此"，并向王安石询问具体的对策方案。王安石进行了一番简略的陈述，神宗大喜，说："这些都是我从未听说过的，其他人的学识都比不上你。"虽然王安石没能满足神宗更进一步的要求，逐条论述上奏，但从此之后，君臣二人更加信赖。②

熙宁元年，许多陈年积弊被重新提起，各项改革措施陆续提上日程，从财政、河务到官员选任等，"中外之事，渐有更张"。王安石更是因为神宗的信任和不断的建言献策而登上了舞台的中央。他把"变风俗，立法度"看作当务之急，并获得了神宗的认同。

熙宁二年（1069）二月三日，神宗任命王安石担任参知政事，也就是副宰相。这项任命不仅体现出他对王安石的信任，也鲜明地表现出他改革的决心。神宗想要重用王安石，采纳他的意见推动各项改革，但吕诲、赵抃、唐介等人纷纷反对。神宗原本计划"从容除拜"，按部就班地授予王安石官职；但面对日益激烈的反对意见，他索性快刀斩麻，一锤定音，直接将王安石推

① 李焘：《续资治通鉴长编拾补》，卷三上，神宗熙宁元年四月乙巳条，上海：上海古籍出版社，2006 年版，第 92 页。后引此书皆此版本。

② 《续资治通鉴长编拾补》，卷三上，神宗熙宁元年四月乙巳条，第 92 页。

上了副宰相的位置。①

这时，那些后世熟知的、大刀阔斧的改革政策尚未正式出台。仅仅是对王安石的人事任命，就引来了不少反对的声音，这是为什么呢？

吴奎、唐介形容王安石，用了同一个词："迂阔。"吴奎说这会"紊乱纲纪"②，唐介则说会"扰天下"③。他们的结论虽然未必正确，但通过这一评价，可以比较清晰地勾勒出王安石在他们眼中的形象。"迂阔"指人的行动不切实际。这不代表此人对事实的判断一定错误，更侧重于表示他的行事方式在他人看来不符合人情常理，不能很好地应用于实践当中。在后来王安石主持变法的过程中，质疑政策合理性和担忧执行情况的声音也确实不绝于耳。

王安石知道别人对他的评价，他选择置之不理。早在嘉祐三年（1058）担任度支判官时，他就曾向仁宗皇帝上万言书，提出自己的改革主张。在文末，他特意指出"臣之所称，流俗之所不讲，而今之议者以谓迂阔而熟烂者也"④，那些认为他迂阔的声音，他认为不过是流俗之言，不值得关注。

神宗也知道别人对王安石的评价，他告诉王安石："人皆不能知卿，以为卿但知经术，不可以经世务。"这里的"不可以经世务"，同样是说他的主张不切实际。王安石的回答很简单："经术就是用来处理世务的，如果不能够处理世务，要经术干什么呢！"⑤他似乎没有意识到，在谈论执政方针时，自己更关注事实，在意结果上能否解决制度的积弊。相比之下，那些反对的声音则常常更顾虑人情，关注行事的过程和方式是否顺畅可靠。

有意思的是，当初英宗评价司马光，也用过"迂阔"这个词："光方直，如迂阔何？"⑥在他眼中，司马光为人正直，可惜太不近人情了。而司马光看

----

① 《续资治通鉴长编拾补》，卷四，神宗熙宁二年二月庚子条，第 154 页。
② 《宋史》卷三百一十六，《吴奎传》，第 10320 页。
③ 《续资治通鉴长编拾补》，卷四，神宗熙宁二年二月庚子条，第 154 页。
④ 《续资治通鉴长编》，卷一百八十八，仁宗嘉祐三年十月甲子条，第 4532 页。
⑤ 《续资治通鉴长编拾补》，卷四，神宗熙宁二年二月庚子条，第 153 页。
⑥ 《续资治通鉴长编拾补》，卷二，英宗治平四年十月丙午条，第 66 页。

待王安石，也是"但不晓事，又执拗耳"①。在他眼中，王安石绝非奸恶之人，然而既不通人情事理，又太固执己见。两人个性如此，熙宁年间所谓变法派与保守派之间剑拔弩张的态势已经可见一斑。

回到任命王安石做副宰相这件事上。作为执政者，不仅需要裁决政务的能力，也需要协调朝堂风气的耐心。欧阳修刚直敢言，已经树敌不少；王安石不恤人言，固执己见，又怎能与朝中百官和睦相处呢？这或许是许多大臣推荐他做翰林学士，却不希望他做宰相的原因。前者只需参政议政、表达观点，后者则应统领百官，凝心聚力。

但神宗坚定地选择了王安石。熙宁二年二月二十七日，朝廷创建了独立于中书门下，凌驾于三司之上的变法领导小组——制置三司条例司，由陈升之、王安石总领事务，议行新法。轰轰烈烈的王安石变法从此拉开帷幕。七月，行均输法；九月，行青苗法；闰十一月，行农田水利法……一项项新法相继出台实施，为整个国家带来了巨大的变化。

关于王安石变法过程与成效的论著非常多，本书不可能全面讨论。我们关注的重点是，王安石处理政事的方式与欧阳修等老臣有何不同？与欧阳修同一时期的官员，许多人也积极地参与过庆历新政，为什么面对王安石变法，却纷纷站到了反对的一方？

如前文所述，当时的许多弊端在仁宗朝已经显露端倪，甚至被反复讨论过，但一方面皇帝与执政者顾忌较多，不敢放开手脚，另一方面讨论时常上升到对彼此的攻击，朝廷的关注点随之转向对臣僚的表态和安抚，原本亟待解决的问题反而被搁置下来。相比之下，王安石在变法中体现出了前所未有的执行力。他与神宗一度彼此信任、彼此激励，一面大刀阔斧地推进改革，一面将反对者视作流俗，未曾过多地分散精力。这场改革也一举扭转了国家财政困难的局面，在许多方面取得了成果。

但随着主政者的专断和议政空间的收缩，制约权力、纠正错误的机制也

---

① 《续资治通鉴长编拾补》，卷五，神宗熙宁二年十月己未条，第245页。

在丧失效用。变法开始前，富弼已经发觉神宗总是亲自批示，指挥政务，就进言劝诫："内外之事，多出陛下亲批，恐喜怒任情，善恶无准，此乃致乱之道。"①神宗闻之动容，但并没有作出事实上的改变。从某种意义上说，这场变法是牺牲了制度的健全，换取了改革的效率；排斥了不同的声音，扩大了核心人物的权力；在清理宿弊的同时，也埋下了新的隐患。

仅就当时的五名执政者而言，矛盾冲突已经颇为尖锐。当时流传一个说法，将他们五个人分别对应"生老病死苦"五个字。"生"是王安石，他改革新法，天天生事；"老"是曾公亮，他年事已高，态度含糊；"病"是富弼，他长期告病，不理朝政；"死"是唐介，他力争不胜，发病而死；"苦"是赵抃，他无力回天，连声叫苦。②

在他们当中，唐介最先反对王安石。早在王安石还是翰林学士时，神宗有事不问宰相，独信王安石，唐介就直言进谏："如此则执政何所用？"后来王安石认为谋杀伤人者可以自首减刑，他更是冲着神宗说："谋杀罪大恶极，天下人都认为不能自首减刑，只有曾公亮、王安石才这么看！"王安石反唇相讥："认为不能自首减刑的，都是朋党！"朋党这个词在神宗看来可能不算什么，却着实刺痛了曾经耳闻或目睹朋党之争的老臣们。看到神宗对王安石表示支持，唐介愤懑难耐，不久就背疮发作而死。③

赵抃性情刚直，做御史时敢于直言进谏；当上副宰相后，又尽心尽力，十分尊重大家的议论。但王安石凭借自己的经学造诣，不把同僚看在眼里。有一天争论新法争到气头上，王安石瞪大眼睛看着他们说："你们就是因为不读书，才什么都不懂。"赵抃当即反驳："你不是喜欢引皋、夔、稷、契等古代明君的作为吗？他们那时候有书吗？"从此，他和王安石冲突不断。熙宁三年（1070）争论青苗法事务后，他批评朝廷一味看重财利，不关注民心，

① 徐自明：《宋宰辅编年录校补》，卷七，神宗皇帝上，熙宁二年二月己亥条，北京：中华书局，1986年版，第380页。
② 《邵氏闻见录》，卷十三，第141页。
③ 《续资治通鉴长编拾补》，卷四，神宗熙宁二年四月丁未条，第174页。

也不听从臣僚的意见，主动请辞，出知杭州。①

　　神宗任命王安石做副宰相时，曾公亮、富弼曾经表示支持。他们老成持重，一方面认可王安石的才能，另一方面也尊重其他大臣的意见。但在王安石的眼中，这就是迎合流俗的表现。他对神宗说："依靠他们不可能实现长久的太平安定。"神宗也深感忧虑。②曾公亮、富弼看到神宗与王安石在变法中的种种举动，也感到既无法赞同，又无能为力。曾公亮曾经仰天长叹："上与安石如一人，此乃天也！"③他屡屡请求致仕，但未获允诺。直到熙宁三年（1070）九月，他登台阶时没有站稳，一头栽倒，次日告病，神宗终于答应了他的致仕请求。富弼则早在熙宁二年就连章累辞，于十月出判亳州。离朝时，神宗问他："您离开，谁能代替您？"富弼说："文彦博可以。"神宗沉默了很久，他相信富弼知道自己想任命谁，却不肯说。于是，他直接发问："王安石怎么样？"这次，富弼沉默了很久，最终也没有回答。④

　　如果将视线拓展到其他大臣，类似事件更是屡有发生。吕诲列举十件事弹劾王安石，被外放邓州，神宗还专门下诏抚慰王安石"无恤非礼之横议"⑤。范纯仁上章奏批评王安石"专任己能，不晓时事"，又指责曾公亮、赵抃无力辅佐朝廷回归正轨。神宗留下章奏，打算冷处理。但范纯仁自己抄录了一份，交付中书，王安石见了大怒，请求将他重贬。神宗知道范纯仁无罪，但还是把他外放河间府。吕公著上章奏说执政者应该体恤人心，不能把反对意见全部贬低成流俗浮论。王安石认为这是对自己的背叛，因为吕公著是自己推荐做御史中丞的。当初他说吕公著"有八元、八凯之贤"，此时又说他"有驩兜、共工之奸"，二者相距不过短短半年。吕公著随即被贬颍州。⑥在变法过程中，类似这样因为持有异议而被贬谪外放的官员，不胜枚举。

① 《续资治通鉴长编拾补》，卷七，神宗熙宁三年二月，第319页。
② 《续资治通鉴长编拾补》，卷四，神宗熙宁二年五月甲午条，第182页。
③ 《续资治通鉴长编》，卷二百十五，神宗熙宁三年九月庚子条，第5238页。
④ 《续资治通鉴长编拾补》，卷五，神宗熙宁二年十月丙申条，第241页。
⑤ 《续资治通鉴长编拾补》，卷四，神宗熙宁二年五月，第180页。
⑥ 《续资治通鉴长编拾补》，卷五，神宗熙宁二年九月己巳条，第237页。

青苗法的实施，更是在全国范围内掀起了许多风波。欧阳修、韩琦、富弼，这些曾经参与庆历新政的老臣全部用言语或行动表示了反对。但政策最终还是被强硬地推行了。

（三）争议起青苗

所谓青苗法，是一种政府主导的贷款项目。在每年正月和五月分别发放贷款，帮助农民度过粮食收获前青黄不接的日子。正月的称为"夏料"，五月的称为"秋料"。收获后，则在贷款本金的基础上加收通常是百分之二十的利息（个别地区曾收百分之三十），随夏秋两税一起归还官府。

借贷青苗钱需要五家或十家彼此担保。民户的等级不同，贷款的额度也不同。如果按照限额发放完毕，官府仍有本钱剩余，那么三等以上的民户可以继续借贷；如果乡村所需的贷款全部发放完毕，官府仍有本钱剩余，那么城市中有产业的民户也可以借贷。

青苗法是对常平法的改革，所以又叫"常平新法"。常平法可以追溯到汉代，其基本原则是设立常平仓，在丰年粮价较低时，适当提高价格收购粮食，防止"谷贱伤农"；在荒年粮价较高时，则适量降低价格卖出粮食，保障百姓的生活需求。宋初沿用前代的制度，陆续在各地建立常平仓；但时间久了，各种问题也逐渐暴露出来。首先是经营不善，本钱不足，甚至丰年没钱收购粮食；其次是官员怠惰，嫌买卖粮食太麻烦，不肯投入精力；还有官吏与大户人家串通，虚报粮价，侵损官府利益。凡此种种，使常平法的执行不如人意。

王安石知鄞县时，曾经把粮食借贷给百姓，要求收获后连本带息偿还。这一举措不仅帮助一些百姓解了燃眉之急，还促进了官仓粮食新旧流转，不至于日久腐败。后来，他又听说陕西路转运使李参制定了"青苗钱"制度，也是发放贷款给百姓，等粮食成熟后再收取本息。几年后，向来兵多粮少的陕西路有了余粮。在上述实践经验的基础上，最终诞生了王安石改革中的"青苗法"。

青苗法的意图可以概括为三个方面：一是完善常平仓的敛散制度，增加积蓄；二是满足百姓的不时之需；三是防止兼并之家趁青黄不接时发放高利贷，侵占百姓利益。从政策的出发点来说，确实值得称道。

但苏辙提出了反对意见，主要的顾虑是执行过程中可能出现各种弊端。苏辙在理财方面很开明，他认为"出息二分，本非为利"，二分利息是支持各项政策运作的本钱，算不上与民争利。但他担心在借贷还贷之际，执行官吏会上下其手，营私舞弊。百姓贷款后能否合理使用，能否及时还款，都很成问题。这样，到了收缴贷款的时候，势必有官员鞭笞催逼，平添事端。苏辙认为，与其如此，不如严格规范原有的常平法，只要经营得当，买卖及时，就不必担心百姓滥用贷款，官吏催督扰民。

王安石动摇了，一个多月都没有再提青苗法。恰好河北转运司干当公事王广廉上奏，请求拨付本钱，在本路春散秋敛，施行青苗法。这重新激起了王安石改革的渴望，他决心将青苗法推行下去。最初，青苗法只打算在河北、京东、淮南三路试验，等积累经验、完善政策后再向各路推广。然而，第一期青苗钱还没发放，条例司就以"访问民间多愿支贷"为由，决定在全国范围内推行，还专门设置了提举官，赶赴各路负责青苗钱的发放和收缴。①

熙宁三年二月，夏料刚刚发放完毕，担任河北安抚使的韩琦就上了一篇很长的章奏，详细分析了青苗法施行中的一系列问题：

一是政策不能令百姓信服。青苗法旨在救济贫苦百姓，避免他们被高利贷盘剥。但发放过程中，从第一等民户到第五等全部都要借贷；乡村三等以上的，或城市中有资产的民户，本身都是物资充裕的兼并之家，却也大多借贷；每借一千钱，要还一千三百。这不反而成了倚仗官府身份向百姓发放高利贷吗？人们怎能信服？

二是执行过程中损害百姓利益。根据规定，乡民借青苗钱需要十户人家彼此担保，并选择其中有足够资产的人作为负责人。政策虽然禁止强行摊派，但这些资产充裕的人本来就不需要借钱，官员拉他们和贫民一起借贷，彼此担保，怎么能消除拿他们当冤大头，替贫民偿还贷款的嫌疑呢？

---

① 《宋史》卷一百七十六，《食货上四》，第4279—4281页。

　　三是执行官员在放贷与收贷之间左右为难，处境尴尬。根据规定，如果某县官员上报说百姓不愿申请青苗钱，主管部门就会另派官员前去晓谕百姓。百姓愿意申请了，就是原官员不称职，要另作处置。这样一来，基层官员势必想尽办法把青苗钱发下去。但放贷对象中又有不少生活贫苦、不务正业但是见钱就要的轻浮之人，这钱放出去容易，怎么收回来呢？结果就是要么拉上等民户担保，要么严刑追讨，甚至勒令耆户长、书手等有关人员一起赔偿。

　　四是大力放贷后，官府将无法应对灾害频繁的局面。兼并之户放高利贷，本金雄厚，不怕借贷者慢慢偿还。但官府放青苗钱，可不能慢慢回本。一般情况下，本息要随当次税赋一起偿还；如果遇到五分以上的灾害，才允许下一次偿还。如果连续两次遇到灾害呢？那么不仅百姓还不上，官府也没有本钱了，这反而损害了官府的利益。

　　据此，韩琦认为不如延续常平旧法，价低购粮，价高售出，不仅避免折损官府的本钱，也能让百姓得到切实的好处。对于李参在陕西放青苗钱的成功先例，他认为那只是军粮不足时的权宜之计，得益于当时风调雨顺。如果把它变成常法，在全国施行，恐怕不妥。[①]

　　神宗看到韩琦的章奏，亲自拿去展示给执政官员，并连声感慨："韩琦真是忠臣啊！虽然在外为官，却还不忘朝廷！我本以为青苗法能够造福百姓，没想到伤害百姓到了这样的地步！下令不能不谨慎。而且城市里哪有青苗，使者也要强行摊派吗！"

　　王安石听了这话也很激动，当即回应道："如果顺应民心，城市又有什么关系！"稍微平复自己的心绪后，他继续反驳："陛下制定青苗法本来就是为了帮助百姓；至于收取利息，那也是周公遗留的法令啊。"这些言辞避重就轻，实在难以服众，曾公亮、陈升之也表示支持韩琦。陈升之担忧地说："只怕州县真的会避免青苗钱收不回来，强行摊派给上等民户。"王安石却不以为然："强行摊派的确可能会有，但等他们真的这么做了，严厉惩罚一两个，其

---

① 《续资治通鉴长编拾补》，卷七，神宗熙宁三年二月壬戌条，第300—304页。

他人自然也就不敢了。"

韩琦的章奏令神宗久久无法释怀。青苗法施行才几个月，就招致了无数非议。程颢曾经进言，司马光也不止一次反对。文彦博、吕公弼估计也觉得不行，只不过按照他们的性格，多半是在心里默默地批评。韩琦能够直言进谏，可真是忠臣啊！神宗心想，是不是应该鼓励大臣们畅所欲言呢？他甚至担心会有奸雄趁机煽动百姓，颠覆江山。他把这些顾虑告诉王安石，王安石说："青苗法赈济贫困、抑制兼并、增加仓储，可以防备凶年饥荒，老百姓有什么不满的呢！百姓个人或许愚昧，合在一起却如圣人，不会被煽动的。"①

王安石的说辞依旧没有打动神宗。第二天，他索性闭门不出，称病请求辞去参知政事，改任闲官。如果王安石真的撒手不干了，自己该依靠谁呢？在经历了内心的动摇和思考后，神宗还是选择向王安石妥协。毕竟满朝大臣之中，只有王安石支持他积极作为，向天下证明出身旁支的自己一样可以建立丰功伟绩。他派韩绛前去探望王安石，催他出门处理朝政。王安石入朝谢恩，神宗告诉他："我确实被众人的言论迷惑了。静下心来思考，青苗法没有害处。即使遇到灾荒失去了一些财物，又哪里值得担忧呢！"王安石则斩钉截铁地回答："只要尽力推行，不要让小人故意破坏，就不可能损失财物。"②

王安石得到了神宗的支持，态度更加坚定。韩琦听说后，主动辞去了河北安抚使之职。曾公亮、陈升之一起请了病假。司马光执着地移书王安石，请求撤销条例司，废除青苗法；王安石没有回书，只说"道不同"。

三月，条例司对涉及青苗法的一系列争议作出定论：法令没有问题。实施过程中产生的各种问题，例如强行摊派、专门向上等民户放贷、没有衡量百姓的还贷能力导致难以催收、不及时放贷、不按时收缴等等，都是州县官吏松弛怠慢、营私舞弊造成的，与法令本身无关。从今往后，各路主管官员要严格执行法令，加大惩罚力度；如果失察，也要被追究责任。③

---

① 《续资治通鉴长编拾补》，卷七，神宗熙宁三年二月癸亥条，第304—305 页。
② 《续资治通鉴长编拾补》，卷七，神宗熙宁三年二月，第312 页。
③ 《续资治通鉴长编拾补》，卷七，神宗熙宁三年三月乙未条，第327 页。

　　这种推卸责任、以势压人的态度显然没法叫人心悦诚服。更令人瞠目结舌的是，王安石还将驳斥韩琦的文章，通过雕版印刷的方式颁布天下。谏官孙觉忍不住进言："陛下怎么能这样对待有功勋的老臣呢？幸好韩琦朴实忠诚，不必忧虑。换作唐末五代的时候，强盛的藩镇不知要闹出多少事端！"①

　　议论青苗法的章奏还有很多，神宗把他们全部交给了王安石。王安石却说："只有韩琦的值得辩驳，其他的都没有道理，不必解释。"神宗认同了他的看法。②

　　在被王安石直接忽视的章奏中，也有欧阳修的一份。他上札子是在三月，当时驳斥韩琦的文章已经刊刻下发。欧阳修读完，于情于理都无法接受，又回想起自己在发放青苗钱期间的所见所闻，愤然提笔，告诉高居朝堂的官员们：你们详细地告谕天下之后，官员们的议论不但没有停止，反而更多了！

　　这是因为王安石对韩琦的批驳看似内容详尽，实则迂阔难遵。例如，韩琦说青苗法旨在救济百姓，抑制兼并，但朝廷向民众收取三分利息，无法服众。对此，王安石指出，《周礼》中的泉府之官贷款给民众，就要收取两分利息。如今河北收三分，是预估物价折算成了现钱，京西、陕西等路一般都不过两分。欧阳修评价说，这不就是孟子所谓的"五十步笑百步"吗？取利不是三分，而是两分，难道就能让天下人相信政府没有从中渔利吗？更何况，生活在乡村的老百姓，谁知道周代的泉府到底是什么东西！要想让天下人知道朝廷的本意不是取利，不如干脆连这两分利息也不收。

　　此外，欧阳修还提出了其他两项建议。一是对于借贷青苗钱尚未归还的民众，停止发放下一次的贷款。因为积攒的本息多了，百姓不可能一下子就还清。如果继续放贷，只会导致民户积压拖欠，州县严刑催逼，官府本钱受损。二是罢免各路提举官。这项建议非常大胆，但一针见血地指出了政策执行不当的根源。朝廷严禁把青苗钱强行摊派给百姓，但提举官需要将青苗钱尽数

---

① 《续资治通鉴长编拾补》，卷七，神宗熙宁三年三月壬寅条，第339页。

② 《续资治通鉴长编拾补》，卷七，神宗熙宁三年三月，第334页。

发放，否则就会被视作失职。为了完成自己的工作目标，提举官势必督促州县官想尽一切办法放贷。由此出现强行摊派的行为，怎么能说全是州县官的责任呢？①

建议没有得到回应。时光荏苒，转眼已是五月，又该发放秋料了。

面对空荡荡的仓库，欧阳修发现问题比想象的还要严重。根据规定，秋料需要在五月三十日之前发放完毕；但夏料的本息是随着夏税一同缴纳的，在京东东路，夏税五月十五日才开始征缴，全部缴纳完毕则要等到八九月。也就是说，地方官员要在夏料本息几乎完全没有收回的情况下，完成秋料的发放。

他想起了自己在前一份札子中的建议：如果有百姓还不起夏料的本息，那还要继续发放秋料吗？他们怎么还？仓库里又哪还有钱可发？

这一年，京东东路收成不错。看到家家户户粮食充足，乡民们的脸上洋溢着笑容，欧阳修知道，这一期夏料本息的收缴大概不成问题。但转念一想，他又皱起了眉头：这些喜获丰收、粮食充足的百姓，为什么还要借钱呢？向他们发放秋料，不是赤裸裸的放债取利吗？

于是，欧阳修发现了青苗法设计中的一个根本缺陷：夏料发放在正月，正是青黄不接的时候，虽然不至于家家户户粮食不足，但总有一些需要救济的人，发放青苗钱确实有益百姓。但秋料发放在五月，正是粮食收获的季节，这时放贷有什么意义呢？如果粮食丰收，百姓就不需要借贷；如果粮食歉收，百姓连夏料都还不上，再放秋料，债上加债，要求他们之后一次还清，官府全部收回本钱，这怎么能做到呢？

欧阳修得出的结论是：秋料不如不放。于是，他一边写札子上奏朝廷，一边指挥京东东路各州、军停止发放青苗钱，等待朝廷的进一步指挥。②

王安石看到札子大怒，他不关心欧阳修为什么停止发放青苗钱，只愤怒

---

① 《欧阳修全集》卷一百一十四，《言青苗钱第一札子》，第 1730—1732 页。
② 《欧阳修全集》卷一百一十四，《言青苗钱第一札子》，第 1732—1733 页。

于他身为一方安抚使，却旗帜鲜明地跟朝廷对着干。朝廷随即下诏，严厉责备欧阳修擅自停止发放青苗钱，只是这次特地赦免了他的罪过。

欧阳修接诏后，一声长叹，只得上表谢罪。

一年之后，出知亳州的富弼也叫停了青苗钱，说："这样做，官府聚集了财富，乡间却失去了民心。"提举官赵济上奏弹劾，富弼被免去使相之职，移判汝州。王安石向神宗请求进一步严惩，说："当年鲧因为违抗命令而被杀死，共工因为外表恭顺内心奸恶而被流放。富弼兼有这两种罪过，免去使相后仍然不失富贵，这样怎么能阻塞奸邪之路呢！"神宗没有回答。次年，富弼黯然致仕。[①]

从韩琦、欧阳修到富弼，曾经参与庆历新政的老臣们相继用言行表达了对青苗法的顾虑和反对，王安石的回应却也一次比一次更强硬。事理的分辨逐渐让位于对异见的打压，变法也从具体的政策讨论慢慢演变成了抽象的立场之争。

与前朝"异论相搅"的主张不同，此时，对变法的态度直接影响了官员的任用和评价。

在欧阳修叫停青苗法之前，由于缺乏人才，神宗曾经考虑重新起用他担任执政。他问王安石："欧阳修和邵亢比怎么样？"王安石说："欧阳修不是邵亢比得上的。"又问："那和赵抃比呢？"王安石说："胜过赵抃。"神宗若有所思，过了几天又问："欧阳修和吕公弼比怎么样？"这时，他已经考虑用欧阳修取代吕公弼了。王安石的答案也很明确："胜过吕公弼。"神宗忍不住追问："和司马光比呢？""恐怕也胜过司马光。"王安石说着，心中却突然泛起几分不安，于是继续进言，"陛下应该召他前来，谈论当今国家大事，审查他是否真的对朝政有帮助。"于是，朝廷下诏任命欧阳修担任宣徽南院使，判太原府，又命令他赴任途中前往京城朝见。当时，朝野之中议论纷纷，很多人都认为欧阳修会是新一任的宰相。

---

① 《宋史》卷三百一十三，《富弼传》，第 10256 页。

后来，欧阳修反对新法的态度逐渐明朗，王安石忍不住再次进言："陛下想要任用欧阳修，但欧阳修的看法往往违背事理，恐怕会阻碍您的大事呀。"神宗坦诚地说："但是朝中太缺乏人才了。"王安石说："宁愿选用一些不碍事的普通人。"神宗有些无奈，说："也得肯做事吧。"王安石说："肯做事固然好，但如果做的事情不合道理，结果只会既耽误您的事情，又耗费您的精力，贻误行事的时机，这些必须事先考虑好。"不久，他又直接批评欧阳修："欧阳修执政，一定无补于事；他只会成为反对者的依附对象，把朝堂搞得一团糟。"①

此时正在青州"养拙"的欧阳修，不仅不想当宰相，也不想颠沛劳顿任宣徽使。于是他在三个月中连上六封札子请辞，指出"所宜必辞"的三条理由：一是"义所难安"，二是"精力已衰"，三是"用非所学"，并称第二条是主要原因。②

朝廷最终同意了他辞去宣徽使的请求，欧阳修也终究没有再次踏入朝堂。这固然与他连章请辞有关，更重要的原因则是王安石知道他一定不会改变立场，认同新法。

三、十顷西湖一钓竿

（一）致仕梦圆

熙宁三年七月三日，欧阳修改知蔡州。没有奔赴千里之外的太原，而是回到了与颍州相邻的蔡州，他归田的梦想似乎又近在眼前了。赴任途中，他借脚病的名义，留在颍州休养了一个多月。

这年，他给好友王素写信，寄去一首诗，很能反映他此时的心境：

> 丰乐山前一醉翁，余龄有几百忧攻。平生自恃心无愧，直道诚知世不容。
>
> 换骨莫求丹九转，荣名岂在禄千钟。明年今日如寻我，颍水东西问

---

① 《续资治通鉴长编》，卷二百十一，神宗熙宁三年五月，第5134—5135页。
② 《欧阳修全集》，卷九十四，《辞宣徽使第六札子》，第1411页。

老农。①

经历青苗风波后，他越发感到问心无愧，却世道难容。如今，他不求九转仙丹，不求千钟俸禄，只愿在次年退休，闲居颍州，颐养天年。

刚到蔡州时，他整理了自己在亳州、青州任职期间新作的 17 首思念颍州的诗歌，写下了《续思颍诗序》；还写了一篇《六一居士传》，借新的别号"六一居士"表达自己的志趣。所谓"六一居士"，就是"藏书一万卷""三代以来金石遗文一千卷""琴一张""棋一局""酒一壶"，再加上自己这一个老翁。在这篇文章中，欧阳修说与这五种外物相伴，足以令他安乐闲适，"泰山在前而不见，疾雷破柱而不惊"。但他为什么始终没过上这样的生活呢？只因多年来"轩裳珪组劳吾形于外，忧患思虑劳吾心于内"，导致自己身心疲惫。如今，只希望天子垂怜，让自己与这五种外物一同回归田庐，一偿夙愿。②

苏轼曾经阅读这篇传，并为之作跋。他称六一居士"可谓有道者也"。所谓"六一"，是把自己和其他五种外物等量齐观，不分主次。不强调"拥有"，就不会顾虑"得失"。如果居士说自己拥有外物，那么仍然可以感受到强烈的自我意识；但居士和五种外物一起组成"六一"，就已经进入了物我不分的境界，"居士殆将隐矣"③。

蔡州地僻事少，风俗醇厚，但欧阳修仍能感受到新法带来的变化。他写信给韩琦说，新法日生，条目太过繁琐，但上下官吏迫于赏罚的压力，不得不疲于奔命。自己"老病昏然，不复敢措意于其间"④。

熙宁四年（1071）三月五日，欧阳修正因病告假，听到了次子欧阳奕传来的消息：京城中没有议论自己的声音，宋夏边境也没有紧急军情，这正是请求退休的大好时机。他很快写好了表和札子，准备上奏。然而亳州州学

---

① 《欧阳修全集》，卷五十七，《寄答王仲仪太尉素》，第 827 页。
② 《欧阳修全集》，卷四十四，《六一居士传》，第 634—635 页。
③ 《苏轼文集》，卷六十六，《书六一居士传后》，第 2049 页。
④ 《欧阳修全集》，卷一百四十四，《与韩忠献王（三十九）》，第 2346—2347 页。

黎教授随即来信，劝他不要贸然请求，他有些迟疑。没想到，三月十一日凌晨，边境突然告警，欧阳修连忙把表札收好，不敢在这种时候劳烦圣虑。此刻，他的心中又涌起一股悔意，宛如百爪挠心：为什么自己不直接上奏，非要拖延这么几天呢？为什么离开青州后没直接请求呢？为什么到了蔡州又迟疑至今呢？"是自家做得，今欲归咎何人"①，他陷入了深深的自责之中。三月二十五日，听说边境战事已然平息，欧阳修便下定决心，"吾之进退，自此以后，自决于心"②。

随后，他连上三表、二札子，请求致仕。参知政事冯京请求下诏挽留他，神宗没有答应。王安石说："欧阳修依附韩琦，认为韩琦才是社稷之臣，尤其厌恶设立纲纪、改变风俗。"这话未免有些偏颇，神宗说："欧阳修作为言事官，还是很擅长进言献策的。"王安石说："看他近年的作为，推究他当年的想法，大概和当今这些言事官一样居心不良。"王珪看不下去了，旁敲侧击地说："如果欧阳修致仕，恐怕会招惹众人的议论。"神宗早已习惯了面对汹汹的人言，立即反驳说："违反正道，谋求百姓的称赞，这种人即使众人议论，有什么好顾虑的？最近欧阳修治理青州也治理得不好。"王安石附和道："这样的人，治理一州就败坏一州，留在朝廷也会顺应流俗，败坏政务，留他有什么用？"神宗认同了他的看法。

御史中丞杨绘看到神宗与王安石一唱一和，深感忧虑。他进言说："如今那些致仕或外任的旧臣，年纪都不算大。范镇 63 岁，吕海 58 岁，欧阳修 65 岁，都请求致仕；富弼 68 岁，被弹劾告病；司马光、王陶 50 岁，都请求担任闲官。陛下您就不想想其中的原因吗？大臣们就像堂前的台阶，层层相承，不可缺少呀。"大家纷纷认同杨绘的说法。王安石却反驳说："确实是这样。但地基要能撑得起柱脚石，柱脚石要扛得起房梁，梁上还架得住大梁，这才是完整的屋子呀。如果用粪土做地基，烂石做柱脚，朽木做柱和梁，那屋子

---

① 《欧阳修全集》，卷一百五十三，《与大寺丞（七）》，第 2535 页。
② 《欧阳修全集》，卷一百五十三，《与大寺丞（八）》，第 2536 页。

就坏了！"神宗听了，哈哈大笑。①

熙宁四年六月十一日，欧阳修以观文殿学士、太子少师致仕。韩琦、曾巩、苏轼、苏辙等人纷纷来信祝贺。苏轼一语道破了大家心中的想法："虽外为天下惜老成之去，而私喜明哲得保身之全。"② 从天下的角度说，失去这样一位老臣是可惜的；但出于私心，又庆幸欧阳修能够明哲保身，急流勇退。

（二）一载悲欣

六月下旬，欧阳修收拾好行装，离开了蔡州。七月初，到达颍州。

这年春天，他糖尿病发作，经过夏天更加严重；到达颍州后，又不得不花费心思处置家族上下的各种事务。但初步安顿好之后，他感到十分欣慰，从此"是人间无事人尔"③。

他打开当年与杜衍唱和的诗篇，不禁泪流满面。二十多年前初到颍州，自己已经有了在这里终老的打算。他还曾写诗告诉杜衍，如果无法实现报国的愿望，宁愿归隐田园，也绝不贪恋名利。如今，杜衍的墓前绿树成荫，自己也早已白发苍苍，这才真正卸下了名利的枷锁，回到了这片田园。杜公，您看到了吗，我没有违背诺言，九泉之下，可以无愧于您了！

九月，两位年轻人来探望欧阳修，正是已经崭露头角的苏轼和苏辙。两年前，苏辙因为对变法提出异议而被外放河南府担任推官，后来张方平知陈州，征召他做陈州教授。本年，苏轼为策试进士出题"晋武平吴以独断而克，苻坚伐晋以独断而亡；齐桓专任管仲而霸，燕哙专任子之而败，事同而功异"，惹怒了王安石，于是请求外任，做了杭州通判。七月，苏轼先去陈州见苏辙，盘桓许久，然后一起前来谒见欧阳修。

他们一同泛舟西湖，饮酒畅谈。新秋的风带着凉意，草木上笼罩着一层淡淡的清霜；湖边的荷花还没凋零，菊花又迫不及待地绽放。趁着酒意，三人畅所欲言，谈古论今，情绪激昂。欧阳修白须似雪，两颊上浮起光芒，苏

---

① 《续资治通鉴长编》，卷二百二十四，神宗熙宁四年六月甲子条，第 5449 页。
② 《苏轼文集》，卷四十七，《贺欧阳少师致仕启》，第 1346 页。
③ 《欧阳修全集》，卷一百五十二，《与薛少卿（十七）》，第 2510 页

轼折下一枝菊花，为欧阳修祈祝长寿，欧阳修却说："我的寿命已经交给老天爷了！让那些修道炼丹的人辛苦去吧，我只管享受安乐！"这场酒宴从白天一直延续到晚上，他们在船上点起蜡烛，映照得湖面都明亮起来。①

他们也会聊起一些奇闻逸事。有一天，欧阳修讲述了一则趣闻，有个人乘船遇风，一惊之下得了病，不断出汗。医生就找来一根使用多年的船舵，取舵柄处长期吸收船夫手汗的部位，刮下一堆粉末，掺上丹砂、茯神等药物。病人喝下去，病就好了。如今《本草》中也引述了类似的方子，说止汗只要用麻黄根节和旧竹扇碾成末，服下去就行。欧阳修说："医生们'以意用药'大多就像这样，初看如同儿戏，但也许就有效果，很难推究其中的道理。"听了这话，苏轼揶揄道："那么把笔墨烧成灰给读书人喝，是不是就能治好他们的昏庸懒惰了？推而广之，喝伯夷的洗脸水，可以治疗贪婪；吃比干的剩饭，可以治疗奸邪；舔樊哙的盾牌，可以治疗胆怯；闻西施的耳环，可以治疗长得丑。"欧阳修听了哈哈大笑。②

欧阳修虽然不再挂念朝堂，但说起当今才能出众的士大夫，依然如数家珍，唯恐有人被埋没。苏轼兄弟受过他的举荐，自然知道他平生喜欢推荐贤才，扶助后辈；但也知道其中有些人后来辜负了他，蒋之奇正是最典型的例子。苏轼曾经认为欧阳修会因此倦怠，没想到他提起人才依然滔滔不绝。谈及辜负自己的人，他只说："这是我的罪责，不是他们的。"③

欧阳修知道，无论政坛还是文坛，属于自己的时代都即将落幕；而属于眼前这两个年轻人的时代，才刚刚到来。十四年前知贡举时，自己就对梅尧臣说，要放苏轼出一头地；如今，该是看他尽情驰骋的时候了。欧阳修叮嘱苏轼："我所谓'文'，一定要匹配'道'。如果你见利忘义，就不再是我的学生。"苏轼再拜稽首，表示牢记教诲，宁死不改。④

---

① 《苏轼诗集》，卷六，《陪欧阳公燕西湖》，北京：中华书局，1982 年版，第 276 页。

② 《苏轼文集》，卷七十三，《医者以意用药》，第 2342—2343 页。

③ 《苏轼文集》，卷十，《钱塘勤上人诗集叙》，第 321 页。

④ 《苏轼文集》，卷六十三，《祭欧阳文忠公夫人文》，第 1956 页。

送走了苏轼兄弟；第二年春天，赵概又从睢阳远道来访；这时吕公著知颍州，闻讯赶来置酒设宴。二十五年前，欧阳修身陷外甥女张氏的丑闻，面对大发雷霆的仁宗，正是赵概挺身而出，极力为他辩白。如今，赵概已经年近八旬了，听闻欧阳修致仕，驱车数百里而来，这份情谊怎不令人感动！欧阳修闻之动容，说："安车以适四方，礼典虽存于往制；命驾而之千里，交情罕见于今人。"他特地将宴饮游乐处改名为"会老堂"，并作诗留念。其中的名句"金马玉堂三学士，清风明月两闲人"在后世广受称赞。①

赵概在颍州停留了足足一个多月，两人饮酒畅游，尽享闲居之乐。欧阳修还打算第二年去睢阳回访，再与赵概尽情游乐，只可惜没能实现。

这一年，欧阳修在儿子们的帮助下，逐篇修改自己平生所作诗文，编订成《居士集》五十卷。他的妻子心疼他年老体衰，写作辛苦，阻止他说："为什么这样辛苦自己呢？还怕先生责备你吗？"欧阳修笑着说："不怕先生责备，却怕后生笑话。"

《居士集》定稿没多久，欧阳修就一病不起；熙宁五年（1072）闰七月二十三日，他病逝于颍州居所。冥冥中仿佛自有定数，这一年，他和赵概畅谈过往事，也向苏轼嘱托过未来，还亲手修订了自己的诗文。也许他的人生不再有遗憾，只可惜，他苦苦期盼的田园生活来得太晚了。这位驰骋政坛与文坛，一生饱受忧患的老臣，就这样匆匆地为自己的人生画上了一个句号。

神宗闻讯，辍朝一日，朝廷追赠他为太子太师，定谥号"文忠"。根据谥法，"文"代表"道德博闻"，"忠"代表"廉方公正"。这也是朝廷最后给予欧阳修的评价。②

这里还有必要解释最后一个问题：常言道"告老还乡"，古代官员退休后，通常都会返回家乡；为什么欧阳修却没有回到庐陵，选择在颍州终老呢？他去世之后，也没有归葬家乡，而是葬在开封府新郑县，这又是为什么呢？

---

① 《欧阳修全集》，卷一百三十三，《会老堂致语》，第 2056 页。
② 《欧阳修全集》，附录卷一，《谥议》，第 2623 页。

分析这个问题，离不开历史背景。据学者研究，宋代很多名臣如赵普、寇准、范仲淹、晏殊、包拯、范镇、苏轼、苏辙等，都没有归葬家乡，而是集中安葬在西起河南府，东至开封府，东西长约两百多公里，南北宽约一百多公里的大地上。清代吴伟业指出："盖有宋待臣子之礼为最厚，为之臣者亦恋恋君父，不忍远归故土，而于宛、雒、汝、颍之间起居朝请，以近于京师。"可见在这个区域内终老以至安葬，是宋代士大夫表示眷恋君恩的一种风气。欧阳修致仕后选择住在颍州，去世后又安葬在新郑，在当时的背景下是顺理成章的。①

即使他的坟茔远离家乡，家乡人也未曾忘记他。吉州人"述道德则以公为称首，序乡里则以公为盛事"②。宋高宗建炎元年（1127），知州方时可在吉州修建"六一祠"，祭祀欧阳修。宋光宗绍熙二年（1191），知州方崧卿又在吉州建成"六一堂"，杨万里为之作序。宋宁宗庆元二年（1196），周必大等人又悉心编定《欧阳文忠公集》一百五十三卷，附录五卷，将欧阳修的心血散布天下。欧阳修的人生已经结束，但他的故事与精神仍在这片土地上生生不息。

---

① 洪本健：《欧阳修致仕卒葬未归江西刍议》，载《湖州师范学院学报》，2001 年第 4 期，第 37—40 页。
② 《全宋文》，卷三四〇五，《六一祠记》，第 117 页。

图书在版编目（CIP）数据

宦海一生：欧阳修的仕宦经历与从政修养 / 李帅著
. — 南昌：江西人民出版社，2023.10
（欧阳修文化丛书 / 刘后滨，徐长青主编）
ISBN 978-7-210-14812-8

Ⅰ．①宦…　Ⅱ．①李…　Ⅲ．①欧阳修（1007-1072）
—传记②士—研究—中国—宋代　Ⅳ．① K825.6
② D691.42

中国国家版本馆 CIP 数据核字（2023）第 152568 号

宦海一生：欧阳修的仕宦经历与从政修养　　李　帅　著
HUANHAI YISHENG：OUYANG XIU DE SHIHUAN JINGLI YU CONGZHENG XIUYANG

丛 书 主 编：刘后滨　　徐长青
策 划 编 辑：游道勤　　王一木
责 任 编 辑：张志刚
封 面 设 计：游　珑

江西人民出版社　出版发行
Jiangxi People's Publishing House
全国百佳出版社

地　　　　址：江西省南昌市三经路 47 号附 1 号（330006）
网　　　　址：www.jxpph.com
电 子 信 箱：jxpph@tom.com
编辑部电话：0791-86898873
发行部电话：0791-86898815
承　印　厂：长沙超峰印刷有限公司
经　　　销：各地新华书店

开　　　本：787 毫米 × 1092 毫米　1/16
印　　　张：17
字　　　数：260 千字
版　　　次：2023 年 10 月第 1 版
印　　　次：2023 年 10 月第 1 次印刷
书　　　号：ISBN 978-7-210-14812-8
定　　　价：68.00 元
赣版权登字 -01-2023-372